JN066251

動機づけ研究に基づく英語指導

西田理恵子 編著

English Teaching Instructions Based on
Motivation Research

大修館書店

みなさんは，趣味や学習，仕事を通じて「楽しくて仕方ない」「学んでいてわくわくする」「辛くても頑張れる」といった経験をされたことがあるのではないかと思います。このような状態は「動機づけ」られていると考えられます。私自身（西田）も「動機づけられた」学習経験があります。それは私が留学をしていた学部時代のことです。アメリカの州立大学に入って，英語で教科内容をアメリカ人と共に学習するにあたり，入学当初は本当に苦労をしました。授業では録音した音声を何度も聞いて文字起こしをしたり，友人にノートをコピーさせてもらったりしました。そんな時に「いつも頑張っているね」と声をかけて私を励まして下さった大学の先生方がおられました。その他にも多くの先生方や友人が，英語ができずに苦しんでいる私を助けてくれ，それから昼夜寝る間も惜しんで勉学に励んだことを思い返します。大学時代，私は心理学を専攻していましたが，心理学を専攻する中で，一番楽しかったのは大学から指定された教科書を購入し，予習をしていた時でした。英語に苦戦しながらも「もっといろんなことが知りたい！」と熱中して教科書を読んだことを記憶しています。これは後に「動機づけ」の理論的枠組みを学習してからわかったことですが，「教師の励まし」や「周囲との良好な関係性の構築（関係性）」が「内発的動機づけ（刺激，わくわくする）」を高め，「自律して学習（自律性）」し，良い成績がとれて「できたという気持ち（有能感）」を高めていたかもしれません（動機づけ理論については詳しくは第1章を参照）。そして私に起こったような学習経験が，英語教育を通して学習者の方々にも起こりうるのではないかと考え続けています。

　このような学習者の「楽しさ」や「やる気」の経験について，外国語学習（英語）に焦点を置いて「動機づけ」とは何か，どのような理論があるのか，どのようにすれば生徒たちを「動機づける」ことができるのかを理論と実践を通して説明していきます。

　その前にまず近年のグローバル化と英語との関わり，グローバル化に対応した文部科学省の動向と外国語学習（英語）における動機づけの関係についてお示ししたいと思います。

1．文部科学省の動向

　近年の加速化するグローバル化の中で，文部科学省は「グローバル化時代に対応した英語教育改革実施計画」を発表しました。2020年度に向けて，国内の小学校・中学校・高等学校にて英語教育を本格的に展開できるように体制整備を整え「グローバル化時代に対応した英語教育改革実施計画」が施行されました。小学校中学年に対してコミュニケーションを中心とした授業展開を担任が中心となって行う「活動型・週1～2コマ程度」が行われ，小学校高学年に対しては初歩的な英語運用能力を養う「教科型・週3コマ程度」が行われています（文部科学省，2013）。

　中学校段階では，英語による身近な話題についての理解や簡単な情報交換を行うこと，英語による表現ができる能力を養うこと，授業を英語で行うことを基本としています。2020年度の学習指導要領改定後については，中学校での英語教育の目標が「身近な事柄を中心に，コミュニケーションを図ることができる能力を養う」とされていて，英語力はCEFR A1～A2程度，英検3級～準2級程度とし，より高度な英語力が達成目標となっています。さらに高等学校では，英語学習時において幅広い話題や，抽象的なことについて理解をすることができるように，また英語話者との対話の中である程度流暢なやり取りをする能力を養うことができるようにすることと示されています。英語の授業においては英語で行うとともに，より高度な言語活動として，発表・討論・交渉等が望まれています（文部科学省，2014）。小中高等学校を通して一貫した学習到達目標を設定すること，目標設定（Can-Do リスト）によって4技能5領域を評価することも求められています。

　大学における英語教育においても，より高度な英語運用能力が求められています。文部科学省事業である「国際化拠点整備事業」が2008年度に策定され，この事業では国内大学13大学をグローバル30（G30）とし，2020年度を目途に，30万人の留学生の受け入れを目指してきました。G30の達成を目指し，主に「英語による授業などの実勢体制の構築」「留学生の受け入れに関する整備」「戦略的な国際連携の推進」を行い，日本を代表するグローバル化の拠点校として体制整備を図り，さらに「産業界との連携」「拠点大学間のネットワークの推進，資源や成果の共有」など，日本のグ

ローバル化推進を目指した取り組みも行われています（文部科学省，2008）。G30の流れを受けて，英語による専門科目授業（English as Medium Instruction: EMI）や CLIL（Content and Language Integrated Learning）（詳細は第2章参照）が注目を集め，多くの大学で取り組みが行われています。文部科学省（2017a）によれば，800校近くある国内大学の約40%においては EMI で授業を行っているとの報告があります（文部科学省，2017a）。この状況は，留学生の増加によって EMI を開講している大学や，日本人学生に対して学部の学位認定単位として EMI で単位取得をしている学部生が増えていることが背景にあります。現在，日本国内においては英語ですべての学部の単位を取得する ETPs（English-taught Programs）は，学部では30校ほどであり，大学院では70校ほどであると報告されています（Bradford & Brown, 2018）。

このように全校種にわたって英語教育の抜本的改革実施計画が行われていますが，言語学習においては「適性」と同様に「動機づけ」が不可欠です（Gardner, 1985）。本書においては「動機づけ」研究の歴史的背景（先行研究）を概観し，どのような指導法が「動機づけ」へとつながる可能性があるのか（第2章参照），どのように教育実践をすれば学習者を「動機づける」ことができる可能性があるのかに着眼をしていきます。外国語学習時における「動機づけ」の知識を得て，教室内での「動機づけの仕掛け」を考えてみましょう。

2．本書の構成

本書は大きく4つの章から構成されています。「先行研究」「効果的な指導法」「動機づけ研究と実践の融合」「教育実践を通した動機づけの仕掛け」の構成となっています。本書の斬新性はこれまでの「動機づけ」の研究と教育，理論と実践とを融合していること，動機づけを高める可能性の高い教授法を取り上げていること，教育現場においてどのように意図的に「動機づけを仕掛けているか」を実践者の教師の視点から言及している点にあります。

第1章の「先行研究」では，1959年代以降のカナダの社会心理学的アプローチを基盤とした動機づけ研究から，1990年代の教育心理学的アプロー

チ，2005年代以降の社会的ダイナミック期（多様な動機づけのアプローチ）の動機づけ理論と研究を概観します。動機づけ研究の理論と実践は半世紀以上に渡る研究の蓄積がありますので，歴史的背景を1960年代から現在2020年度に至るまで概観をしています。

　第2章の「指導法」では，動機づけを高める可能性があるとして近年注目をされている4つの指導法を概観します。「CLIL（Content and Language Integrated Learning・内容言語統合型学習)」「プロジェクト型学習」「EMI（英語による専門科目の教授)」「アクティブ・ラーニング」の4つです。「EMI」は主に大学生を対象に行われている教授法ですが，「CLIL」「アクティブ・ラーニング」「プロジェクト型学習」は小学校・中学校・高等学校・大学等，様々な年齢層で適用可能な指導法であると考えられます。「CLIL」「EMI」の教育実践を通した動機づけについては，第4章においても，小学生・大学生の事例を取り上げています。

　第3章は，これまでの動機づけ理論がどのように教育実践現場において応用され，教育介入を行った結果として学習者がどのように動機づけられたのかを「理論と実践」を融合し解明しようとする章となっています。廣森は「動機づけ理論に基づいた英語授業実践の新しい可能性」をペアやグループによる動機づけについて実践と研究とを融合して解説しています。西田も同様に「大学生を動機づける仕掛け」をCLILの実践を通して，日本人大学英語学習者がどのように動機づけられたかについて研究データを基に示しています。

　第4章「教育実践を通した動機づけの仕掛け」では，外国語（英語）学習場面で，学習者を「動機づける」ために「どのような」教育実践が効果的であるかを紹介しています。小学校の教育実践で安達は，小学校で「プロジェクト型CLIL」を実施することが可能か，小学校におけるCLILの可能性と児童たちにどのような変化があったかについて報告しています。田縁は「絵本」を用いて教育的介入を低学年・中学年・高学年に向けてどのように行うと効果的であるか，そして児童たちにどのような変化が見られたかについて言及しています。

　中学校の教育実践では柏木は，中学校における「CLIL」の国内の実践とオーストリアでの実践事例を挙げ，CLILの可能性と動機づけについて報告しています。今井は「学習意欲減退を防ぐ教室内活動」について，さ

らにやる気を高めることができるよう，どのような働きかけが必要になるかについて具体例を用いて述べています。

高校での実践については「高校生の学習意欲減退要因と動機づけを促す活動」「高校生の英語学習への動機づけの仕掛け」について取り上げられています。大濱の「スローラーナーを支援した高校実践」では，ユニバーサルデザインをどのようにして教室内実践に取り入れ，高校生を動機づけたかについて言及し，瀬来は，瀬来（2018）で実際に行った大学生を対象とした研究成果をもとに，teacher-researcher として，高校の現場においてどのように動機づけを仕掛けているかについて述べています。

大学生については，入江が「CLIL」から「EMI」へとつなぐ所属校（学習院大学）でのカリキュラムについて紹介をし，具体的にカリキュラム構想上，どのように動機づけが仕掛けられているかを述べています。マキュワンとライアンが示す「EMI」の実践では，履修者の動機づけや理想自己の変化について報告をし，EMI によってどのように「動機づけを仕掛けるか」を言及しています。

このように，本書では動機づけの「研究」と「教育方法」を紹介し，「理論」と「実践」を融合することによって，どのように教室内で目の前にいる生徒たちを「動機づける」ことができるかを提案しています。

また本書では，章末に「より深い知識を求めて」または「考えてみよう！」のコーナーを設け，参考となる書籍を紹介しています。

動機づけの研究に携わる先生方や学生さんたち，読者の皆様のお役に立てればと願っています。外国語学習時に生徒たちを「動機づける」ための何らかの手掛かりとなればと願い，本書を送り出したいと思います。

本書につきましては，八島智子先生に推薦のお言葉をいただき，新多了先生，阿川敏恵先生，前川洋子先生，青山拓実先生にはご助言を受け，大修館書店の小林奈苗様が原稿を何度も見て下さいました。また本書の一部は，科学研究費助成金基盤研究 B（17H02359）を受けております。この場をお借りして，心よりお礼申し上げます。

2022年 3 月
西田理恵子

目次

動機づけ研究に基づく英語指導

第1章
動機づけの先行研究

第1節　動機づけの研究の流れ

　「動機づけ」研究には，半世紀以上に渡る長い歴史があります。1959年代以降に第二言語習得論（Second Language Acquisition Research）の分野において，外国語学習をする上での個人差の要因として研究が行われてきました（Dörnyei, 2005）。外国語学習をする上での個人差とは，例えば，年齢・性格・適正・動機づけ・ストラテジー・自信・不安など，様々な要因が挙げられます。こうした研究の中には，Dörnyei（2005）は，性格・適性・動機づけ・学習者の学習スタイル・学習ストラテジー・他の要因（言語学習時の不安・自信・創造性・コミュニケーションへの積極性・信念）が挙げています。Skehan（1989）は，適性・動機づけ・外国語学習ストラテジー・認知／情意的要因・リスクテーキング（risk taking）・知性・場独立（場の影響を受けない）・言語学習時の不安を挙げており（Skehan, 1989），Larsen-Freeman & Long（1991）においては，年齢・社会心理的要因・動機づけ・適正・性格・認知スタイル・学習ストラテジー・その他の要因が挙げられています。これらの研究を通じて動機づけ・適性・ストラテジーが第二言語習得時における個人差の要因として共通して取り上げられています（表1参照）。

表1．第二言語習得時における個人差の要因（Nishida, 2013a 参考）

Skehan (1989)	Larsen-Freeman & Long (1991)	Dörnyei (2005)
適正	年齢	性格
動機づけ	適正	適正
外国語学習ストラテジー	社会心理的要因	動機づけ
認知・情意的要因	動機づけ	学習スタイル／ストラテジー
（例 外向性・内向性）	適正	学習者要因
リスクテーキング	性格	（不安、自信、創造性、
知性	認知スタイル	コミュニケーションへの積極性、
場独立性	学習ストラテジー	学習者の信念）
不安	その他の要因	

これらの個人差の要因の中でも数多くの研究や実践報告の蓄積があるのが，動機づけの研究です。これは，第二言語習得において，言語学習に対する適性（language learning aptitude）のような知的要因に対して，情意要因である動機づけが関与すると考えられるという Gardner（1985）の言葉にもあるように「学習動機は，言語能力に影響する。少なくとも適性と同程度重要である」（八島，2004, p. 46）とされています。個人の持つ情意要因である動機づけが学習において適性と同じくらいに大きな影響を及ぼすと考えられたのです（Gardner, 1985）。

　それでは，この「動機づけ」の定義を見ていきます。動機づけとは，Dörnyei（2001a, p. 4）によれば，なぜ人々はその行動をするのか，どのくらいの期間，その活動をしたいのか，どのくらいの努力を，そのために続けるのかに関わる概念であると示されています。八島（2019）は，動機づけを「人間がある行動を選択するか，それをやり続けるか，そのためにどの程度時間やエネルギーを費やすのか」（p. 74）としています。また，廣森（2015）によれば(1)「動機」（motive）とは「ある行動の目標や目的（「何を」といった方向に相当する）」であり，(2)「動機づけ」（motivation）とは「ある行動の目標の強さ（「どのくらい」）といった強度に相当する」であり，(3)「動機づける」（motivate/motivating）とは「ある行動への働きかけ（「どのように」といった手段に相当する）」（p. 88）と提示されています。例えば，学習者に＝「動機」があったとしても「動機づけ」が不足していれば，ピアノを上手に弾きたいという思い練習を続けていくことは難しいかもしれませんし，料理が上手になりたいと思っていても，継続して料理の練習をしなければ，上手に料理を作ることはできないかもしれません。「動機」があるだけでなく，「動機づけられ」努力に向かって継続していくことが必要であるといえるでしょう。さらに，新多（2016）では，動機づけの重要性について考える時，格言を用いて次のように表現しています。「馬を水飲み場まで連れていくことはできるが，無理やり飲ませることはできない」"You can take a horse to water but you can't make him drink"（p. 134）。教師は，学生たちに学習をする機会を提供することはできますが，実際に学習を継続していくかどうかは学生たちによります。学生たちが学習に対して価値を見出し，やる気を内在化しなくては，無理やり押し付けたとしても継続していくことは難しいでしょう。

それではその「動機づけ」について，長い研究史を概観していきます。ここでは，外国語学習動機づけの研究史を Dörnyei & Ushioda（2011），Al-Hoorie & MacIntyre（2019），八島（2019）を参考にして，第1期：1959年～社会心理学的な研究，第2期：1990年～教育心理学的な研究，第3期：2005年～多様な動機づけ研究として主な理論的背景を概観していきます（表2参照）。

表2．動機づけ研究の流れ

第1期	1959年～	社会心理学期	《社会心理学的な研究のアプローチ》 カナダの社会心理学者 Robert Gardner を中心とした研究 社会教育モデル（統合的動機・道具的動機）
第2期	1990年～	認知・状況期	《教育心理学的な研究のアプローチ》 自己決定理論・帰属理論を中心とした研究 （内発的動機づけ・外発的動機づけ）（原因帰属など）
	2000年～	プロセス重視期	《プロセスモデルの提案》 Dörnyei & Ottó によるプロセスモデルの提案 （プロセスモデル 時間軸）
第3期	2005年～	社会的ダイナミック期	《多様な動機づけ研究のアプローチ》 Ushioda の Person-in Context モデル L2動機づけ自己システム論 多言語話者としての自己（Multilingual Self） 複雑系理論（Complex Dynamic System Theory: CDST） SLA におけるポジティブ心理学（Positive Psychology in SLA） SLA における教師の心理（Teacher Psychology in SLA） 学習意欲減退要因（Demotivation）に関する研究 動機づけの「潮流」に関する研究（Directed Motivational Currents: DMC） SLA におけるエンゲージメントの研究

（Dörnyei & Ushioda, 2011; 八島，2019を参考に作成）

第2節　第1期：社会心理学的な研究（1959年以降）

1．カナダの社会心理学者 Gardner による研究

　動機づけの研究史は1960年代に遡ります。Al-Hoorie & MacIntyre（2019），Dörnyei & Ryan（2015）によれば，1950年代後半から，カナダの社会心理学者らによって第二言語習得時における動機づけの研究が行われるようになりました。カナダにはアングロフォン（英語話者）とフランコフォン（フランス語話者）が共存している社会文化的背景があります。この社会文化的背景の中で，Robert Gardner，Wallece Lambert と彼らの共同研究者が中心となって動機づけの研究が行われるようになりました（Gardner & Lambert, 1972）。Gardner らにより理論の構築と厳密な方法論を用いて研究が行われ，この時期には社会教育モデル（図1参照）が構築されます。このモデルでは，外国語学習への態度，統合的態度が学習意欲につながると考え，学習意欲が言語習熟度に影響をすると示しています。その際「統合的動機」（integrative motivation）・「道具的動機」（instrumental motivation）という概念を基盤として研究が行われました。統合的動機とは，目標言語話者に対して友好的な態度や感情を持ち，その文化の一員になりたいという気持ちを持って，その気持ちが学習欲につながり，ひいては言語運用能力を高める可能性があると考えられました。その一方で，道具的

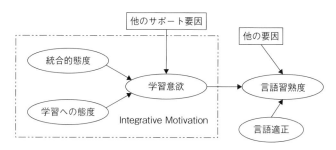

図1．Gardner の社会教育モデルの一部（Gardner, 2001）

（八島，2019を参考に作成）

動機とは，統合的動機との対比で進学，就職など実利的な目的のために動機づけられるものであるとされました（Gardner，1985；八島，2019参照）。

　この Gardner の一連の動機づけ理論の中で最も多く研究がなされたのは「統合的動機」です。図１の社会教育モデルをさらにくわしく解説しましょう。図２に示すように「統合的動機」には主に下の３つの構成要素があります。

⑴「統合的態度」：「統合的学習目的」「外国語への興味・関心」「目標言語集団への態度」から構成され，結果として他の集団に対する社会的相互作用における興味や志向性につながる
⑵「学習環境への態度」：言語教師や言語コースへの態度
⑶「動機づけ」：学習に対する努力，欲求，態度

　数多くの研究が行われてきた結果として，実際の学習環境によらず，外国語学習は目標言語集団への肯定的な態度と目標言語への価値に関係があるとされました。

　さらに，この時期に，Gardner（1985）は1985年に，L2モチベーション尺度である AMTB（AMTB ＝「態度，動機，評価，尺度」Attitude/Motivation Test Battery）を開発しました。この AMTB 尺度を基盤として1990年代の初期まで研究が行われ，第二言語習得時における動機づけの重要性を示し，当該分野において理論的基盤と量的研究手法の基盤を築きました（入江，2008）。この AMTB には130項目以上もあり，主に，動機づけ（動機づけの強さ，目標言語を学ぶ欲求，目標言語話者への態度），なかでも統合的動機，学習環境への態度（教師やコースに対する評価），道具的動機に加えて，外国語不安（言語使用教室内不安），保護者（親）の励ましが加えられています。p.10の表３に，AMTB 尺度の一部について紹介します。Gardner の一連の研究は，統合的動機・道具的動機の構成概念を中心としたものであったため，教育現場へのニーズに応える研究ではありませんでした。この後，1990年以降には教育心理学を中心とした動機づけ研究がなされていきます。

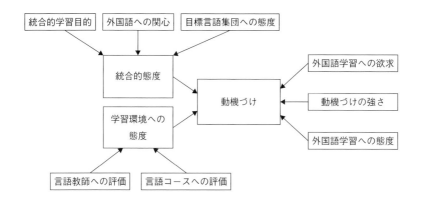

図 2．Gardner の統合的動機の概略図（Gardner & MacIntyre, 1993）
（Dörnyei & Ushioda, 2011を参考に作成）

2．カナダの社会心理学者 Clément による研究

　カナダにおける Gardner の一連の研究では，カナダでの英語話者を対象とした研究が行われてきましたが，Richard Clément の研究では，カナダでのフランス語話者を対象としました。カナダ全土においては主に英語が多数派言語として使用されていますが，フランス語が，例えばケベック州では多数派言語となります。Clément と共同研究者らは，社会コンテキスト要因（エスノ言語的バイタリティー），動機づけ・適性，自信，言語的アイデンティティー，言語習得に焦点を当てて研究を行いました。Clément による一連の研究で，最も重要な要因は「自信」（self-confidence）であり，これは Clément, Gardner, & Smythe（1977）によれば「人が課題を実行し，ゴールを達成し，結果を見いだすことができるという信念」であると示されています。多民族社会においては，「自信」は，多言語コミュニティーに対する言語使用と言語学習において動機づけを媒介する作用があると考えられています（Clément, Gardner, & Smythe, 1977）。さらに，Clément（1980）を応用して，Clément & Kruidenier（1985）は，p. 11図3の概略図を提示しました。彼らはこの図に，共分散構造分析という数量解析を用いて，「統合的態度」「同化への抵抗」「接近の傾向（質と頻度）」「動機づけ」「コミュニケーションへの自信」「適性」「非言語的結果（第二言語を

表3．AMTB 尺度（Gardner, 1985）

項目	項目数	項目の例
フランス系カナダ人への態度	10	「フランス系カナダ人はカナダ文化に特有のすばらしさをもたらします」
外国語への関心	10	「私はもっとたくさんの外国語を勉強したいです」
ヨーロッパ系フランス人への態度	10	「私はヨーロッパ系のフランス人が好きです」
フランス語を学ぶ態度	10	「フランス語を学習するのがほんとうに楽しいです」
統合的動機	4	「フランス語を学習することは様々な人々に会える可能性があるため本当に大切です」
道具的動機	4	「私は将来のために、フランス語を学習することが大切だと思っています」
フランス語教室での不安	5	「フランスの授業で自発的に答えるのは恥ずかしいです」
保護者（親）の励まし	10	「私の両親がフランス語を学習するようにすすめます」
動機づけの強さ	複数回答可（選択肢数10）	フランス語の宿題をするときは（1）努力はするけれど、精一杯しているわけではない（2）注意深く行い、全部理解できるようにする（3）流し読みするだけです。
フランス語を学ぶ欲求	複数回答可（選択肢数10）	学校にフランス語クラブがあったら（1）時々参加します（2）いつも参加します（3）全く参加しません。
オリエンテーション指標	1つ選択	フランス語を勉強する理由は（1）将来仕事を得るため（2）フランス語圏の人々を理解するため（3）多くの人々と出会うため（4）英語とフランス語が話せたら高学歴的だから。
フランス語の先生の評価	25	効果的 ＿：＿：＿：＿：＿：＿：＿　効果的でない
フランス語コースの評価	25	楽しい ＿：＿：＿：＿：＿：＿：＿　楽しくない

学ほうとする努力の強さ）（behavioral intensity to persist in learning second language）」「成績と結果 （directly determined linguistics）」の要因の関係性についてモデル化しました。数量解析を実施した結果として「統合的態度」と「同化への抵抗」は負の相関関係にあると示されました。これはつまり「統合的態度」が高いほど「同化への抵抗」が低くなるということです。「統合的態度」は，「接近の傾向（頻度や質）」につながり，ひいては「自信」や「動機づけ」につながるとされています。これは八島（2019）にも詳しいように，少数派言語話者（この場合はフランス語）は，多数派言語話者（この場合は英語）に同化するに伴って，母語を喪失する可能性があるため「統合的態度」という Gardner の概念よりもむしろ「同化への抵抗感への低さ」の方が，影響が強いと考えられたのです（図3参照）。

図3．Clément の個人の媒介プロセスについての概略図
（Clément, 1980を応用．Clément & Kruidenier, 1985）

3．日本の英語使用環境下による研究——国際的志向性

　2．に示したように，1970年代以降に，カナダでは社会心理学者が中心となって，カナダの環境下における社会心理学的な研究が行われてきました。しかし，日本のような英語が外国語である学習環境においては，目標言語話者（例：英語）との接触が少なく，他民族との接触も多くありません。そのため Gardner や Clément の研究の「統合的動機」に見られるように，目標言語話者に友好的な態度を持っているかどうかはわからず，あるいは，その言語話者の文化の一員になりたいという気持ちを持っていたとしても，実際に接触する機会が多くはない社会状況下にあります。しかし英語は，私たち日本人にとって世界の人々と話ができる「ツール」であり，日本と世界をつなぐ「架け橋」となっています。つまり「英語」は，「世界に関わりを持とうとする」日本人にとっての「統合的動機」となりうるのです。このように日本においては「統合的動機」と「道具的動機」は切り離せない環境下にあるといえるのではないでしょうか（詳しくは，八島2019参照）。

　そこでこのような日本の学習環境において八島（Yashima, 2002; Yashima et al.,2004）は「国際的志向性」という概念を提案しました。八島智子氏は，日本人ではじめて外国語学習における動機づけ研究を日本で開始し，世界に発信した第一人者として知られています。この「国際的志向性」は「日本において英語が象徴する漠然とした国際性，つまり国際的な仕事への興味，日本以外の世界との関わりを持とうとする態度，異文化や外国人への態度などを包括的にとらえようとした概念で，これは英語を用いたコミュニケーション行動に影響を与える」とされました（八島 , 2019, p. 122）。

　八島（2019）によれば，「国際的志向性」は，以下の 3 要素から構成されています。

(1) 異文化間接近 − 回避傾向（異文化の背景を持つ人たちと関わりを持とうとする傾向，あるいは逆に回避をしようとする傾向）項目例：日本に来ている留学生などの外国人と（もっと）友だちになりたい，または，日本で引隣に外国の人が越して来たら困ったなと思う（逆転項目）

(2) 国際的職業・活動への関心
　　項目例：国際的な仕事に興味がある，国連などの国際機関で働いて

みたい

⑶ 海外での出来事や国際問題への関心
　　項目例：外国に関するニュースをよく見たり，読んだりする。国際
　　　　　　的な問題に強い関心を持っている

　詳しくは，八島（2019, p. 123. 参照）。
　この「国際的志向性」や「コミュニケーションへの積極性」「動機づけ」
「言語運用能力」「コミュニケーションへの自信」を用いて，次ページの図
4 が示すように，共分散構造モデルを用いて分析が行われました。このモ
デルは第 5 節（5.1 グループダイナミクス）で示す，WTC（Willingness to
Communicate）モデルですが，「統合的動機」に代わって，日本のコンテキ
ストにより当てはまりのよい「国際的志向性」の要因を取り入れてモデル
化を行っています。「国際的志向性」は「英語学習意欲」へとつながり，「英
語学習意欲」はさらに「言語運用能力」や「コミュニケーションへの自信」
につながっていきます。これは「漠然とした国際性や国際的な仕事への興
味」をより高く持つと，学習者の「動機づけ」につながる可能性があり，
学習者の「動機づけ」が高ければ「言語運用能力」につながる可能性を示
唆しています。さらに「動機づけ」が高ければ「コミュニケーションへの
自信」につながる可能性があり，「動機づけ」があれば，英語で話してみ
ようという自信や，その自信がコミュニケーションを図ろうとする意志に
つながると実証的研究方法を用いて示されました。「コミュニケーション
への自信」が「コミュニケーションへの積極性」へとつながる最も重要な
要因であるとも示しています。これは「英語ができる」という自信があれ
ば，英語で対話をしてみようという意志につながることを示しています。
このように日本の学習環境下においては，「国際的志向性」を持つことが，
日本人英語学習者にとって「動機づけ」の重要な要因となるのではないで
しょうか（八島，2004を参照）。

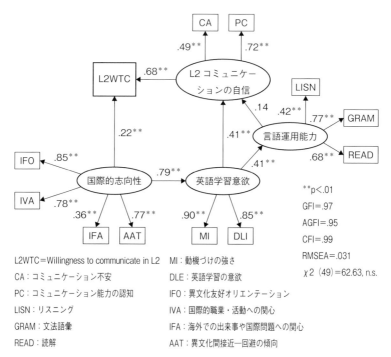

L2WTC=Willingness to communicate in L2
CA：コミュニケーション不安
PC：コミュニケーション能力の認知
LISN：リスニング
GRAM：文法語彙
READ：読解

MI：動機づけの強さ
DLE：英語学習の意欲
IFO：異文化友好オリエンテーション
IVA：国際的職業・活動への関心
IFA：海外での出来事や国際問題への関心
AAT：異文化間接近一回避の傾向

図4．日本の英語学習環境における WTC モデル（Yashima, 2002）

第3節　第2期：教育心理学的な研究（1990年代以降）

　1990年代以降になると，態度や適性などの構成概念を基盤とした研究よりもむしろ，より教育現場に根差した動機づけの研究が求められるようになりました。動機づけの研究の中で，第二言語習得分野と教育心理学の分野において，概念的な乖離があると考えられるようになったのです。動機づけの研究に新しい理論的背景の枠組みが提案されるようになり，Crooks & Schmidt（1991）の "Motivation: Re-opening the Research Agenda"（動機づけ研究の再開）以降より教育現場に根ざした研究が行われるようになりました。この時期には，動機づけ研究の分野において，さらに多様な教育心理学が応用されるようになり，MacIntyre たちは「パラダイム以前の状態に動機づけ研究分野が戻っていった」（"returning the field to a pre-paradigmatic state"）と表現しています（MacIntyre, Mackinnon, & Clément, 2009, p. 45）。

　この時期には，現場のニーズに応えるため実際の教室や教育現場に関わる研究が行われるようになり，教育心理学的理論に注目が集まるようになり，動機づけ研究が教育心理学に手がかりを求めるようになりました。そうした教育心理学的理論としては，達成動機理論（Achievement Motivation Theory: Atkinson & Raynor, 1974），帰属理論（Attribution Theory: Weiner, 1992），自己効力感理論（Self-efficacy theory: Bandura, 2001），自己価値理論（Self-worth theory: Convinton, 1992），自己決定理論（Self-Determination Theory: Deci & Ryan, 1985; 2002），ゴール設定理論（Goal-Setting Theory: Locke & Latham, 1990），目標志向性理論（Goal Orientation Theory: Ames, 1992）が挙げられます。この中でもとりわけ，国内の外国語学習においては，自己決定理論を中心とした研究が行われるようになりました。自己決定理論とは教育心理学の理論であり，人の動機づけを包括的に捉えようとする理論的枠組みです。この自己決定理論を用いて，実際の教育現場に根差した多様な動機づけを明らかにしようと研究や実践が試みられています。

1．教育心理学の理論

　1990年代から動機づけ分野においては，認知理論（Cognitive Theory）が取り入れられ，今日においても動機づけの要因に影響を与えています。動機づけにおける認知理論は，個人の態度や行動を行うための情報処理や信念，情意の構造に焦点を置いています。動機づけは，様々な社会・環境要因によって，個人の自然な認知や認識に影響されるとして位置付けられています。最も長く影響力を持ち続けている認知情動的心理学（Cognitive Motivational Psychology）では，期待と価値（Expectancy × Value = Motivation）が動機づけに働きかけることを基盤としています（Dörnyei & Ushioda, 2011）。

1.1　期待価値理論

　期待価値理論（Expectancy Value Theory: e.g., Eccels & Wigfield, 1995）は主に2つの要因があり，(1) Expectancy of success（成功への期待）：与えられた課題への成功への期待と報酬は課題を実施する際に成功へとつながり，(2) Value（価値）：課題を遂行することに対する成功に対して，個人が価値を置きます。Dörneyi & Ushioda（2011）と八島（2019）によれば，期待価値理論の中で，期待と価値に達成欲求や失敗回避を加えた「達成動機理論」（Achievement Motivation Theory: Atkinson, 1964; Atkinson & Raynor, 1974）（成功に対する行動は成功への期待と失敗の回避による）を挙げています。またDörneyi & Ushioda（2011）によれば，「成功への期待」に関わる理論として，帰属理論（Attribution Theory: Weiner, 1992）（過去の経験をどのように認知するか），自己効力感理論（Self-efficacy Theory: Bandura, 1993; 2001）（人がある状況において必要な課題をうまく遂行きるか），自己価値理論（Self-worth theory: Convington, 1992）（自分の価値を維持したいという欲求）を挙げています（p. 19表4参照）。また「帰属理論」についてはより詳細を本章の第2節帰属理論に示しています。

　この期待価値の枠組みには「課題」と「パフォーマンス」と「持続性」があり，「課題」をどのようにすれば遂行するかへの期待と，その達成に価値を置くかによって説明されています（Dörnyei & Ushioda, 2011）。つまり人は，自分にできないと思う課題に対して価値を置くことは少ないでしょうし，自分にできると思う課題を遂行することに対しては成功を求め，

価値を置いて実行していきます。例えば，菓子職人があるチョコレート菓子を作ることに成功し，地域の人々に大変好評であったとします。すると次はさらに美味しいお菓子を作ろうと思うかもしれません。これは菓子職人が日々お菓子作りに対する探求心があり，地域の人々に「美味しいと思ってもらえるお菓子作り」に対して，成功への期待と価値を見出していると考えられるからです。

1.2　目標理論

「目標理論」(Goal Theories) には「目標設定理論」(Goal-setting Theory)（Locke & Latham, 1990)「目標志向性理論」(Goal Orientation Theory)（Ames, 1992) があると，Dörneyi & Ushioda (2011) は示しています。

「目標設定理論」では Locke & Latham (1990) が目標という要因に対して，目標の「明確さ」や「難易度」，「目標への関わり方」が人の行動に影響がすると考えられています。明確な目標を持つことの方が曖昧な目標を持つよりも結果として成績が良く，難易度の高い目標の方が難易度の低い目標よりも結果として成績が良く，さらに明確な目標を持ち難易度が高い目標を持っている場合が最も高い成績へとつながると示しています。また「目標への関わり方」は目標が明確で困難な場合に最も重要であると示しています。「目標への関わり方の高低」については，個人にとって目標がどのように重要であると認識しているか，また，目標が達成可能と認識しているかどうかによると考えられます。

「目標志向性理論」(Goal Orientation Theory)（Ames, 1992) では，「習得志向性（mastery orientation)」や「遂行志向性（performance orientation)」があります。「習得志向性」は課題や学習に対して学習・熟達することで，例えば内容学習に焦点を置くことが考えられます。「遂行志向性」は自分の能力に対して関心があり，例えば自分の能力に対して他者から良い成績得ることや評価を得ることが挙げられます。「習得志向性」と「遂行志向性」には，別の成功基準があり，活動を達成するためには別の理由があるのです。「習得志向性」は，努力すれば成功へと繋がり，自分自身の向上や成長に焦点があります。「遂行志向性」は，学習はゴールを達成するためであり，他者の評価に焦点があります。p. 19の表4にこの時期の教育心理学的理論を総括します。

２．帰属理論

　帰属理論とは，過去の経験をどのように認知するのか，達成の関連場面での成功や失敗の原因を何に帰属させるかが次の行動につながるという考え方です（Weiner, 1992）。成功や失敗の要因について，能力・課題・努力の難しさを「内在性（内的－外的）」，「安定性（安定－不安定）」，「統制の可能性（統制可能－統制不可能）」の3つの次元に分類し，どのように帰属原因をとらえるかによって，感情や将来の成功への期待についての認知的側面や，課題を遂行しようとする姿勢である行動面が影響を受けることを明らかにしました。例えば「テストで悪い成績をとった」経験に対して，自分の「能力不足のせいだ」「自分には才能がない」と判断すると，自身には制御不能であることが原因帰属であるため動機づけには結びつきにくくなります。一方で，「テストの結果が悪かった」経験を「努力不足」に原因帰属させるのであれば制御可能で可変と考えられるため，頑張ればできるという動機づけにつながるかもしれません（詳しくは，八島, 2004参照）。Graham（1994）によれば，学校環境においては一般的な帰属要因を「能力」「努力」「課題の難易度」「幸運」「気分」「家庭背景」「他者との支え」としており，このうちで西洋文化においては「能力」と「努力」が最も強い帰属要因であるといわれています。さらに，Ushioda（1996; 2001）によれば，自分を動機づけるという自己制御の視点から考えると，教師や教材に責務を転嫁する方（先生や教材が面白くないなど）が，好ましくはないものの，能力不足に帰属させるよりは好ましいとされています。つまり教師としては「テスト結果」が良かった時は「頑張ったので，できたね，次も頑張ろうか」と励まし，「テスト結果」が良くなかった時は「テストの問題が難しかったのかな，次は頑張ってみようか」「（クラブ活動などで）少し勉強不足だったかな，次は頑張ろうか」などの帰属原因を変えた励ましが動機づけに働きかける可能性があります。

　Weiner（2010）は，帰属理論には動機づけ研究において２つの側面で影響力があったと考えました。１つ目に，どのように過去を解釈するのか，過去における事象をどのように認知できるかが，未来を決定するという側面です。過去の経験をどのように原因帰属とするかが，未来につながると考えました。２つ目に，当該分野における研究方法のパラダイムシフトを

表4．1990年代の教育心理学の理論の応用

(Dörneyi & Ushioda, 2011；八島 2019を参考に作成)

			定義
	達成動機理論 (Achievement Motivation Theory)	Atkinson (1964), Atkinson & Raynor (1974)	成果に対する行動は、成功への期待と価値によって決定づけられているという「期待と価値」を基盤とし、その他に「達成欲求」「失敗回避」の2つの要因を組み込んでいる。
期待価値理論 (Expectancy Value Theory)	自己効力感理論 (Self-Efficacy Theory)	Bandura (1993, 2001)	人がある状況において必要な課題をうまく遂行できるかという可能性の認知であり、自己効力感を通して、人は自分の行動や、感情、努力、継続性を決めている。自己効力感が強い人ほど、その行動を遂行できる可能性がある。
	自己価値理論 (Self-Worth Theory)	Convington (1992)	人はある状況において競争や失敗、否定的な評価に直面したときに、自分の価値を維持したいという欲求を持っていて、この欲求に関連する理論。
	帰属理論 (Attribution Theory)	Weiner (1992)	過去の経験をどのように認知するのか。達成の関連場面での成功や失敗の原因を何に帰属させるかが次の行動に繋がるという考え方。
目標理論 (Goal Theories)	目標設定理論 (Goal setting Theory)	Locke & Latham (1990)	「目標設定理論」では目標という要因に対して、人の動機づけを探ることを目指しています。目標の「明確さ」や「難易度」、「目標への関わり方」が人の行動に影響すると考えられています。
	目標志向性理論 (Goal Orientation Theory)	Ames (1992)	「目標志向性理論」では「習得志向性 (mastery orientation)」や「遂行志向性(performance orientation)」があります。「習得志向性」は課題や学習に対して学習・熟達することです。「遂行志向性」は自分の能力に対して関心があり、良い成績を取ることに焦点がおかれます。

与えた質的研究方法の応用によって言及しています。

　Ushioda（1996, 1998, 2001）では，フランス語を学習するアイルランド人に対して面接を用いた質的研究を行っていますが，これにより帰属に関して以下の2つのパターンが得られました。(1)言語に関する肯定的な結果については，自分の能力やそのほかの内在的な要因（例：努力，完璧主義であることなど）とし，(2)言語に関する否定的な結果や不成功の原因については一時的な（あるいは不安定な）要因（例：努力不足，言語を学ぶのによい環境ではない）としました。

　このようにUshiodaが面接方法を用いて調査を行ったことで，これま

での研究史の中で数量解析を使った量的研究が盛んに行われきた動機づけ研究の分野において，質的研究の扉が開かれることになりました（例：Tse, 2000; Williams & Burden, 1999; Williams, Burden, & Al-Baharna, 2001; Williams, Burden, Poulet, & Maun, 2004）．

3．自己決定理論

　動機づけの研究史において教育心理学的な研究が中心となった時期には，自己決定理論を用いた数多くの研究が行われるようになりました（Noels, 2001, 2003, 2009; Noels, Clément, & Pelletier, 1999, 2001; Noels, Pelletier, Clément, & Vallerand, 2000; Sugita McEown, Noels, & Chaffee, 2014; Vallerand 1997; Vallerand & Ratelle, 2002）（国内の研究については次節を参照）。自己決定理論とは Deci & Ryan（1985, 2002）が提唱した教育心理学的理論であり，内発的動機づけと外発的動機づけを理論的基盤としています。

　自己決定理論（Deci & Ryan, 1985, 2002）とは様々な領域において人の動機づけをとらえる包括的な理論的枠組みであり，教育分野のみならず，医療・精神医療・精神病理学・スポーツ科学・職場環境・科学技術などの分野においても理論的基盤の1つとして応用されています。

　八島（2019）によれば，内発的動機とは「それをすること自体が目的で何かをすること，それをすること自体から喜びや満足感が得られるような行動に関連した動機」（p. 91）であり，外発的動機は「金銭的な報酬が他者に認められていることなど，何らかの具体的な目的を達成する手段として行う行動に関連した動機」（八島, 2019, p. 91）です。内発的動機づけを充足するためには自律性・有能性・関係性の3つの心理的欲求を満たす必要があります。

　「自律性」（Autonomy）とは，自分で自分の行動に責任を持ちたい，選択したいという欲求であり[1]，「有能性」（Competency）とは，やればできるといった自身への期待や価値を持ちたいという欲求です。さらに「関係性」

1．「自律性」の研究についての詳細は（例：Agawa & Takeuchi, 2016; Deci & Ryan, 2002; Ivengar & Lepper, 1999; Maekawa & Yashima, 2012; Otoshi & Hefferman, 2011）を参照。

表5．内発的動機づけを高める3つの心理的欲求
(Deci & Ryan, 1985；2002)

3つの心理的欲求	定義
自律性	人は自らの行動に対して「責任」を持ちたい、自ら「選択」を持ちたいという欲求を持っている。
有能性	人はやればできるといった「期待感」「達成感」を味わいたいといった欲求を持っている。
関係性	周りとの協力なしには生きていけない、周りの他者と「協力的」「協調的」な関係を持ちたいという欲求。

(廣森, 2006, pp. 100–101を引用)

(Relatedness)は，自分の周囲の他者と良い関係性を持ちたいといった欲求のことです（廣森，2015）（表5参照）。この3つの心理的欲求が満たされると，内発的動機づけにつながる可能性があるのです。

　ここで内発的動機づけに関わる1つの例を紹介します。私（西田）の経験に基づく事例です。「はじめに」で述べたように，学部生時代アメリカの州立大学に入って，最初の1学期は英語がわからず苦戦をしている私を見て「頑張っているね」といって「褒めて」「励まして」下さった心理学部の教授がおられたことは冒頭でも述べました。この一言が大きな励みとなり，寝る間も惜しんで勉強をするようになりました。「自律して学習しているという認知」があり，「自分にはできるという実感」があり，「周囲との良好な関係性を構築していた（この場合は主に教師からの励まし）」ことで内発的に動機づけられた可能性があるのでしょう。このような自分自身の経験から，人は「何か」をきっかけに「内発的に動機づけられる可能性があるのではないか」という疑問を持ち続けています。

　動機づけの研究史においては，さらに，内発的動機づけを細分化し，内発的動機づけを「知識」・「刺激」・「達成」としたVallerandら（Noels, Pelletier, Clément, & Vallerand, 2000; Vallerand, 1997, 2000; Vallerand et al., 1992; 1993）の研究があります。Vallerandによると，内発的動機づけの「知識」とは，新しい単語の意味を知ったり，新たな知識を得ることが楽しいこと，

「刺激」とは，英語を話したり聞いたりしているとわくわくすること，「達成」とは，新しい構文や文法が理解できたり長文読解ができるようになったり，これまでできなかったことができるようになったという達成を指します（八島，2004, p. 56）（表6参照）。例えば，内発的動機づけを高めるためには，英語授業においては「新しい知識」を得ることができるような学習内容や言語学習を提供し，ある程度，刺激のある活動や題材を選び，学習目標や達成感のある活動をすることが良いと考えられます。

　外発的動機づけも細分化されていて，自己決定度が高い自己調整から「統合的調整（価値観やゴールが内在化）」－「同一化調整（活動に対する意識的な価値付け）」－「取り入れ的調整（承認や他者に注目）」－「外的調整（報酬が目的）」と連続体で示され，外的調整は最も自己決定度が低い調整であるため，様々な調整段階があるといわれています。表7に定義と図5に自己決定理論における自己決定性に関する連続体を示します。さらに無動機は全くやる気のない状態を示します。

　ではここからは「外発的動機づけ」から「内発的動機づけ」に移動する，あるいは，「内発的動機づけ」から「外発的動機づけ」に移動する，「学習を継続する動機づけのメカニズム」について考えてみましょう。学生達のリフレクションシートや自由記述のコメントを見ていると，学期の始めは英語が苦手で単位のために履修をしている様子が伺えます（外的調整），期末プロジェクト後には「緊張したけどプレゼンが楽しかった」「もっと上手く発表できるようになりたい」「次はもっと頑張ろうと思った」等肯定

表6．自己決定理論の内発的動機づけ

自己決定理論の種類		定義
内発的動機づけ	知識 (Knowledge)	知識を得ることが楽しく満足感をもたらす。
	達成 (Accomplishment)	自分の能力を伸ばす。何かをやり遂げることから得られる喜びを求める。
	刺激 (Stimuli)	そのタスクを行うこと自体から得られる興奮・刺激・喜び。

（Vallerand, 1997，八島 2019, p. 92 を引用）

的な意見が見られ，統合的調整や内発的動機づけに近い動機づけとなっていることがうかがえます。時間の経過に伴って，教室内が和やかになり，課題の達成等にも伴って肯定的な姿が見られるようになります。ただやは

表7．自己決定理論の外発的動機づけ

自己決定理論の種類		定義
外発的動機づけ	統合的調整 (Integrated Regulation)	最も自己決定度が高い外発的動機づけ。価値観やゴールがあり，内在化している。 例：地球市民として国際的視野に立って活躍したいことが自分の価値だから。
	同一化調整 (Identified Regulation)	活動に対する意識的な価値づけ。その活動に価値を見出し，その有用性を意識して，個人にとって意味のある目的のために行う。 例：海外の大学で医学を学びに行きたいから英語の勉強をする。
	取り入れ的調整 (Introjected Regulation)	承認に注目し，他者や自分の承認に注目している。 例：毎日ピアノの練習をしなくてはいけないのに，練習をしないので罪悪感を持つ。
	外的調整 (External Regulation)	最も自己決定度が低い外発的動機づけ。報酬を目的としたり罰を得るのが嫌なので，行動を制御する。 例：ご褒美が欲しいし，怒られるのは嫌だから。
無動機	無動機 (Amotivation)	全くやる気のない状態。

（Deci & Ryan, 2002; Noels, Pelletier, Clement, & Vallerand, 2000; 八島 2004を参考に作成）

無動機	外発的動機づけ				内発的動機づけ
無調整	外的調整	取り入れ的調整	同一化調整	統合的調整	内発的調整
自己決定的でない Not self-determined					最も自己決定的 Self-determined

図5．自己決定理論における動機づけの連続体
（Deci & Ryan, 2002, 廣森 2006を参考に作成）

り「ライティングの課題は苦手だし，課題も減らしてほしい」と変化が見られないこともあります。

1990年代以降のNoelsらの研究（Noels, Pelletier, Clément, & Vallerant, 2000）では，Vallerandらの研究と同様にカナダにおけるフランス語話者を対象に原因要因（有能感の認知・選択の自由），結果要因（継続への意思・不安）と内発的動機づけ（知識・達成・刺激），外発的動機づけ（同一化調整・取り入れ的調整・外的調整）と無動機の関係性について調査を行いました。結果として，原因要因（選択の自由）が内発的動機づけ（知識・達成・刺激）と同一化調整とにそれぞれ正の中等度の相関関係を示しました。これは選択の自由が学習者にあれば，内発的動機づけや同一化調整を高める可能性があることを示唆しています。結果要因（継続への意思）も内発的動機づけ（知識・達成・刺激）と正の相関関係があり，継続への意思があれば内発的動機づけを高める可能性を示しました。

例えば私の授業では，プロジェクトの課題は自分であるいはグループで選ぶことができます。いくつかあるトピックの中で，学生達は選択をすることができるので自由度が高いといえるでしょう。また「継続」については研究結果からも考察できるように，「楽しかったからまた英語を継続して勉強しよう」という経験があれば，内発的動機づけにつながる可能性があります。

スペイン語話者を対象としたNoelsの研究（Noels, 2001）では，322名の対象者を対象に，教師のコミュニケーションスタイル（統制的または自律支援的），学習者の自律支援への認知・有能感への認知がどのように学習者の内発的動機づけ，外発的動機づけ（同一化調整，取り入れ的調整，外的調整），無動機につながるかをモデル（共分散構造分析）を用いて示しました。この研究では，教師のコミュニケーションスタイル（自律支援的）については，有能感への認知へと繋がり，ひいては内発的動機づけや同一視的調整に繋がることを示しました。また学習者の自律支援への認知は内発的動機づけや同一視的調整に繋がることが示されています。教師が自律支援的である場合は，教室内で例えてみると，教師は「学習者の声を聞く」「学習者がどんな課題が好きかを尋ねる」「学習者にヒントを与えたり，足場をかけたりする」が考えられます。また学習者に対して「選択」があり，学習者が「自由」があると認識することが自律支援になりうるかと思いま

す。「（課題を）やってみて，できなかったら聞いてください」「わからないことは聞いてください」など，学習者の自律を支援するような声かけをすることも大切かと思います。

　上記の研究の結果から，学習者に選択の自由があり，自己決定的な環境があれば，楽しさを感じてその活動をするという内発的動機づけにつながる可能性があることを示唆しています。

4．国内における自己決定理論の研究

　国内でも，2000年以降に，小学校・中学校・高等学校・大学において，自己決定理論に基づいた研究が数多く行われています（次ページの表8参照）。その多くは，内発的動機づけや外発的動機づけの傾向をとらえようとする横断調査，教育介入を通した内発的動機づけや外発動機づけの変化に関する縦断調査です。

4.1　横断調査での研究例

　横断調査とは，一度だけデータを収集して完了する調査方法です。例えば，質問紙の場合は，一度だけ質問紙を行ってデータ分析を行い，調査対象者の全体傾向をとらえるような研究を行います。縦断調査とは時間の経過を取り入れた研究方法で，時間の経過に伴って調査を行う方法となります。

自己決定理論を用いた横断調査の研究例

　例として大学生を対象として行った大規模調査の事例をご紹介します（西田，2015b）。この調査では，2012年度と2013年度に入学した5500名の学生を対象として，自己決定理論（内発的動機づけ・外発的動機づけ・無動機）に依拠した質問紙調査を行いました。この研究では大学生の動機づけの傾向をとらえようと試みています。動機づけ以外の他の要因としては，理想自己（なりたい自分），義務自己（あるべき自分），努力，国際的志向性（日本における英語が象徴する漠然とした国際性），コミュニケーションへの積極性（コミュニケーションを図ろうとする意志）努力，Can-Do（speaking/listening, reading/writing）を測定しています。5500名の内訳は，2012年度

表8．国内における自己決定理論を基盤とした実証研究

研究者	対象年齢	研究方法	主な結果
Nishida (2013a)	小学生	縦断調査	小学生を対象としてミュージカルの介入後に自律性、有能性が高まること報告をした。また自律性や有能性が高い生徒は内発的動機づけに繋がる傾向を示した。
西田（2015a）	中学生	縦断調査	各学年の7月と2月の比較では、言語運用力が高まること、3年間の縦断調査では、自律性・有能性・理想自己・言語や文化への関心が、中学2年生の7月から上昇する傾向を明らかにした。
大濱（2019）	高校生	横断調査	言語運用能力が比較的に低い高校英語学習者においては、自己決定性に関わる3つの心理的欲求（自律性、有能性、関係性）では、関係性が最も高く、自律性が最も低い数値であった。動機づけについては、外発的動機づけのうち取り入れ的調整が最も高い値を示した。
廣森（2003）	高校生	横断調査	高校生を対象として自己決定理論に基づいた質問紙の項目を因子分析を用いて精査し、共分散構造分析を用いて、有能性を持つ学習者が動機づけに繋がる可能性を示した。
林（2012）	高校生大学生	縦断調査	縦断調査によって学習者をクラスター別にみて高校生から大学生にかけて動機づけ（内発的・外発的）の傾向を捉えた。さらに高校後半の動機づけをクラスター分析を用いて分析している。
Agawa & Takeuchi (2017a)	大学生	縦断調査	協同学習を行った処置群（協同学習によるスピーキングタスク）の介入を行った結果、心理的欲求（自律性・有能性・関係性）が充足された。
Agawa & Takeuchi (2017b)	大学生	横断調査	大学英語学習者を対象に自己決定理論に依拠した新たな質問紙を確認的因子分析と共分散構造分析を用いて開発した。
Hiromori (2006)	大学生	縦断調査	ライティング活動における12週間の教育介入において、クラスター分析を用いて学習者傾向を捉えた。4群に分かれたクラスターの全てにおいて、自律性・有能性・関係性の充足を示した。
廣森（2005）	大学生	横断調査	自己決定理論に基づいた因果モデルを心理的欲求と動機づけの各タイプの因果モデルの構築を行った。有能性を持つ学習者が内発的動機づけや同一視調整に繋がる可能性を示した。さらにクラスター分析を用いて、4つの群の傾向の詳細を精緻に分析した。

研究者	対象年齢	研究方法	主な結果
廣森 (2006)	大学生	横断調査 縦断調査	自己決定理論に依拠した質問紙を開発し、クラスター分析を用いて個人差の傾向を捉えている。縦断調査ではライティング活動をペアグループで行った結果として介入後に動機づけが充足したこと明らかにした。
廣森・田中 (2006)	大学生	縦断調査	大学英語学習者に対してプレゼンテーションのグループ活動を行った結果として、グループ活動介入事後に自律性・有能性・関係性・内発的動機づけが高まると示した。さらに潜在曲線モデルを用いて分析を行った結果、自律性と有能性の欲求の充足が、内発的動機づけに影響を与えたと報告された。
Kojima & Yashima (2017)	大学生	横断調査	EMIを受講する大学英語学習者においては、英語への学習態度とL2理想自己はEMI学習の内発的動機づけに繋がることを明らかにした。
Maekawa & Yashima (2012)	大学生	縦断調査	工学部の大学英語学習者においてプレゼンテーションプロジェクトを介入した結果として有能性が高まったことを明らかにした。
田中・廣森 (2007)	大学生	縦断調査	大学英語学習者を対象にグループ活動を通したプレゼンテーション活動を実施し、介入事後に内発的動機づけ・外発的動機づけが高まることを示し、さらにクラスター分析によって学習者間の動機づけの傾向を捉えている。
Nishida (2013b)	大学生	横断調査	言語運用能力の高い群と低い群とを比較し、高い群は内発的動機づけや情意が高く、低い群は動機づけや情意が低い傾向を明らかにした。さらにクラスター分析を用いて、各群の傾向を明らかにしている。
西田 (2015b)	大学生	横断調査	大学英語学習者を対象として自己決定理論に依拠した質問紙を行い、外発的動機づけが内発的動機づけよりも高いことやCan-Do (speaking/listening)が低い傾向にあることを明らかにした。
Nishida & Yashima (2017)	大学生	横断調査	早期英語学習経験のある大学英語学習者は内発的動機づけ、情意、言語運用能力が高い傾向にあることを明らかにした。
Nishida & Ikemoto (in preparation)	大学生	縦断調査	Soft-CLILの介入を行った大学英語学習者は内発的動機づけ（刺激・達成）が高まり、グループダイナミクスを維持する傾向を示した。
瀬来 (2018)	大学生	横断調査	内発的動機づけ・外発的動機づけの高低に関わらず「授業の内容や特性」が動機づけ減退要因として最も認識されている可能性があることを示した。

の学生が2,869名，2013年度の学生が2,631名であり，男女比は男子3,732名，女子1,762名でした。全体の傾向としては，外発的動機づけの中でも同一化調整が最も高い数値を示し，Can-Do speaking/listening が最も低い数値を示しています。英語に対しては「英語授業あるいは英語に対して意識的な価値づけがあり有用性を認識している」ということや「speaking と listening については自信がない」集団であるということが明らかになりました。また性差については，動機づけやその他の情意要因で女子学生が男子学生と比較して高い数値を示したということ，無動機の割合は男子学生の方が高かったという数値を示しています。義務自己以外の要因については，統計的な有意差もあったことから，男子学生は女子学生と比較して動機づけが低い傾向にあることから，男子学生が好む学習活動を取り入れる必要があり，そうすることで，動機づけを高める可能性があるでしょう。

　Nishida & Yashima (2017) の研究では，言語運用能力・自己決定理論（内発的動機づけ・外発的動機づけ），可能自己（理想自己・義務自己），努力，Can-Do（speaking/listening, reading/writing），コミュニケーションへの積極性について，2012年度に2,665名の大学生を対象に横断調査を行っています。この研究では，小学校での英語学習を経験した学習者（経験あり・経験なし）によって，大学英語学習時における言語運用能力，動機づけ，情意にどのように差があるのかを比較・検討しています。この調査対象者のうち，早期英語学習経験あり（1,320名）と経験なし（1,345名）はほぼ同人数でしたが，結果として，早期英語学習経験のある大学生の方が，経験がない大学生と比較して，言語運用能力，動機づけ，情意要因に統計的な有意差を示しました。経験なしの大学生の方は，無動機が高かったとも示されています。さらにクラスター分析（同じ特徴を持つ学習者が同じ群に分類される分析方法）では，小学校での学習経験の有無にかかわらず，言語運用能力上位群は動機づけや情意も高く，その一方で，言語運用能力下位群は動機づけや情意も低いという結果になりました。

　この研究から，小学校での英語学習経験が大学での英語運用能力，動機づけや情意に影響があるという原因結果を示すことはできませんが，少なくとも小学校での英語学習経験がある群の方が，大学生の段階では，言語運用能力や内発的動機づけ，情意が高いことが明らかになっています。小学校における英語学習経験も，授業外での経験の有無や海外経験（留学・

旅行・親の海外転勤）などの多様な要因によって，様々な動機づけを持った学習者群が教室内に混在してくると予測できます。

　もう一例，Nishida（2013b）の横断研究を紹介します。このNishida（2013b）の研究では，A，B異なる2つの大学で自己決定理論に依拠した質問紙調整を実施しました。A大学に属する学生たちは留学を目前にする，あるいは留学を希望している学習者群で言語運用能力も高い学習者群です。一方のB大学に属する学生たちは，言語運用能力が低い学習者群でした。質問紙の項目には，自己決定理論と可能自己（理想自己・義務自己），国際的志向性，Can-Do（speaking/listening, reading/writing）を含んでいました。クラスター分析においては，動機づけ高位群，中位群，低位群を含む4群に分かれましたが，A大学に属する学生たちは，動機づけや国際的志向性，理想自己が高く，無動機が低い群に分類され，B大学に属する学生たちは，動機づけや国際的志向性，理想自己が低く，無動機が高い群に属しました。4群を比較して，唯一，統計的な有意差が見られなかった要因は「関係性」で，どちらの大学もとても良好な関係性（教師と生徒，生徒同士）の中で授業が行われていたと思われます。特にB大学では「関係性」は，他の要因と比較しても高い数値を示したので，言語運用能力が低い学習者集団においては「関係性」の構築が大きな役割を果たすと考えられました。

　この研究ではさらに学習者の自由記述から「英語学習とL2理想自己の認知」については言語運用能力や動機づけの高さによらず（大学間によらず），「職業選択」が影響しているとし（40％），学生の記述には例えば「英語を使う仕事に就きたいので英語を学習する必要がある」「ある特定の仕事に就きたいので英語学習をする必要がある」などが挙げられていました。また「職業選択」に次いで「地球市民として活躍したい」（19％）「英語の必要性」（11％）「将来の可能自己の想像」（8％）が挙げられています。「将来に向けての英語学習に関する努力」については，「リスニング能力向上学習への努力」（25％）「スピーキングの努力」（20％）「語彙学習への努力」（13％）「英語学習全体への努力」（13％）「TOEFL/TOEICへの努力」（13％）「英語クラスへの参加」（8％）が挙げられていました。

　横断研究の最後の事例として，大学英語教育で行われている教授法と動機づけの研究を見ていきましょう。近年のグローバル化に伴って，文部科学省（2008）がG30（国際化拠点整備事業）を計画したことにより，大学英

語教育においては英語による授業が展開されつつあります。CLIL（内容言語統合型学習：Content and Language Integrated Learning），CBI（コンテントベースのアプローチ：Content-based Instruction），EMI（English as Medium Instructions）などの教授法の実施が全国の大学で行われています（教授法については第2章参考）。Kojima & Yashima（2017）の研究では，EMI（英語による専門科目授業）授業での，自己決定理論，理想自己・義務自己，英語学習動機づけ，英語学習態度について調査を行っています。9つの異なる分野のEMI授業（カルチュラルスタディーズ，国際関係学，国際問題と政策，日本の文化と社会，文化・社会メディア・コミュニケーション学）において自己決定理論に依拠して，質問紙調査を実施しました。EMIに特化する動機づけの要因に対して，EMI内発的動機づけ（EMI自律性，EMI有能性，EMI関係性），EMI外発的動機づけ（EMI同一化調整，EMI取り入れ的調整，EMI外的調整），EMI無動機を測定し，EMIを受講している大学生の動機づけの傾向をとらえています。

　本調査結果を通して対象学生は英語学習と専門科目学習の両方を目的としてEMIを履修していることが報告されました。また，学生のEMI内発的動機づけの維持・向上のためには有能性への欲求の充足が重要であり，EMI同一化調整の維持・向上には有能性と関係性への欲求の充足が重要であることが明らかとなりました。さらに，動機づけが高い学生は授業理解度が高く，自主勉強時間も長いことが導き出されました。つまり，授業理解度を高めることができれば，動機づけを高め，より積極的な学習行動が期待できるのではないかということが示唆されました。この調査は，今後，英語による科目授業が増えると予測される中で，ますます期待のかかる研究といえるでしょう。

4.2　縦断調査での研究例

　ここからは，国内の教育介入を通した縦断調査を見ていきます。縦断調査とは学習者の動機づけや言語運用能力がどのように変化するのか教育介入前後に質問紙調査を行う，あるいは，面接を行うなどして時間の経過による学習者の変化を見る研究方法です（図6参照）。

図6．教育介入と時間軸

自己決定理論を用いた縦断調査の研究例

　国内においては，廣森（2006）の教育介入を行い，自己決定理論に基づいた研究があります。この廣森（2006）の研究では，ライティングの活動において「自己モニター」を取り入れた活動が行われています。この活動では，学習者自身による注釈（疑問や問題点）の時間を取り入れながら活動を展開することによって，教師側からフィードバックを加えるだけでなく学習者の疑問や問題点に直接回答をすることができるため，学習者−教師間の双方向的な指導が可能となります。さらに，この活動では，(1) 自ら責任をもって学習に取り組む（自律性），(2) 学習者へ肯定的なフィードバックを与えることで，自己効力感や達成感を育む（有能性），(3) ペア／グループワークを通して，教師と生徒，生徒同士が協力して課題に取り組む（関係性）ため，動機づけを高める3つの心理的欲求を満たす可能性を持っています。この活動の介入前後に行われた質問紙調査では，2004年9月（介入前）と2004年12月（介入後）とを比較すると，自律性・有能性・関係性が高まるという結果を示しました。さらに，内発的動機づけ，同一化的調整，取り入れ的調整が上昇する一方，外的調整・無動機が低下していく傾向をとらえました。この研究から，このように「自己モニター」を取り入れたライティング活動を行った英語活動においては，英語学習者の動機づけを高めることができると結論付けられました。

　廣森（2006）の研究に続き，Agawa & Takeuchi（2017a）では，医学部の学生を対象として3つの心理的欲求（自律性・有能性・関係性）を充足するようデザインされた教育介入を行った場合にどのように日本人英語学習者に影響を及ぼすかについて，対象群（control group）と処置群（treatment group）に対して介入を行っています。対象群は必修の資格試験コース

(TOEFL® & IELTS®）を受講し，処置群も同様に TOEFL の必修の資格試験コースを受験していました。処置群に対する教育介入には，協同学習によるスピーキングタスクの実施があり，事後に振り返りシート・ポートフォリオシートを用いた介入が行われています。その一方で，対照群は伝統的資格試験講座を受講していました。質問紙調査は，自己決定理論に依拠した項目を4月と翌年の1月に実施しています。結果として，伝統的な資格試験講座を受験した対照群と比較して，処置群は3つの心理的欲求（自律性・有能性・関係性）が充足され，さらに自己決定度の高い動機づけが向上するという結果になりました。その一方で，スピーキングタスクと振り返りシート・ポートフォリオシートの介入を受けなかった対照群には，目立った変化は見られないという結果となりました。このように自律性・有能性・関係性を充足させるための意図的な教育介入は，日本人英語学習者にとって3つの心理的欲求を満たす可能性があり，自己決定度の高い動機づけを高める可能性があると考えられます。

　大学英語学習者を対象とした，Maekawa & Yashima（2012）の研究においても，理工系学生への教育介入として英語プレゼンテーション活動中心授業を行い，動機づけの変化について調査しています。これは理工学部機械工学科での「技術英語」授業での取り組みであり，学生たちが工業製品を紹介するというプレゼンテーション活動です。この介入前後に，学生60名を対象に，2009〜2010年度4月・7月・1月の3時点で質問紙調査を行っています。自己決定理論に依拠した外発的動機づけ，内発的動機づけ（自律性・有能性・関係性），可能自己（理想自己・義務自己），プレゼンテーションへの自信，知識，理解度に関する変化の傾向をとらえています。この英語プレゼンテーション活動中心授業の教育介入を通して，3つの心理的欲求である自律性・有能性・関係性が上昇し，さらに英語プレゼンテーションへの自信や知識も上昇する傾向にあることが示されました。さらにMaekawa & Yashima（2012）が言及するように，この英語プレゼンテーション活動中心授業は，英語学習において意味があり効果的であり，技術英語コースの学生のみならず一般の英語学習者においても同様に，自信を高めることを促す可能性があると結論付けています。

　廣森（2006）の研究を基盤として，Nishida（2013a）においても，小学生を対象に3つの心理的欲求を満たす教育実践がどのように小学生の心理

的側面の変化につながるかを研究しています。この研究では，小学校5年生（108名）と一緒に『ライオンキング』のミュージカルに基づく実践を行いました（Nishida & Yashima, 2009, 2010）。きっかけは，私（西田）が小学校の先生から小学生を対象にプロジェクト活動をお願いされたことにあります。「子どもたちは，どのような活動が好きですか」とお聞きしたところ，「この子たちは，目立つことが好きで，幼稚園の頃から劇や歌を歌うことが好きなんです。歌を歌ったら体育館の窓がふるえるくらい大きな声が出ることを知っているんです」と担任の先生が教えて下さったので，『ライオンキング』のミュージカルプロジェクトを提案しました。8場面から構成された『ライオンキング』のミュージカルを，各クラス2場面ずつ担当します。各自2役を担当し，小学生たちは4曲の歌をマスターしなくてはなりません。このミュージカルプロジェクトは，(1)プロジェクトを実施することで自律して学習することができる（自律性），(2)教師や生徒とのインタラクションを通して英語を学習することができる（有能性），(3)教師と他の生徒と協力してミュージカルを作り上げていく（関係性）ことが意図的に仕掛けられていました。ミュージカルプロジェクト当日は体育館を使って教育者・保護者の前で，歌を歌い，振り付けをし，発表を行いました。このミュージカルの介入前後にどのような変化があるのかを自己決定理論の枠組みを用いて調査をしています。ミュージカルの事後に測定した質問紙調査の結果として，自律性や有能性を充足し，内発的動機づけも高まったという結果となりました。給食時や廊下で歌を歌う姿を見かけたり，「何か手伝えることはある？」と聞くと「大丈夫！」と言って自主的に練習するなど，児童たちがミュージカルを内在化し（自分たちのものとし），自分たちの力で作り上げていく姿が浮き彫りとなりました。

　教育実践と縦断調査を用いた研究からも明らかなように「動機づけ」を高めるために教師が「意図的」に教育介入を行い，「動機づけを高める有効な仕掛け」を作るのであれば，学習者がその教育介入によって動機づけられる可能性があるのではないでしょうか。小学校・中学校・高等学校・大学の様々な教育段階に応じて，どのように動機づけを高める仕掛けを行っていけるのかを考察する必要があるでしょう。

5．Dörnyei による外国語学習動機の枠組み

　1990年代以降には，Dörnyei（1994）も外国語学習動機の枠組みを3つ
のレベル（3水準，Three-level Framework of L2 Motivation）で提示しました。
3つのレベル（3水準）とは，(1)言語レベル，(2)学習者レベル，(3)学習
環境レベルです（次ページ表9参照）。「言語レベル」とは文化やコミュニ
ティーなどの言語に関わる要素，知性や実用性への価値や有用性というレ
ベルです。「学習者レベル」とは学習者の特性であり，学習者が学習過程
で身につけるもので，「学習環境レベル」とは教室内の環境での様々な側
面が，特定の状況下における動機づけに関係するとしています。この3つ
のレベルがそれぞれ独立してあるのは，すべての動機づけが独立して影響
力があるとして考えられ，1つのレベルに変化があり，もう2つのレベル
に変化がなかったとしても，全体としての動機づけの構造には変化がある
可能性があるからです。例えば同じ学習環境下にあっても，目標言語が何
であるかによって動機づけは変化を示す可能性があり，また目標言語が同
じであっても異なる学習環境下（例：先生の影響）によって変化する可能
性があるのです。このように3つの動機づけのレベルはお互いを独立して
影響する可能性があり，1つのレベルがその他のレベルに対して影響する
可能性が十分に考えられるのです。

　例えば，内発的動機づけの例でお示ししたように，私（西田）にはアメ
リカで良い先生と巡り合ったことで，英語での科目学習を寝る間も惜しんで勉
強するようになった経験があります。「学習環境レベル」では良い教師との出会
いがあり，その出会いによって「言語レベル」におけるアメリカ文化を受
け入れ，文化やコミュニティーに関わろうとする要因にも働きかけられ
(統合的動機)，英語をテストや課題のための実利的道具として使用したこ
とでしょう（道具的動機）。「学習者レベル」においては，自信を持って英
語で話し，努力をし続けたのではないかと思います。このようにして，1
人の良い教師との出会いが，様々なレベルでの動機づけに影響を与え，ひ
いては，人生における動機づけに変化を与えるきっかけになりうるのだと
思うのです。

表9. Dörnyei による外国語学習動機の枠組み（3水準）

(Dörnyei, 1994)

Dörnyei（1994）による外国語学習動機の枠組み	
【言語レベル】	統合的動機づけの下位分類
	道具的動機づけの下位分類
【学習者レベル】	達成への欲求
	自信
	・言語使用不安
	・言語使用への自信
	・原因帰属
	・自己効力感
【学習環境レベル】	
・言語コースに特定した動機づけ	・コースへの関心
	・関連性（コースに対する個人の欲求）
	・成功への期待
	・満足感（結果に対する）
・教師の特定した動機づけ	・親しくなりたいという動機づけ
	・権威性（自律性サポート・統制）
	・動機づけへの直接的な社会化
	（モデリング・タスクプレゼンテーション・フィードバック）
・グループに特定した動機づけ	・ゴール志向性
	・規範と報酬
	・集団規範
	・教室内でのゴール設定
	（協調性・競争・個人）

6. プロセス重視期：過程・プロセスに着目した研究

　1990年以降に教育心理学的な研究が始まって以来，2000年代以降になると，過程・プロセスに着眼する時期に入っていきます。経年データを取り入れた時間の経過に伴った動機づけの動的な変化と変化の起こるプロセスをとらえようとする研究が行われるようになります。人の動機づけというのは時間の経過に伴って変化しうるもので，例えば文法や長文読解につまずいて動機づけが「下がる」可能性もありますし，留学などをきっかけと

して動機づけが「上がる」可能性もあります。また例えば，１学期間の英語学習において，プロジェクト課題を発表する前後は，動機づけが上がるかもしれませんが，課題が多すぎると動機づけは下がるかもしれません。2000年代以降，この過程・プロセス期には，動機づけとは動的なものであるととらえ，動機づけの変化の起こる過程とプロセスについて時間軸を取り入れて解明しようと試みています。

　Dörnyei & Ottó（1998）が提案した過程・志向モデルでは「プリアクション―アクション―ポストアクション」（Preactional Stage, Actional Stage, Postactional Stage）の３相から成る複雑なプロセスモデルがあり，「プリアクション」を「選択の動機づけ」，「アクション」を「実行の動機づけ」，「ポストアクション」を「動機づけに関する振り返り」としています（次ページ図7参照）。つまりこのモデルは３相の個々の時間的な区分があり，どのように願い，欲求するかがゴールへとつながり，行動の意図となり，その意図がゴール達成をすることやプロセスの最終評価へとつながるとしています。「選択の動機づけ」「実行の動機づけ」「動機づけに関する振り返り」の各段階は，それぞれ異なる動機づけに関連しているのです。「選択の動機づけ」では，動機づけの機能としては，ゴール設定を設け，学習意図を形成し，行動を開始します。「実行の動機づけ」では，小課題を実行すること，自己統制を行います。「動機づけに関する振り返り」では，原因帰属を形成することやストラテジーの構築を行うとされています。考えられる動機づけへの影響は，「選択の動機づけ」では様々なゴールに対する意識や価値を見出すことや，成功への期待を持つこと，第二言語話者に対する態度などに影響があるとされています。「実行の動機づけ」においては，学習経験の質を向上し，自己統制ストラテジーを使用することに影響があると考えられています。「動機づけに関する振り返り」では，原因帰属の要因（例：帰属スタイル）やフィードバックに影響があると考えられています（p. 38の図8参照）。

　例えば，私（西田）と大学時代に履修をしていた経験があるドイツ語学習（L3学習）をプロセスモデルに当てはめてみましょう。ドイツ人の友人もドイツ語を教える同僚もいますから，環境的なサポートもあります。出張でドイツに行くことが決まったある日，ドイツ語の先生が教科書を貸してくれたので，ドイツ語の勉強をすることを決めました（「選択の動機づ

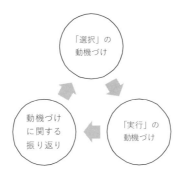

図7．L2動機づけにおけるプロセスモデルの概略図

（馬場・新多，2016を参考）

け」）。でも時間的な余裕がありません。それでも仕事の合間をぬって，何とか勉強しようと決めました。少しずつドイツ語がわかるようになってきて，学生時代のように話せるようになりたいというゴールも見えてきました（「実行の動機づけ」）。帰国後にはドイツ語が少しでも話せたことが楽しかったのと，またドイツ文化に魅了され，今後も継続して少しずつでも勉強をしていこうと決めました（「動機づけに関する振り返り」）。このプロセスモデルの例は，動機づけの「選択」「実行」「振り返り」が好転的な展開となっていますが，逆に，ドイツに行って大雪に降られ，電車が山の中で止まって，そんな中ドイツ語は全く通じず，散々な目にあったのでもう二度と行きたくないと振り返ることもあるでしょう。しかし，この例のように時間の経過に伴って「ドイツ語を学習する」上で，行動の段階によって動機づけの変化とそのプロセスがあることが見えてくるのではないでしょうか。

選択の動機づけ

《動機づけの機能》
・ゴール設定
・意図の形成
・行動を開始する

《動機づけへの影響》
・様々なゴールに対する意識
　（例：ゴールの関連性，特性，距離感）
・学習そのものに関係する価値，成果，結果
・第二言語やその話者に対する態度
・成功への期待，対処能力への認知
・学習者信念，ストラテジー
・環境的サポート又は妨害

実行の動機づけ

《動機づけの機能》
・小課題の生成と実行
・継続的な評価，自己の達成
・アクションコントロール（自己統制）

《動機づけへの影響》
・学習経験の質向上
　（例：喜び，ニーズの重要性，対処能力，社会的イメージ）

・自律性の認知
・教師や親などの影響
・教室内での報酬
・ゴール設定（競争又は協同）
・学習者グループの影響
・自己統制ストラテジーの知識と使用
　（例：ゴール設定，学習，自己動機ストラテジー）

動機づけに関する振り返り

《動機づけの機能》
・原因帰属の形成
・基準とストラテジーの構築
・意図や今後の計画をやめる

《動機づけへの影響》
・原因帰属要因
　（例：帰属スタイル・バイアス）
・自己概念
　（例：自信や自己価値）
・フィードバック・褒美・成績を得る

図8．L2動機づけにおけるプロセスモデルの概要
(Dörnyei & Ottó, 1998)
(Dörnyei & Ryan, 2015を参考に作成)

第4節　第3期：多様な動機づけの研究（2005年以降）

1. 「環境の中の人」：関係性から捉える Ushioda の視点

　Ushioda（2009）では，心理学で主流であった数量的解釈を用いた線形アプローチにはグループ間の比較，相関関係を見る，モデル化を行うが主流でしたが，線形アプローチには限界があると考えられるようになり，個人と環境との本質的な相互作用（organic interaction）に焦点を置くようになりました（Ushioda,2009）。それまでの研究では，能力や適性といった認知的要因よりもむしろ，言語学習を成功する上での可能な要因を識別することに焦点が置かれていたといえます。たとえば Gardner & Lambert（1972）の一連の研究では「ある学習者にとっては，第二言語学習や外国語学習が安易であるにもかかわらず，同じ学習環境において，別の学習者にとっては，外国語学習がなぜ困難であるのか」（Gardner & Lambert, 1972, p. 131, 筆者訳）が実証研究上探求されました。この後，数十年に渡る動機づけの研究において動的でプロセスに着眼する研究が提唱されつつある中で，今もなお社会心理学である内発的動機づけ，自己効力感，帰属など，原因と結果論は権勢を振るっているといえるでしょう。この背景には，一般化可能な線形モデルをが，どのような動機づけにつながり，ひいては学習環境での学習行動となるのか，その結果，どのような教育的介入を行うことで動機づけを変化させ，学習行動や結果に変化がもたらされるのかを解明しようという試みがありました。SLA での動機づけモデルの開発や教室環境においても，説得力をもって受け止められ，多くの学習環境と学習者に対して広く応用されています。しかしながら，Ushioda（2009）は，動機づけの線形モデル上の予測できる要因というのは，まずその原因要因に限りがあるために，個人の動機づけに関わる内的で状況的で一時的な要因である複雑で多様性のある視点を取り入れていないとして，線形モデルは動機づけを選択された一部の視点からのみとらえ，学習者の複雑な状況と向き合っていないと考えました（Dörnyei & Ushioda, 2011）。

動機づけ研究分野においては，Ushioda（2009）が，動機づけ・自己（セルフ）・環境を「有機的に進化する相互関係（organically evolving interaction）」に関して提案しました。Ushioda の「環境の中の人：person-in-context」では実在する人々の個人の持つ複雑性に焦点を置いています。学習者が言語学習をする時，唯一の社会的アイデンティティーや「自己」が存在するわけではなく，他のアイデンティティーも同様に動機づけのプロセスの様々な時間軸の中に含まれています。例えば，日本人である，中国人である，またはアメリカ人であるというアイデンティティー，家庭での母親や父親であるということ，職業上の医師や会社員，学生であるということ，移民・難民，趣味として音楽や野球ファン，パティシエ，カフェスタッフなど，個人の持つ様々なアイデンティティーが考えられます。例えば，イギリスで学位取得のために留学をした学生について考えるなら，帰国前には留学するために英語学習を行い，イギリスの大学に入学してからは単位取得や学位取得のために英語学習を行い，帰国後に英語教師として教鞭をとる場合は職業的理由のために英語学習を行うことになるでしょう。このように英語学習に関する動機づけは時間の経過によって異なり，個人には様々な特有の学習経験や背景があり，これまでの海外生活という異なるコンテキストの影響によってアイデンティティーの構築には大きな影響があったといえるでしょう。

　Ushioda（2009）の環境の中の人：動機づけを関係性か捉える視点では，学習者を理論的に抽象化した存在としてとらえるよりもむしろ，実在する人々としてとらえ，人が考え感じていること，人にはアイデンティティー，性格，独自性のある過去や背景があること，目標や動機づけ，行動への意図があるため個々のエージェンシー（行為主体性）に焦点を置いています。この内省的で意図的なエージェント（self-reflective intentional agent）と社会的関係，活動，経験の複雑系と人々が埋め込まれ，動機づけられ，ミクロとマクロの環境の相互作用関係が生じるいうことです。このように多様性のある環境的要因の関係性がある視点や，有機的なプロセスの相互依存関係を通して動機づけるという視点を取り入れます。この「環境の中の人」Person-in-Context の研究の発展については，現時点では，Pfenninger & Singleton（2016）が研究を行っていますが実証研究は数少なく，今後さらなる研究が望まれます。

2．L2動機づけ自己システム論

　次に，L2理想自己，L2義務自己，第二言語学習経験から構成されると
する「L2動機づけ自己システム論」を概観しましょう。この「L2動機づ
け自己システム論」を基盤として様々な研究が行われてきています（Csizér
& Kormos, 2009; Dörnyei & Ushioda, 2009; Henry & Cliffordson, 2013; Lamb,
2009; Noels; 2009; Taguchi, Magid, & Papi, 2009; MacIntyre, Mackinnon, &
Clément, 2009; Apple, Silva, & Fellner, 2017; Nishida, 2013b; Nishida & Yashima,
2017; Ryan, 2009; Yashima, 2009; You, Dörnyei & Csizér, 2016）。「L2動機づけ自
己システム論」は，言語学習動機づけについて先行研究を総合的に解釈し
て2005年から Dörnyei（2005）によって提唱されました（詳しくは，
Dörnyei, 2009）。これは東ヨーロッパに位置するハンガリーにおける長期的
な研究が基盤となっています（詳しくは，Dörnyei &Csizer, 2002; Dörnyei,
Csizér, & Németh, 2006参照）。それまでの L2動機づけ研究者は，外国語学
習は外国語をコミュニケーションのツールとして学ぶ，あるいは，他教科
を学ぶことと同様ではなく，学習者のアイデンティティーを形成する重要
な役割に関係があると考えてきました。1959年に Gardner & Lambert（1959）
が統合的動機と道具的動機の概念を提唱し，数多くの研究がなされてきま
したが，その後，様々に異なる学習環境下において，理論的基盤とその説
明力が問われるようになりました。Dörnyei（2005）は，この「L2動機づ
け自己システム論」を Gardner の理論の延長線上としてとらえ，「自己」
に関する心理学的研究と動機づけ理論が緩やかに融合されたとして考えて
います（Dörnyei & Ushioda, 2011）。それでは「L2動機づけ自己システム論」
の背景と詳細を見ていくことにしましょう。

　"L2動機づけ自己システム論" は，Markus & Nurius (1986) の可能自己
の概念に注目し，また，現在の自分と将来ありたい自分の姿との乖離を埋
める自己不一致理論（Self-Discrepancy Theory: Higgins, 1987; 1996）に基づい
ています。「可能自己」（Possible Self）の概念は，Markus & Nurius（1986）
によって提唱されました。「可能自己」の概念とは，未来における自己像
にビジョンを持ち，未来になるかもしれない自己，なりたい自己，なりた
くない自己を示し（Markus & Nurius, 1986），現在の自己像よりもむしろ未
来の自己像に焦点が置かれています。このように「可能自己」の概念は，

まだ見えていない非現実的な潜在性や，希望，願望，想像をどのようにとらえるのかということに関わります。その点で，可能自己は"future self-guides"（未来へのセルフガイド）として考えられ，流動的で，前向きな考え方であり，個人が現在から未来へと前進していくことを示します（Dörnyei & Ushioda, 2011）。例えば，学生で例えるなら留学を夢見てコツコツと単語を覚える，研究者で例えるなら海外学術誌に論文が採択されることを夢見て査読者からの膨大なコメントをコツコツと修正することが考えられます。

　それでは未来へのセルフガイド（future self-guides）は，動機づけにどのように影響があるのでしょうか。Higgins の自己不一致理論によれば，動機づけは，現実の自分（actual self）と理想自己・義務自己の不一致を埋めたいという欲求があるといわれています。Higgins（1998）によれば，理想のセルフガイド（ideal self-guide）は，促進することに焦点があり（promotion focus），願望，希望，向上，成長，達成に関連があるのに対して，義務自己のセルフガイド（ought-to self-guide）は，予防をすることに焦点があり（prevention focus），様々な責任や義務にしたがって行動を伴わない負の結果を制御することに焦点が置かれています。

　Dörnyei（2009）によれば「L2動機づけ自己システム論」は12年以上かけて13,000人以上を対象にした大規模調査を行い，その研究で，英語・ドイツ語・フランス語・イタリア語・ロシア語の5か国語を対象言語とし，対象言語への態度を調査しました。この研究では学習者の動機づけに「統合的動機」が主たる役割を果たしましたが，研究結果から得た理論的示唆として「理想とする第二言語使用者としての自己（Ideal L2 Self）」を概念化しました。「L2理想自己（理想とする第二言語使用者としての自己）」，「L2義務自己（あるべき第二言語使用者としての自己）」，「第二言語学習経験（L2 Learning Experience）」があります（馬場・新多2016参照）。「L2理想自己」（理想とする第二言語使用者としての自己）は，第二言語使用者としてなりたい自己，ありたい自己であり，外国語（L2）を話せるようになりたいという"L2理想自己"は現実の自分と理想の自己との不一致を軽減させるため，外国語学習をする上で強い動機づけとなりえます。「L2義務自己」（あるべき第二言語使用者としての自己）は，第二言語使用者としてなるべき自分，あるべき自分であり，第二言語（L2）を話せるようになるべき自己像です。

Higgins の義務自己（Ought self）と一致し，道具的動機の外発的な要因（内化していない）であると考えられます。「第二言語学習経験」は，学習環境と学習経験に関係して，教師の影響，カリキュラム，学習者グループ，成功への期待などが挙げられます（表10参照）。

表10．L2動機づけ自己システムの概念と定義 Dörnyei（2009）
（馬場・新多，2016参考）

概念	定義
L2理想自己（理想とする第二言語使用者としての自己） (Ideal L2 Self)	第二言語使用者としてなりたい自己、ありたい自己
L2義務自己（あるべき第二言語使用者としての自己） (Ought-to L2 Self)	第二言語使用者としてなるべき自己、あるべき自己
第二言語学習経験 (L2 Learning Experience)	学習環境と学習経験に関係して、教師の影響、カリキュラム、学習者グループ、成功への期待等

Higgins（1987; 1996）の「可能自己」や Gardner の「統合的動機」に類似していますが，「L2動機づけ自己システム論」では「第二言語学習経験」が概念に加えられています。この「第二言語学習経験」は，学習者の学習環境に関する潜在的な影響力を示しており，これは，1990年代からの教育心理学を基盤とした研究の中で，学習者の動機づけが様々な教室環境内での学習に影響される可能性があると考えられたからです。例えば学習者の中には，言語学習をする最初の動機づけが内的あるいは外的な自己像のイメージであるとも限らず「外国語を学ぶことが得意かどうか」による可能性もあるからです。例えば，高校のときに海外留学を目指す学生が，L2（英語）を習得したいと思ったきっかけが留学から帰国した先輩が流暢に英語を話していて，自分もそう成りたいという「自己イメージ」を持っていたからだとします。その場合は「自己イメージ」が動機づけへと繋がる可能性があります。その後，留学をして英語を習得すると同時に，留学中に言語学習を得意と感じ，複数の言語を学習するようになったとします。例えば，L3（ドイツ語），L4（ラコタ語）を大学で履修したとしましょう。その場合，「自己イメージ」よりも寧ろ「外国語を学ぶのが得意かも」という自己意識の高まりが動機づけへと繋がる可能性があります。このように

「L2動機づけ自己システム論」では，外国語を上手に話せる自分の姿を可視化しているか（Ideal L2 Self），学習者が学習環境において社会的な義務を感じているのか（Ought-to L2 Self），また，肯定的な学習経験があるか（L2 Learning Experience）を基盤としています（詳しくは，Dörnyei & Ushioda, 2011を参照）。

　ここでL2可能自己（L2理想自己・L2義務自己）に関する国内の研究を概観しましょう。Yashima, Nishida, & Mizumoto（2017）の研究では，日本人大学英語学習者を対象に，L2理想自己，L2義務自己，努力，言語運用能力，英語学習方法への志向性（文法学習志向性，コミュニケーション志向性）について，共分散構造モデリングを使用して分析を行いました（2631名）。結果として，コミュニケーション志向性がL2理想自己へとつながり，また，文法学習志向性がL2義務自己へとつながる可能性があることが示されました（図9参照）。さらに性差比較をするために，多母集団同時比較検討 (異なるグループのモデル間比較を行う) を用いて，性差比較のモデルを構築し，実証研究を行っています。女子学生はコミュニケーション志向性がL2理想自己へと繋がり，L2理想自己が努力へと繋がって，ひいては，言語運用能力の伸長に繋がると示されました（図10参照）。男子学生については，文法志向性がL2義務自己へと繋がり，義務自己が努力へと繋がり，ひいては言語運用能力への伸長へと繋がると示しました。英語学習環境においては，性差によって志向性が異なることから，男子生徒と女子生徒の両方を動機づけるための「仕掛け」を教師は作る必要があるでしょう。

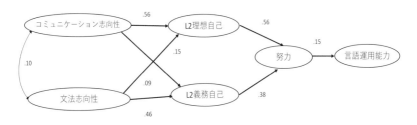

Structural Equation Modeling
N=2631, CFI=.908, SRMR=.067, RMSEA=.055 (90% CI: .053-.057) p<.001

図9．文法志向性やコミュニケーション志向性のL2可能自己への影響
　　　（共分散構造分析）

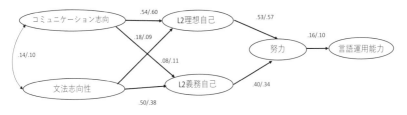

男子/女子
男子: 1833 , CFI=.902, SRMR=.069, RMSEA=.056 (90% CI: .054-.058) p<.001
女子: 798 , CFI=.926, SRMR=.066, RMSEA=.049 (90% CI: .046 .055) p<.05

図10. 文法志向性やコミュニケーション志向性の L2可能自己への影響
(多母集団同時比較検討) (性差比較)
(図9, 図10. Yashima, Nishida, & Mizumoto, 2017)

　ここまでは「L2動機づけ自己システム論」は L2自己に関わる概念でしたが, 近年のグローバル化に伴って「多言語話者としての自己 (Multilingual Self)」に関わる動機づけ研究にも関心が集まるようになりました。それでは次に「多言語話者としての自己」に関する研究について概観します。

3.　多言語話者としての自己

　グローバル化に伴う英語使用の拡大は, 第二言語習得分野あるいは第二言語外国語学習における動機づけ研究分野において大きな影響を与えてきました。第二言語習得分野における動機づけの研究は21世紀における学術論文の多くは「国際語としての英語 (Global English)」である英語学習に関する研究であり, 自己やアイデンティティーに関する第二言語学習の動機づけの概念を形成してきたといえます (Ushioda & Dörnyei, 2017)。Boo, Dörnyei, & Ryan (2015) では, 実際におよそ72.67％の動機づけ研究は, 英語を目標言語とした学習環境で行われていると報告しています。さらにブリティッシュカウンシル (British Council, 2013) によれば, 17.5億人の世界的人口が英語を使いこなせるレベルであると報告し, これは世界人口の約４分の１であると報告しました (Ushioda, 2017)。しかし, 近年の加速化するグローバル化, 多言語社会の時代に伴って, 英語以外の外国語 (LOTE:

Language Other than English）に関心が集まるようになりました（Dörnyei, & Al-Hoorie, 2017; Fukui & Yashima, 2017; Henry, 2017; Lasagabaster, 2017; Ushioda, 2017; Ushioda & Dörnyei, 2017; Sugita McEown, Sawaki, & Harada, 2017; Thompson, 2017）。近年では，2019年度に批判的研究手法（critical research synthesis）を使用してLOTE研究に関わる分析が行われています（Mendoza & Phung, 2019）。

　このような時代流れを受けて，Ushioda & Dörnyei（2017）では，(1) 現在の理論的背景はLOTEを学ぶための動機づけを説明することができるのか，(2) 国際語としての英語は，グローバル化，多文化・多言語社会において多言語を学習するための動機づけにどのように影響があるのか？という問いを立てました。これらの状況においては，社会政治的背景や教育制度についての基本的な疑問を検討し，LOTEを学習するための動機づけを社会的な視点と個人に焦点を当てた心理学的側面の両側面からとらえようと試みています。

　Ushioda（2017）によれば，Graddol（2006）の視点を挙げて「外国語としての英語」（EFL: English as a Foreign Language）を学習する学習者が21世紀の後半には減少していく可能性があると指摘しています。これは，英語は伝統的には中等教育（6年生〜7年生）での開始でしたが，今後は初等教育（1年生〜3年生）から開始し，中等教育ではコンテントベースやCLILが行われ，大学レベルでは授業を英語で受講することとなるでしょう。従って子供達はリテラシーや数学，情報やコミュニケーションと同様に基本的な技能として英語を習得していくでしょうと言及しています。さらにGraddleは英語が「外国語」ではなく「基本的な技能」となり，英語は世界中の労働市場にて共通語として使用され，バイリンガル話者は多言語使用話者との競争に敗れる可能性があるとも指摘しています（pp. 118–119）。このような時代の流れの中で，Ushioda（2017）は，マクロ社会的視点として，今日の社会における言語のグローバル化，多言語社会化，多言語化する社会の中で繰り広げられている緊張と，一般的な言語教育と学習者個人の間での矛盾した状況に対して言及を行っています。社会的な多言語主義，教育政策と実践の各段階と個人に関わる動機づけへの影興について検討しました。また理論的観点から，LOTE学習の動機づけへの「国際語としての英語」（global English）については「言語多重能力」（linguistic multiple-competency）の枠組みを支持するとしました。この「言語多重能力」（linguistic multiple- competency）は1つ以上の言語使用を行う共同体や思考の全体系を示しており，Cook（2016）によって定義づけられています。Cook（1991）によれば，言語多重能力とは2文法を伴う知力の複合状態であり，1言語以上を使用する人の共同体や知力に関わる全体的なシステムです。言語多重能力を持つ人は，単一言語と話す人とは違う考え方をしたり，言語意識が高いということが考えられます。

　Ushioda（2017）では，多言語使用話者に焦点を置き，重要な教育的示唆として「多言語話者としての理想自己」（Ideal Multilingual Self）を挙げています。この Ushioda（2017）の視点は，複雑化したグローバル化社会の中での多言語使用話者や多言語社会の中での「理想自己」の影響のあり方をとらえています。この Ushioda（2017）の視点は，日本国内にいる時よりもむしろ海外にいる時の方がよく理解することができます。例えば、海外出張をした場合、ヨーロッパ諸国においては、複数言語使用話者に出会うことが多くあります。例えばスイスでは、ドイツ語、ロマンシュ語、仏語、伊語が公用語であるために、様々な言語を使用される方がおられました。また公用語と同じくして英語も使用されていました。ホテルのフロントの方を観察していると、英語で話す観光客には英語で対応し、ドイツ語を話す観光客にはドイツ語で接客をされていたのが印象的でした。また別の事例では、以前、私（西田）がドイツのミュンヘンを訪問した際に多くの移民・難民と思われる人々を見かけました。ドイツに移住をし、ドイツで生活をしていくためにはドイツ語の言語習得をすることは不可欠です。このような環境下では，多言語話者としての「自己」を見出し，「多言語話者としての理想自己」を持つなら，動機づけられ，言語習得につながる可能性があるかもしれません。

　言語がグローバル化し，多言語社会化する中で，Henry（2017）は，「多言語話者としての動機づけセルフシステム」（Multilingual Motivational Self System）の提案をしました。多言語学習者の他の言語は，強いアイデンティティーの経験が多言語を話すことに結びつきます。多言語学習の異なる言語による L2 動機づけは，「多言語話者としての動機づけセルフシステム」（Multilingual Motivation Self System）として考えられ，相互接続し，相互浸透されたシステムのエコロジー（生態学）の一部であると言及しまし

た。この「多言語話者としての動機づけセルフシステム」には「多言語でのセルフガイド」(Multiple Self Guide) や「多言語話者としての理想自己」(Ideal Multilingual Self) の概念を含んでいます。このセルフシステムは「解釈レベル理論（Construal Level Theory)」(特定の出来事や事象に対して、人が感じる心理的距離によって人の解釈や判断に影響がある) (Trope & Liberman, 2010) に基づいており「多言語話者としての理想自己 (Ideal Multilingual Self)」が心的表象の方法で、効果的であると考えられています（図11参照）。図11に示されるように「多言語話者としてのアイデンティティーシステム」(Multilingual Identity System) は多言語性 (Multilinguality) の側面であり (Aronin, 2016)、「多言語話者としてのシステム (Multilingual System)」(Jessner 2008) の中のサブシステムであると示されています。また「多言語話者としての動機づけセルフシステム」は「多言語話者としてのアイデンティーシステム」のサブシステムとして概念化されています。より広い側面でのアイデンティティーから派生した動機づけを含んでいますが、多言語話者の言語に特化したアイデンティティーが、多言語教育への中心的役割を果たすと言及しています。例えば、自国を離れて移民として異国に居住し、就職して社会的自立を図るとき、移住先の国によっては、母語に加えて複数の言語を習得する必要がある可能性があります。このような場合、多言語話者としてのアイデンティティーがあれば、言語学習の動機づけに働きかかる可能性があると考えられるでしょう。

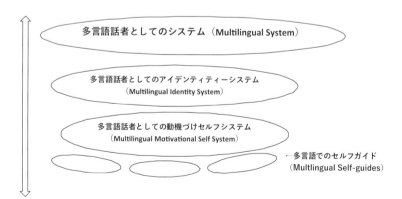

図11. 多言語話者としてのアイデンティティーシステム
（Multilingual Identity System）（Henry, 2017）.

次に LOTE のアメリカでの研究をご紹介しましょう。Thompson（2017）
の研究では本節2. で挙げた「L2動機づけ自己システム論」を基盤として，
動機づけ，言語選択，多言語主義に関してアメリカにおける LOTE 学習
を行う大学生を対象に調査を行いました。動機づけには「理想自己」「義
務自己」に加えて「反義務自己」（anti-ought to self）（e.g., 他者が他の言語の
勉強を勧めるけれど自分は自分が決めた多言語を勉強する，他者が時間を多言
語学習以外に使うようにいうけれども自分が決めた多言語学習を行い続ける）
の概念を使用しています（Thompson & Vásquez, 2015参照）。2011年度の全
米を対象とした国勢調査では，5 歳以上を対象とした約2.9億人において
は，約2.3億人が自宅で英語のみを使用していると報告しています。また
自宅で英語以外を使用している約6,000万人の調査対象者においては，約
3,760万人（62%）がスペイン語を使用し，次いで約280万人（4.8%）が中国
語を使用しています。LOTE を家庭で使用している最も高い州は，カリ
フォルニア州（15,390,211人）で，次いで，テキサス州（8,221,202人），ニュー
ヨーク州（5,506,992人），フロリダ州（4,959,186人），イリノイ州（2,730,437
人），ニュージャージー州（2,520,761人）であると報告しています（Ryan,
2013）。このように全米における多言語使用の多さがうかがえます。3 群
間比較（1．スペイン語，2．フランス語／ドイツ語／イタリア語，3．他言
語（アラビア語／中国語／ギリシャ語／日本語／韓国語／ラテン語／ロシア語
／ウルドゥー語／アメリカ手話）をしたところ，「反義務自己」に統計的な
有意差があり，多言語使用群が他群と比較して高い傾向を示しました。ま
た統計的には有意でなかったものの，多言語群の理想自己が他群と比較し
て高いことを示しました。さらに，バイリンガル話者（2 か国語），多言
語低使用話者（3 か国語：言語運用能力が低い群），多言語高使用話者（3 か
国語：言語運用能力が高い群）の3 群に分け比較検討をしたところ，多言語
高使用話者の理想自己が最も高かったことを明らかにしました。英語以外
で使用されている他言語としてスペイン語が挙げられますが，それ以外の
言語学習をしている学習者群の理想自己や反義務自己が高かったことを示
しています。Thompson（2017）は，学習者がどの言語を学習したいかによっ
て動機づけの側面は異なり，また学習者の多言語に関わる学習経験も学習
者の心理に影響があると述べています。例えば，日本人がイタリア人と結
婚した場合，ご家族とコミュニケーションを取るためにイタリア語の学習

に加えて，文化的背景を学ぶ努力をするでしょう。また別の例でいうと，南フロリダでは，スペイン語話者が多いため，スペイン語を学習しようと動機づけられる可能性があります。このように多言語学習には，異なる動機づけの側面や学習経験に関わります。そのため，Thompson（2017）は，言語教育では，国や地域によって不均衡に様々な言語が使用されているため，多言語・多文化社会に応じて鋭い意識を持たなくてはなりませんと言及しています。

　Boo, Dörnyei, & Ryan（2015）が指摘するように，英語学習時の多言語使用時における動機づけ研究は極めて少ない現状にあります。さらに，LOTE の研究は，ヨーロッパの環境において行われているものの，アジア圏における研究は，ほぼありません。これらの状況を踏まえて，Fukui & Yashima（2018）の研究では，3 名の日本人大学生を対象に 1 学期間，台湾へ留学し，L2（英語）と L3（中国語）を学習した結果として，どのように動機づけが発展するのかについての調査を行いました。質的調査を行い，半構造化面接を中心として留学前・留学中・留学後にデータ収集を行い，コード化をして分析しています。理論的背景には「L2動機づけ自己システム」と「多言語話者としての自己」（Henry, 2017）を基盤として多言語習得時の複雑な学習経験をとらえようとしています。結果として，L2／L3理想自己，L2／L3義務自己に加えて，多言語での理想自己が，留学前・留学中・留学後において変化が見られ，個人の特徴に応じて変化の構造も異なっていました。Henry（2017）によれば，多言語話者になりたいという欲求は，L3学習をする上での動機づけに働きかける可能性があると示しています。本研究においては L2／L3のバランスを維持することが困難であることを示し，学習者の L2／L3学習においては，留学期間が短いため，また認知資源に限界があるためだと報告しています（Fukui & Yashima, 2018）。

　ではもう一例，日本人大学英語学習者を対象とした研究を見ていきましょう。日本人大学英語学習者250名を対象とした LOTE の研究として，Sugita McEown, Sawaki, & Harada（2017）があります。この研究では⑴第二言語学習における動機づけ理論は LOTE 学習をするための動機づけを説明することができるのか，⑵英語が強い影響力をもつ日本の社会状況化において，LOTE を学習するための学習者の自己やアイデンティ

ティーに関係する動機づけにどのような影響があるのかを共分散構造分析
を用いて2つのモデルの構築を行っています。

　共分散構造モデルのモデル1では（図12），潜在変数（教師の支援，両親

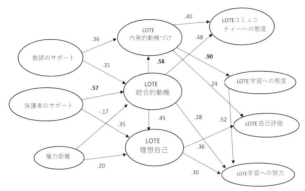

Chi/df=.77, CFI=.95, RMSEA=.05, (90%CI=.04, .06)　SRMR=.07

図12．モデル1．日本の環境下における多言語使用自己、アイデンティティーに
　　　関連する動機づけ、社会的影響と動機づけられた学習行動に関するモデル
（Sugita McEown, Sawaki & Harada, 2017）

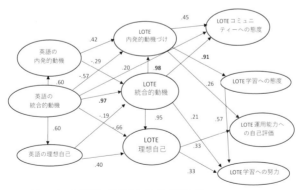

Chi/df=.64, CFI=.94, RMSEA=.06, (90%CI=.05, .07)　SRMR=.05

図13．モデル2．日本における多言語使用自己とアイデンティティーに関連する
　　　動機づけに関わる英語の影響力のモデル
（Sugita McEown, Sawaki & Harada, 2017）

の励まし，社会的な力の差，LOTE 統合的動機，LOTE 内発的動機づけ，LOTE 理想自己，LOTE 学習への態度，LOTE コミュニティーへの態度，LOTE 学習への努力，LOTE 運用能力への自己評価）として分析を行い，モデル 2 では，英語学習時の自己とアイデンティティーに関連する志向性（英語学習のための内発的動機づけ，英語学習のための統合的志向性，英語学習時の理想自己）が，どのように LOTE 学習時の自己とアイデンティティーに関連する志向性（LOTE 内発的動機づけ，LOTE 統合的志向性，LOTE 理想自己）に対して，基準変数（LOTE 学習への態度，LOTE コミュニティーへの態度，LOTE 学習への努力，LOTE 運用能力への自己評価）と相互作用があるかを分析しています。結果として，モデル 1 では「両親の励まし」が「LOTE 統合的動機」へとつながり（.57）[2]，ひいては「LOTE 内発的動機づけ」につながる可能性があることや（.58），「LOTE 内発的動機づけ」は「LOTE 学習への態度」に強い影響があることを明らかにしています（.90）。前ページの図13に示したモデル 2 では「英語の統合的動機」は「英語の内発的動機づけ」につながり（.60），「英語の理想自己」にもつながる可能性を示しています（.60）。また「英語の統合的動機」は「LOTE 統合的志向性」へと強い影響があり（.97），「LOTE 統合的動機」は「LOTE 内発的動機づけ」へとつながる（.98）と示しました。さらに「LOTE 内発的動機づけ」は「LOTE 学習に対する態度」に影響があると示しています（.91）。この研究では，英語と LOTE に関連する志向性である自己やアイデンティティーに関わる志向性の肯定的・否定的な相互作用を確認し，お互いの役割が競い合っていることを示しました。また，日本の学習環境においては，英語が強い影響力を持っているため，社会的背景を考慮する必要があるとしています。LOTE に関する研究は国内外で始まったばかりですが，多文化・多言語化社会化しつつある中で，また急速に発展しつつあるグローバル化時代の中で，今後の研究動向が期待されます。

2．カッコ内の係数は，共分散構造分析のパス係数を示しています。

4．複雑系理論に基づく研究

　近年の動機づけ研究の中での社会ダイナミック期には「複雑系システム」がL2動機づけ研究で応用されるようになりました（Dörnyei, MacIntyre, & Henry, 2015）。この時期には「複雑系（complexity）」と「ダイナミック（dynamic）」という概念が主に使用されています。これは複雑系理論であり，これらのアプローチには，複雑系での発展を示し，ダイナミックシステムは，複数から成る相互依存関係にある要素から構成されています。この複雑系理論では，動機づけの研究分野ではコンプレックス・ダイナミック・システム理論（CDST : Complex Dynamic System Theory）（八島2019参照）としても呼ばれています。CDSTと呼ばれるこの理論についてDörnyei & Ushioda（2011 : 246）によれば，アトラクター（あるシステムが何かに引き寄せられること）に焦点があり，環境に着眼しているということ，個々の要因よりも変化に焦点があり，質的なモデルに注目していると言及しています。Larsen-Freeman & Cameron（2008）を参考に八島（2019）がまとめたところ，CDSTとは異種のエージェント（集団を形成するために個々の要素）から成るシステム（複数のエージェントから成る集団）であり変化します。エージェント同士，システム同士，エージェントとシステム，システムを包括するシステムには相互作用があります。また因果関係で説明することはできず，開放性（外に向かって交流）があり，刺激によって変化しますと複雑系理論の特徴を挙げています（八島，2019，p.107参照）（p. 56の表11参照）。複雑系は珍しいものではなく，例えば，人の脳を繋げる数多くの神経細胞，経済，社会，文化，気象現象，様々に絡み合う人間社会等は複雑系と考えられます。

　これまでの動機づけ研究では，量的研究が主流でしたが，CDSTの到来によって学習者個人に焦点を当てて，学習者の動機づけと環境が相互作用をもたらしながら，学習者の変化や発達のおこるプロセスのダイナミクスを捉えることを可能としました。またこれまでの動機づけの研究でのマクロレベル・ミクロレベルの視点での動機づけの研究については，例えばマクロレベルの研究については「統合的動機と要因間の研究」や「L2理想自己」（理想とする第二言語使用者としての自己）などが行われてきましたが，学習時におけるミクロレベルでの動機づけにも関心が置かれています。例

えば，小学校の参観日に「ライオンキングのミュージカル」を行うと計画を立てた場合，子どもたちにとっては保護者・教育関係者の前で「ライオンキングのミュージカルを成功させること」がマクロな動機づけであり，ミクロな動機づけはミュージカルに至るまでの日々の努力として考えられる歌の練習を毎日行うことやセリフをきちんといえるようにすること等が考えられます。馬場・新多（2016）が詳しく説明していますが，マクロとミクロの動機づけは相互依存関係にあるため，ミクロな動機づけだけで学習者の動機づけを理解することは難しいでしょう。学習者を動機づけるにはマクロレベル・ミクロレベルなど様々な要因が関わり合い，時間の経過に伴って変化する動機づけのシステムを理解しようと試みられ，動機づけ研究分野における「複雑系理論」を基盤とする研究が注目を集めています。「複雑系理論」の理論的枠組みは，学習者の持つ様々な要素がお互いどのように影響し合っているのか，そして全体のシステムを構築しているのか，また時間の経過に伴って様々な要素の間ではどのような変化があるのか，またその変化がどのように全体のシステムに影響があるのかを説明しています。学習者の動機づけは学習環境などの要素が複雑に相互依存関係にあり，影響し合い，この関係は，学習者の持つ時間の経過と流れによって，ダイナミックに変化をしていくのです（詳しくは，馬場・新多，2016参照）。

　馬場・新多（2016）によれば，複雑系理論では「エージェント（agent）」と呼ばれる集団を形成する個々の要素があり，この「エージェント」は，人・動物・モノでも，集団の構成要素と考えられます。またこの複数から成る「エージェント」の集団を「システム（system）」と呼びます。例えば，学習者で考えるなら，小・中・高・大学という学校教育のシステムの一部であり，さらに国家システムとして考えた場合は，イギリス人はイギリスという国家システム，韓国人は韓国という国家システムに属しているといえるでしょう。この「システム」が「複雑系」になるには「エージェント同士に相互作用」があり「記憶」に残ることであると馬場・新多（2016）は述べています。また「システム」には「開放性（openness）」があり，この「開放性」は外に向かって開かれ，外に向けての交流があることを示しています。外に向けて交流があり変化があるにもかかわらず「システム」が安定している状態を「動的平衡（dynamic equilibrium）」と呼びます。さらに外からの影響があるにもかかわらず，その影響に合わせて変化をして

いく様子を「適応 (adaptation)」と呼びます。

　例えば，学校環境で考えてみましょう。学校には転入生が入ってくる場合もあれば，そうでない時もあります。その点で教育現場は常に変化をし続けます。ただし転入生がいてもなくても，学校という制度や学校の持つ文化に変化はありません（「動的平衡」）。この後，この転入生がリーダーシップを発揮し，学級を引っ張っていってくれるような存在となります。学級，学年でリーダーシップを発揮し，ひいては生徒会長となります。学校を取り巻く地域社会との貢献度も高く，地域社会との関わりを拡げ，学校全体として地域でのボランティア活動などを行っていき，学校全体が地域社会との交流により好転的な変化へと展開していくことも考えられるでしょう。この場合，外からの影響（地域社会）を受けて，学校全体にも変化が生じるのです。この地域社会との交流に合わせて学校全体が変化をしていく様子を「適応」として考えられるでしょう。

　さらに複雑系理論には「アトラクター (attractor)」と呼ばれる概念があります。馬場・新多（2016）によれば，この「アトラクター」は「あるシステムが何かに引き寄せられる状態のこと」であるとしています。「アトラクター」は身近なところにも存在します。例えば，交通規制で渋滞から抜け出せないこのトンネルがある場合を，1つのアトラクターであると示しています。また，日常に起こりうる習慣や癖も1つの「アトラクター」であり，そこから抜け出せないでいる状況も「アトラクター」としてとらえられています。複雑系理論では，馬場・新多（2016）が示すように，単純な因果関係は成立しません。したがって，先ほどの例のように「トンネルで渋滞」が起こっていたとしても，新たなバイパス道路ができたことにより「このトンネルだから渋滞が起きる」のではなく，たまたまこの状況下で，トンネルにアトラクターが作用すると述べています。また「アトラクター」は英語学習時にでも起こりうると考えられるので，英語学習時の「アトラクター」を意識すれば，学習意欲や学習態度，英語学習方法に変化を加えることができる可能性についても言及しています。

　複雑系にはさらに「創発 (emergence)」と「相転移 (phase shift)」という概念があります。Ushioda の person-in-context（環境の中の人）（本節 1.）でも用語が出てきていますが「創発」とは「システムがある時突然，思いがけないような新しい状態やパターンで生まれることです」（馬場・新多，

2016）。この「創発」の例を馬場・新多（2016）では，蝶の青虫が蛹（さなぎ）になる状態を示して表現しています。また「相転移」とは「システムが新しいパターンに劇的に変化すること」（馬場・新多，2016, p. 188）であり，この「相」の例を「青虫→蛹→蝶」へと転移する状態を「相転移」と示しています（次ページの図14参照）（詳しくは，馬場・新多，2016参照）（以下表

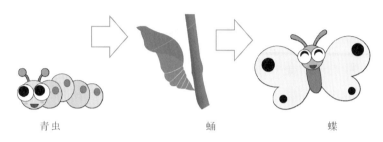

青虫　　　　　　　　　　　　　　蛹　　　　　　　　　　蝶

図14．「相転移」の例

表11．複雑系理論に関わる用語（馬場・新多（2016）を参考に作成）

日本語	定義
エージェント (agent)	集団を形成するための個々の要素
システム (system)	複数の「エージェント」から成る集団
開放性 (openness)	外に向かって開かれ、外に向けての交流がある
動的平衡 (dybamic equilibrium)	外に向けて交流があり変化があるにも関わらず「システム」が安定している状態
適応 (adaptation)	外からの影響があるにも関わらず、その影響に合わせて変化をしていく様子
アトラクター (attractor)	あるシステムが何かに引き寄せられる状態のこと
創発 (emergency)	ある時突然にシステムが思いがけないような状態やパタンで新しく生まれること
相転移 (phase shift)	新しいパタンにシステムが劇的に変化をすること

11. 複雑系理論に関わる用語参照)。

　複雑系理論を理論的背景とした研究は始まったばかりですが，国内外の動機づけ研究者が実証研究を試みています（Chan, Dörnyei, & Henry, 2015; Henry, 2015; Dörnyei & Csizér, 2002; Hiver, 2015; Irie & Ryan, 2015; MacIntyre & Serroulm, 2015; Mercer, 2015; Nitta & Baba, 2015; Piniel & Csizér, 2015; Waninge, 2015; Yashima & Arano, 2015; You & Chan, 2015）。

　Chan, Dörnyei, & Henry（2015）では，回想的再現モデリング（Retrospective Qualitative Modeling: RQM）という質的研究手法を用いて学習者のアーキタイプ（learner architype）と動機づけの変化の傾向を確認しています。この方法は，Dörnyei（2014）によって提示されたもので，これまでの分析方法とは異なり，まず最終段階（end-state）とする結果を分析し，その後にその結果に伴って導き出されている発達的軌跡（trajectories）を分析しています。まずこの研究では香港の中学校を調査対象校とし，学習者の特徴的なアーキタイプを確認しました。まずアーキタイプを特定するために教師に対して面接を行い，分析を行っています。結果として学習者のアーキタイプを7つの群に識別しました。(1)動機づけ・競争心が高いが否定的な感情を持つ学習者群，(2)英語運用能力が平均よりも低く動機づけられていない群，(3)英語運用能力は低いが動機づけは高く学校生活を楽しんでいる学習者群，(4)あまり動機づけられていない平凡な学習者群，(5)英語運用能力は低いが動機づけられているけれどもストレスがある群，(6)完璧な学習者群，(7)英語運用能力が非常に低く全く動機づけられていない学習者群に分類されました。動機づけや競争心は高いが否定的な感情を持つ学習者群から1名を面接したところ，動機づけの変化の曲線と共に，特徴的なダイナミクスが確認されました。これは「自己効力感の維持」「競争などによる刺激」「失敗のおそれ」から成る循環するアトラクター(あるシステムが何らかの状態によって引き寄せられる)が起こり，この循環するアトラクターはある一定の期間，接近と回避の傾向を繰り返しながら循環していると述べています。

　次に日本国内の状況において行われた研究をご紹介したいと思います。Nitta & Baba（2015）の複雑系理論を基盤とした研究では，大学英語学習者を対象として，1年間の縦断調査を行いました。この結果，学習者は将来に対する将来像を持っているだけではなく，日々の英語学習活動が将来

への夢への現実へとつながると感じ，日々の学習活動や課題に向き合って自己の将来像を具体化していったと報告しています。この研究では，学習者においては，ミクロレベルの動機づけとして「自己調整（self-regulation）」の重要性を指摘しています。自己調整とは「学習者が自分で設定した目標に対して，自分の行動をモニターし，また評価すること」で，行動を調整する一連のプロセスを指します（馬場・新多，2016）。この研究ではマクロレベルの動機づけ（将来の理想像）を調査し，自己調整のサイクル（目標設定→自己モニタリング→自己評価）をしっかりと持っていた学習者は英語力向上につながり，理想の将来像も明確化していったと報告しています。

　また，Yashima & Arano（2015）の研究では，日本人大学英語学習者を対象に，複雑系理論と Valsiner（2007）の文化心理学的アプローチを用いて，動機づけの発達に関するダイナミクスをとらえようとしています。複雑系理論と文化心理学（または，社会文化的アプローチ）とには類似点があり，「心理と社会文化的コンテキスト」に焦点があるということです。個人状況とコンテキストとは切り離すことができず，人は，動的な開放系であると考えられています。社会文化的理論では，記号などの文化的ツールによる媒介を強調するのに対して，複雑系理論では，システムのパラメータとして，様々な環境とコンテキストの要因を組み込んでいます。

　この研究ではキャンパス内にある語学センターにある英会話プログラム（無料）に通う日本人大学生を対象に回想的面接調査を行いました。学習者には4年間で8学期間の学期期間（2学期×4年間）があります。結果として，Dörnyei & Ottö（1998）のプロセスモデルが支持されること，時間の経過に伴う Valsiner（2007）の3レベル（個体発生的：Ontogenic, 中間相形的：Mesogenic, 微視発達的：Microgenic）に伴う分析においては，変化の傾向には個人差があることを明らかにしました。例えば，調査対象者の1人は，学部における語学の単位取得期間（1年生・2年生）には語学センターにおける動機づけが高いものの，英語の単位認定のための履修期間が終わる頃には語学センターを辞めてしまう，就職活動において英語使用をしない職場に決定する，バイトが忙しくなる等の要因によって動機づけの低下が見られます。一方で，別の調査対象者では，1年生の10月に海外留学をすると決めたため，動機づけが上昇し，語学センターでの学習がL2義務自己に働きかけます。さらに3名の調査対象者のうち2名は，「人

生における英語使用」「英語を使用する自己」「自己啓発のための信念」の
ような個体発生的な心理的要因が現れる学習者もあれば，そうでもない学
習者（1名）もあり，4年間の時間の経過に伴い様々な個人のダイナミク
スがあることを明らかにしました。

　複雑系理論を用いた動機づけ分野での研究はまだ数に限りがあり，八島
（2019）でも言及されているように1つの研究の中で複雑な現象をすべて
とらえることは不可能であり，研究者は，CDST の特徴のいくつかに注目
し，それが学習動機づけのどういった側面の変化を記述するのに適してい
るかを考え，試行錯誤を行っているというのが現状です。しかし，2019年
に Hiver & Al-Hoorie（2019）が *Research Methods for Complexity Theory in
Applied Linguistics* を出版し，応用言語学における複雑系理論を用いた新
たな量的研究・質的研究・混合計画方法での実証研究手法を用いた研究の
枠組みを提案しました。この Hiver & Al-Hoorie（2019）が提示した複雑系
理論を基盤とした新たな研究手法を機に，個人に焦点を当てて複雑に絡み
合うミクロとマクロの視点を取り入れて精緻に分析を行う複雑系の研究が
期待されています。

5．第二言語習得分野におけるポジティブ心理学

　近年，動機づけ研究者である MacIntyre, Gregersen, & Mercer（2016）
が中心となって「第二言語習得分野におけるポジティブ心理学（Positive
Psychology in SLA）」（以下「ポジティブ心理学」とします）を提案しました。
ポジティブ心理学では，人が人としての潜在能力，粘り強さ（回復力，望み，
楽観性），またそれらをどのようにして構築することができるのか，他者
とどのようにして友好的な関係性を構築するのか，そしてどのようにして
環境に対して前向き（ポジティブ）に働きかけることができるのかに焦点
を置いています。これまでの研究では，適性の問題，英語母語話者のよう
に話せない教師の問題，強い不安，学生の非動機等，ネガティブな要因に
関する研究がなされてきましたが，ポジティブ心理学では，学習者と教師
の「強さ」（strength）に焦点が置かれ，ポジティブ心理学としての前向き
な感情，共感（empathy），喜び，他者との意味のある関係性に注目してい
ます。

ポジティブ心理学の理論的枠組みの１つである Mercer（2016）は言語学習と言語教育の観点から，「共感」の重要性について言及をしています。学習者にとって「共感」することは，異文化や多文化への理解を深めることや外国語を通して他者とのコミュニケーションを図り，教室内の他の生徒を理解するということにつながります。一方，教師にとっての「共感」は，グループダイナミクスを肯定的に構築すること，例えば，外国語学習教室内におけるコミュニケーション中心の活動や学習者中心の活動の授業では，ペアやグループワークを多く使用します。肯定的なグループダイナミクスや教師と生徒の信頼関係の構築は，教室内にとって重要です。よりよい関係性やグループとしての信頼性の構築は共同学習のモデルともなります。このような学習環境の中では「共感」が必要となると言及しています。

　実証研究として，Gregersen, MacIntyre, & Meza（2016）では，肯定的な感情を引き出す方法がどのように効果的に働きかかるかについての調査を行っています。混合計画方法を用いて，英語多語話者をパートナーとする12週間に渡る英会話学習（Conversation Partner Program）でポジティブ心理学のエクササイズ（PPEs: Positive Psychology Exercise）を組み込んだプログラムを受講した５名の学習者を対象に，学習者の感情の発達と個別面談を実施しました。この PPEs には笑い，エクササイズ，動物（ペット）との関わり，音楽を聴く，感謝を表す，利他主義があり，これらの要素を含んだポジティブエクササイズを行い，リッカート方法を用いた自己評価をプログラム期間中に実施しました。この取り組みを行った参加者の例を挙げると，「音楽」（ポップスを聴く），「エクササイズ」（ホットヨガをする），「ペット」（猫と戯れる），「笑い」（笑いヨガをする），「感謝を表す」（友人へ感謝を行う），「利他主義」（近所の銀行でボランティアを行う）が挙げられていました。この調査では，質的・量的研究結果から，肯定的な感情のエンゲージメントと社会的つながりが構築されたと報告しています。みなさんも一度，取り組まれてみてはいかがでしょうか。

　また，ポジティブ心理学研究の例として Hiver（2016）では教師の「望み」（hope）に焦点を当てて研究を行いました。新任教師が教師生活の１年目にどのように「望み」を導き出し，そのメカニズムは何か，またその「望み」がどのように教師自身を支えるかという問いを立て，韓国の中学校教師19名を対象に調査を行っています。１年間を通して行った調査には，オ

ンラインログ（−5〜＋5）のスケールを使って毎月どのように希望を持ったかについて測定をし，また2か月に一度回顧的ジャーナルを使用してデータ収集を行いました。さらに刺激再生面接法（stimulated-recall interview）（時間尺度の表を見ながら何が起こったかを語る）を用いて面接を実施しています。変化点検出法（change point analysis）を用いて分析を行った結果，1年間を通して「望み」が上昇していく教師，心配や不安が現れるものの「望み」が再燃する教師，問題があっても「望み」を持って現場に向かっていく教師の姿をとらえています。すべての教師は様々な異なるパターンを示し（非線形），教師の「希望」と「頑強性」がジャーナルと面接によって浮き彫りとなりました。

ポジティブ心理学の影響を受けて中高年齢層（third-agers）の研究も行われるようになりました。近年の少子高齢化が進む中で，Matsumoto（2019）は，中高齢者で言語学習をする言語学習者を対象として，言語学習とウェルビーイングに焦点を置いて研究を進めています。中高年層の学習者には外国への居住願望が強いわけではありませんし，キャリア形成を目的として言語学習をしているわけでもありません。そこで質的研究方法（主に面接法）を用いて学習者の認知・行動・感情がどのようにウェルビーイングにつながるのかについての調査を行いました。調査を通して「セイバリング（savoring）」（心地よい体験やポジティブな感情をより長く深く味わう心理的な行為）（The School of Positive Psychology, 2013）の概念の影響が取り上げられ，この「セイバリング」や外国語学習を楽しみ感謝することが，中高年者の外国語学習のウェルビーイングにつながる可能性を示唆しています。このように第二言語習得分野におけるポジティブ心理学は，到来したばかりではありますが，言語学習環境における様々な学習者を対象にし，また教師・学習者が共にポジティブに学習に向かうことができるよう，今後の実践報告や研究成果が期待されます。動機づけの研究はこれまでに学習者を対象とした研究が多くありましたが，教師を対象とした研究が行われることにより，ウェルビーイングを含めたポジティブ心理学に注目が置かれるようになったといえるでしょう。

6．教師の心理学

　これまでに第二言語習得分野では学習者の動機づけに焦点が置かれ，教師を対象とする研究は行われていませんでしたが，ポジティブ心理学の研究の流れを受けて，最今注目が置かれ教師の動機づけや心理に関わる研究が行われるようになりました。Mercer & Kostoulas（2018）による「言語教師の心理学（Language Teacher Psychology）」では，「言語教師」の心理的側面に焦点を置いて様々な視点，様々なコンテキストについて論じています。

　Mercer & Kostoulas（2018）によれば，これまでに教師を対象とした研究では「教師のキャリア形成」（Hiver, 2013），「教師のキャリアへの意思決定」（Gao & Xu, 2014），「自己への信念（Kubaniova, 2009）」があり，この他にも「教師の自己効力感」（Milles & Allen, 2007; Wyatt, 2016），「情意」（Kalaja et al., 2016; King, 2016），「エージェンシー・オートノミー」（e.g., Kalaja, et al, 2016; Lamb & Reinders, 2007; Smith, 2003; White, 2016）があります。近年，教師の心理に関する研究が関心を集めつつあるといえます。

　近年の研究では「教師の回復力」（teacher resilience）と「教師の職業人生」（Day & Gu, 2014; Howard & Johnson, 2004; Tait, 2008）に関する研究が行われ，この概念を言語教師に当てはめて「教師の免疫力（teacher immunity）」として，Hiver & Dörnyei（2017）によって提案されました。Hiver & Dörnyei（2017）は，この「教師の免疫力」には，肯定的な免疫力と否定的な免疫力があると示しています。生産的免疫力（productive immunity）は，問題に直面し，深刻な状況であったとしても適応していくことのできる肯定的な免疫力であり，不適応な免疫力（maladaptive adaptation）は短期的には有効であっても長期的には適応できない可能性がある否定的な免疫力であると言及しています。また Hiver（2016）では，「教師の回復力（teacher resilience）」について言及し，「教師の回復力」とは「教師の置かれている環境が崩壊的であったとしても，実践現場で効率的に機能すること」（p. 231）であるとしています。この「教師の回復力」は言語教師を通して実践研究を行った「教師の免疫力」の流れを受けています。

　Dewaele & Mercer（2018）は，言語教室内での教師要因に焦点を当てて，どのようにして教師・生徒の関係性に影響があるのかについての研究を行

いました。世界各地の英語教師513名を対象に，学習者への教師の態度について調査しました。この研究では「学習者への態度」と「活発な学習者への喜び」に関する調査を行いました，「学習者への態度」がより教師にとって困難であると示しています。また，教師の態度，特性・心の知能指数（Trait Emotional Intelligence, Petrides, 2008），言語運用能力，教員歴，性差に関する学習者の動機づけとの関係性が示されています。心の知能指数と教師の態度との間には補完作用があり，また教師歴が長い程，「学習者への態度」がより肯定的で言語運用能力が高いと認識している教師は学習者に対して肯定的な態度を示す傾向にあると報告しています（Dewaele & Mercer, 2018）。

　さらに，様々な国においての研究も報告がなされています。

　このように，学習者の言語学習の成功には，教師の肯定的な態度や信頼関係は教師要因が不可欠であり，また「どのような理由から」教師になったのか，教室内の「何によって」教師が動機づけられ，教師の動機づけが「どのようにして」教室内のダイナミクスに影響し，さらにどのように教師自身の成長に影響するかについての研究と教育実践が必要であると考えられます。混沌としうる教育現場をふまえて，教員研修のあり方を再考し，心地よい職場環境のあり方を検討する上でも，今後ますますの「言語教師の心理学」に関する研究や実践の蓄積が期待されます。

7．学習意欲減退要因に関する研究

　国内での中高生の間で英語嫌いや英語に対する苦手意識をもつ学習者が多いといわれる中で，近年になって学習意欲減退（demotivation）に関する研究が行われるようになりました。国内では，菊池（2015）が，学習意欲減退要因（demotivator）と学習意欲減退（demotivation）に関する研究を行い，動機づけの構造は複雑であるため，学習意欲減退要因を見直しています。これらの研究を通した教育的示唆として，動機づけストラテジー（Dörnyei, 2005）（本章第5節3参照）を挙げ，学習開始時おける「開始時」の動機づけの喚起，「活動中」（動機づけの維持と保護），「活動後」（肯定的な追観的自己評価の促進）の使用について言及しています。また学習意欲減退を防止するために，1人1人の学習者を尊重し，気にかける，教師として良きロー

ルモデルとなる，生徒との信頼関係を築き，積極的に褒める等を挙げています。学習意欲減退要因の研究では，Sakai & Kikuchi（2009）では，日本の高校生を対象に調査を行った結果，学習意欲減退要因の6構成概念として「教師」「英語授業の特性」「英語学習における失敗や困難の経験」「教科書」「不十分な学習環境」「興味の欠如」を挙げています。この研究を基盤として韓国の中学生を対象に，「テストに関する懸念」という概念を加えたKim（2009）の研究では「英語学習の難しさ」が最も強い学習動機減退要因であると示し，Sakai & Kikuchi（2009）と同様の結果であると報告しています。またPintrich（2003）は，学年が上がるにつれて生徒の学習意欲が減退していく様子が横断的・縦断的研究によって明らかになると報告しています。

　日本のコンテキストにおいても，中高生が年齢を経るにつれて英語学習の動機づけが低下する様子を報告しています（e.g., Koizumi & Kai, 1992; Koizumi & Matsuo, 1993, Konishi, 1990）。Nishida（2012）の研究においても，小学5年生を対象にして1年間の縦断調査（4月，7月，11月，2月）を行った研究では，1年間を通して動機づけが低下をしたという同様の結果を得ています。この研究では，動機づけを維持・喚起するためにも，教科書を使用した日々の指導案に加えて生徒が好むプロジェクトやタスク等の意図的な教育的介入を行う必要性を言及しています。

　菊池（2015）では，学習意欲減退に関わる4つの要因である「教師の行動」「難しかった学習経験」「授業環境」「興味の損失」を確認的因子分析で扱っていますが，学習意欲減退要因として強いパス係数が示されたのは「難しかった学習経験」「興味の損失」「授業環境」でした。特に「授業環境」が，「教師の行動」よりも強く学習意欲減退につながる可能性を示しています。つまり，学習環境を整備し，興味のある教材や題材，タスクを提示し，難しかった学習経験が何であるかを把握し，より良い教室環境作りにつなげるのであれば，学習意欲減退を弱める可能性があります。

　瀬来（2018）の研究では，大学生240名を対象にして，動機づけ（内発的動機づけ・外発的動機づけ），理想自己，努力，国際的志向性，動機づけの減退要因（授業の内容や特質・教師に関する要因・授業教材・英語に対する興味の欠如・学習者の失敗経験）に関する調査を実施しました。結果として，動機づけの減退要因に関する全体傾向では，「授業内容や特質」が最も高

い要因として示され，次いで「教師要因」「授業教材」「失敗経験」が影響
すると示されました。また動機づけの減退要因間の相関関係を分析したと
ころ，すべての要因間で正の相関関係が見られ，特に「教師要因」（例.
先生の一方的な説明が多かったから動機づけが下がった）と「授業教材」（例.
教科書の文章が長かったから動機づけが下がった）との間に強い正の相関関
係が見られました（r=.75, p<.01）[3]。また「授業教材」（例. 教科書の文章が長
かったから動機づけが下がった）と「失敗経験」（例. 定期テストの結果が悪
かったから動機づけが下がった）との間にも強い正の相関関係が（r=.72,
p<.01）みられました。クラスター分析（同じ特徴を持つ学生を同じクラスター
に分類する）では，動機づけの高低にかかわらず「授業の内容や特性」が
動機づけの減退要因として最も認識されている可能性があることを示して
います。また動機づけ高位群は減退要因が低いことから「授業の内容や特
性」「教師要因」によって動機づけが左右されない可能性があるものの，
動機づけ低位群については外的な要因に影響を受けやすい可能性があると
示しました。

　このように学習意欲減退に関する研究は，国内ではまだ限りがあるため，
教育現場における「英語嫌い」や「英語苦手意識」を克服していくために
も，様々な学習段階での研究と実践の蓄積が切望されます。

8．動機づけの潮流

　近年になって「動機づけの潮流」（DMC: Directed Motivational Currents）
に関する研究が，Dörnyei, Henry, & Muir（2016）によって行われました。
この"DMC"とは，強い動機づけの流れ（drive）や長期間に渡って波の
ように押し寄せる動機づけのことで，外国語学習や第二言語習得時に関
わって，長期間の行動をサポートし，刺激します。外国語学習で例えるな
らプロジェクト等が考えられます。DMCは既存の動機づけ理論の延長線
上にあります。L2動機づけ自己システム論（本節2参照）では，未来の自
己イメージ（self-image）が動機づけへと繋がり，この未来の自己イメージ

3．rは相関係数を示しています。

は「ビジョン」(vision)（未来像）(Dörnyei & Kubaniova, 2014) へと繋がります。DMC と「ビジョン」(vision) には関りがあり，DMC は，特に vision ＝（未来像）の概念の延長であると考えられています。DMC は動機づけを推進する力としての基盤ともなり，言語学習環境においても学習者を動機づけるための潜在的なツールともなりうるのです。DMC はまた一般的に考えられる学習者の高い動機づけの状態と同等ではなく，動機づけの長さが遙かに上であると示しています。例えば，1冊の本の執筆を「本のプロジェクト」として考えた場合，出版をするという明確な目的があり，1人でも多くの人の何らかの手助けになればという強い思いは，ひいては，非常に高い動機づけの状態へと繋がり，どのような状況下であっても，「ビジョン」を持って前向きに推進していく力となります。

　Dörnyei, Muir, & Ibrahim（2014）では，DMC をメキシコ湾流の類推（アナロジー）に例え，メキシコ湾流を強いエネルギーの流れがある例として示しています。同様に動機づけの流れは，様々な DMC の例となり，DMC を作り出す条件が整えば，動機づけの経路が引き出され，動機づけのジェットストリームが創発され，人が望みを喪失している状態であったとしても前向きな方向に進んでいくことを可能にします。DMC が適所にある状態では，自己推進の特質により学習者は動機づけの強い流れに追いつき，学習者はゴールに向かっていくのです。

　Dörnyei（2015）は DMC の 4 つの側面を次のように示しています。(1)「ゴールとビジョンの志向性」(Goal/Vision-Orientedness)，(2)「DMC の要素を引き出し，到来させる」(Triggering Factor and Launch)，(3)「動機づけを促進させる構造」(A Facilitative Structure)，(4)「肯定的な感情」(Positive Emotionality)。(1)「ゴールとビジョンの志向性」とは，DMC は常に 1 つの方向に向かっている（directional），総合的なゴールに向かって顕著な目的や課題があり，努力に対して結合力があってエネルギーに対して集中している状態を指しています。(2)「DMC の要素を引き出し，到来させる」とは，DMC が学習へ向かうエネルギーのジェットストリームを引き起こすとしています。例えば，活動に対する頻度，長く待っていた機会，これまで見逃していた情報の発見，批判に対する挑戦などが考えられます。次に，(3)「影響を与える要因」は，DMC の鍵となる視点で明確な目標があることだけでなく活発に到来し（vigorous launch），確実に動機づけのプロ

セスを持続させます。「潮流」の実践においては，継続して行われている指導を強化し，「流れ（フロー）」が様々な構造的な要素によって維持されます。その際影響を与える要因の重要な要素は，行動の手順化（ルーティン化）であり，それは継続する動機づけのプロセスや意志のコントロール（volitional control）である必要はありません。それらは「動機づけの自動操縦装置（オートパイロット）」の一部であり，構造の一部であるため単純に実行されます（例えば，夜寝る前に英語の本を読む等）。さらに進捗状況を確認するために，サブゴール（下位ゴール・subgoal）を設定することが重要であり，短期的・中期的ゴールが最終目標を成功させるために重要な役割を示しています。サブゴールは，結果を示すだけでなく，パフォーマンスを評価する基準ともなります。また肯定的な進捗状況に対するフィードバック（positive progress feedback）がDMCで最も有効なフィードバックの方法であると確認されています。目標に対する進捗を実感し，達成可能性を感じ，つまりその後の努力につながっていきます。さらに(4)「肯定的な感情」によって，独特の喜びの感覚を経験します。「真正の」（オーセンティック）の深い感情は，自分のアイデンティティーを理解することへとつながります。

　教室内の環境では，DMCは集中的なグループプロジェクト（intensive group project）によって現れると考えられます。理想的なプロジェクトの雛形（project template）は，4つのDMC概念のすべてを含みます。各分野でのターゲットを明確に定義し，そのターゲットは学習者にとって関連があり現実的であり，彼らが誰であるかということを「真正の」（オーセンティック）の学びを通して経験することです。複雑な構造は明確なサブゴールを伴う道筋上にはっきりと展開され，進展の指標としての機能を果たし，定期的なフィードバックの機会を作り出します。また協力体制のあるグループによる豊かな協力によって引き起こされるポジティブな感情があることも教室内のDMCに帰属します（Dörnyei, 2015）。例えば，Dörnyei（2015）では，留学プロジェクトを提案しています。留学するというビジョンが動機づけへと働きかける可能性があり，サブゴールに向かって計画的な仕組みを作り，維持していきます。また別の事例では，「地球博」のプロジェクト（西田，2010）があります。この「地球博」は学年が1つとなってのプロジェクトで，10か月間ほどの学習と練習を行い，環境問題を含め

た地球規模での問題に関わる学びを通して，教育関係者の前で「地球博」を行うという明確で大きな目標がありました。多くの教育関係者の前で「地球博」を披露するという「ビジョン」があり，「地球博」当日には効果的なフィードバックがあったこと，また学年全体の協力によって肯定的な感情が生み出されたと言えるでしょう。

　DMC は強い動機づけへの道筋であり，様々な時間とコンテキストに関連した要因によって起こり，ゴールやビジョンを遂行するという強い意志を促します。個人にとって重要であり，個人の望むアイデンティティーに関連し，感情面で満足していると考えられます。また DMC は長期間のプロジェクトに伴うエンゲージメントの最善の構造であると考えられるため，長期間に渡る動機づけの「青写真」（見取り図・blueprint）を提供します。Nishida（2021）では，大学生を対象に内容言語統合型学習（CLIL）を基盤としたグループでのリサーチプロジェクトを行った結果として，動機づけ（知識・達成・刺激）が高まった傾向を示しています。1学期中に二度の中間リサーチプロジェクトと期末リサーチグループプロジェクトを行っていますが，学生たちの自由記述からは「中間グループプロジェクトよりも期末プロジェクトでは，クラスのロールモデルのように話せるようになりたい」「期末プロジェクトは加点がもらえるように頑張りたい」「将来国際学会でうまくプレゼンテーションがしたい」とグループとしての結束力や「次回グループプロジェクト」へのゴール設定や志向が見られます。質問紙調査からCan-Doに肯定的な変化があり，上昇曲線が見られています（第3章第2節参照）。このプロジェクトは1学期間の取り組み（半年）ですが，長期間でのプロジェクトを行うことで，DMC が起こりうる現象をとらえることができる可能性があると考えられます。

9．第二言語習得分野におけるエンゲージメントの理論と研究

　近年，第二言語習得分野における「エンゲージメント（engagement）」に関する研究が注目を集めはじめています。

　Fredrickes, et al.（2004）によれば「エンゲージメント」とは，教室内において学習者が何をどのように考え，活動し，感じるかであると述べています。Svalberg（2009）では，外国語学習環境に当てはめると，動機づけ

は特定の課題に対する肯定的な感情や，目的や自律性の内的な感情であると述べ，「エンゲージメント」はそれらすべての要因を含み，動機づけの要因に加えて認知的・社会的要因である，注意（attention），エージェンシー（行為主体性：人の自律的な選択）（agency），行動（action），相互作用（interaction）を含んでいるとしています。言語学習を積極的に行う「エンゲージメント」は状況やプロセスであり，言語への肯定的な志向性（言語学習を積極的に行う），社会状況下での言語使用を開始しようとする積極性を示します（Oga-Baldwin & Nakata, 2017）。Reeve（2013）によれば，動機づけは，表面には見えにくく，意識的であり，潜在意識下での欲求が学習者の行動を制御するのに対し，「エンゲージメント」は認知・感情的な活動であり，学習者の欲求，活動的な参加であり，学習者が学習過程を目に見える形で楽しみに没頭している状況を示します。これまでの研究では「エンゲージメント」が肯定的に働きかける場合においては学業全体に対して学力が高く（Jang, Kim, & Reeve, 2012），学習環境（teaching environment）が肯定的な影響力をもたらすと報告しています（Reeve, 2013; Skinner, Furrer, Marchand, & Kindermann, 2008）。

Dörnyei（2018）によれば，言語教育におけるエンゲージメントは言語学習におけるコミュニケーション能力を習得する際，学習の過程において非常に重要で，活発に関わる必要があります。そのため教育心理学の分野においては，エンゲージメントは最も注目度が高い研究テーマの1つです。ここでDörnyei（2018）では何故エンゲージメントの概念を使用する利便性があるのでしょうか。21世紀現代においては，様々な阻害要因によって，高い動機づけを有する学習者でさえも阻害される可能性があります。言い換えれば，エンゲージメントとは「Engagement = Motivation + Implementation」（エンゲージメント＝動機づけ＋実行）です。

Dörnyei（2018）によればまた，21世紀における教育者の挑戦は，学習者が学習に従事する意志を作り出し，活動に対するエンゲージメントを誘発し，維持し，喚起することです。「How?（どうやって？）」ということですが，積極的な生徒のエンゲージメントは，「学校環境」「言語学習」「シラバスデザインや教材」「学習タスク」「学習者同士の関わり」「教師との関わり」から引き起こされます（次ページ図15参照）。まず「学校環境」の要因としては，学校環境への適応，学校という環境の中で自分に責任をも

つこと，学校環境の規範や規律に適応させる，学業面での自信を持つが挙げられています。次に「言語学習」では，L2学習者のニーズと関わりを伝える，L2学習者・話者としてのアイデンティティーを構築する，L2学習を教科として考えるだけでなく学外での英語使用と関連付けます。「シラバスデザインや教材」については，興味関心を高める，学習者のニーズに応じる，教材を個人に応じてアレンジする，を挙げています。「学習タスク」では，タスク型学習，プロジェクト型学習，ゴール設定をする，テクノロジーを使用するなどがあります。「学習者同士の関わり」については，グループダイナミクスや教室内環境の整備を行う，グループの結束性を促す，協力と寛容性を保つ規範を確立する。さらに「教師との関わり」については，生徒・教師の関係性を構築する，リーダーシップのモデルから生徒との関係に洞察を加える，お互いを知る機会を設ける，問題解決を行い学習者を管理することであると述べています（詳細は Dörnyei, 2018; Mercer & Dörnyei, 2020参照）。

　ここでは日本人英語学習者を対象としたエンゲージメントでは数少ない実証研究の中で，日本人小学生を対象として行われた Oga-Baldwin &

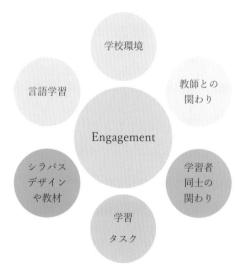

図15．積極的なエンゲージメントとエンゲージメントに関わる要因

Nakata（2017）のエンゲージメントと動機づけの研究をご紹介いたします。小学5年生（423名）を対象として「エンゲージメント」「内的調整」「同一化調整」「取り入れ的調整」「外的調整」を変数として共分散構造分析を使用してモデル化が行われました。2013年1月時点でのエンゲージメントが2013年3月時点での動機づけにどのように影響があるのかを共分散構造分析を使用して分析しています。結果として，エンゲージメントは肯定的に内的調整と同一視調整に繋がる可能性があると報告しています。また性差比較においては，男子生徒は「エンゲージメント」が低く，同様に内的調整も低く，「外的調整」を肯定的に予測すると報告しました。つまり，小学生においてはエンゲージメントが高い場合は，内発的動機づけにつながる可能性があると示し，男子生徒については，エンゲージメントと内発的動機づけが低く，外的調整が高いため，男子生徒のエンゲージメントを高め動機づける内容（例．理科や社会科の内容を取り入れる）や好きな活動（例．ボードゲームやサイコロゲーム等）を教室内で工夫して提示する必要があるでしょう。

　このようにエンゲージメントの概念は，小学生に限らず，様々な学習者層に当てはめることができ，教育実践においても応用できると考えられます。動機づけ分野におけるエンゲージメント研究が開始されつつある中で，今後は，教育実践現場における応用と実証研究との融合が期待されます。

10. 近年の日本における動機づけ研究の動向と展望

　これまでに様々な動機づけ研究分野における研究を概観してきました。この節の最後に，近年の国内の動機づけ研究の動向と展望を示します。

　Boo, Dörneyi, & Ryan（2015）は，2005年〜2014年にかけての動機づけ研究に関するレビューを行いました。53か国・地域を対象に国別比較をすると日本（11.34％），米国（8.96％），中国（7.46％）であると示されています。その中でも特に動機づけ研究は日本で数多く行われ（論文数：38本），中国（論文数：25本），香港（論文数：15本），台湾（論文数：11本）であり，アジア圏と比較しても日本における動機づけ研究の多さを示しています。

　Aoyama（2017）は，2005年〜2014年に出版された日本国内での動機づけ研究論文（247本）を対象にして動機づけ研究の動向について調査を行っ

ています。2013年度に *Language Learning Motivation in Japan*（Apple, Silva, & Fellner, 2013）が出版されたことで，2005年から上昇傾向にある日本での動機づけ研究論文数が，2013年度にはピークを迎えています。国内における調査対象者については，大学生を対象とした研究が最も多く（73.54%），次いで，小学生（9.42%），高校生（8.07%），中学生（4.04%），その他（4.93%）であると示しています。理論的基盤として最も多いのは「自己決定理論」（24.38%），「L2動機づけ自己システム論」（12.4%）であり，次いで1つ以上の理論を使用している論文「混合」（22.73%）であると示しました。研究手法としては量的研究が最も多く60.65%であり，次いで混合計画法が27.78%，質的研究が11.57%であると報告しています。「国内における自己決定理論の研究」（本章第3節4．参照）においても数多くの「自己決定理論」に依拠した研究が報告されています。教育現場に根差した研究，そして，teacher-researcher が多く存在することが，教育心理学を基盤とし，方法論が確立されている「自己決定理論」を今もなお支持している可能性があります。

　国内の動機づけ研究がピークであった2013年以降，この本ではまず日本での外国語学習動機づけを「国外から見るインサイダーとしての視点」（Ushioda 2013），「3つの心理的欲求を通した日本語学習と英語学習」（Noels, 2013）があり，「動機づけと異文化理解と異文化接触」（Aubrey & Nowlan, 2013; Yashima, 2013），「理想自己に関わる研究」（Irie & Brewster, 2013; Munezane, 2013; Taguchi, 2013），「学習意欲減退要因」（Kikuchi, 2013c），「目標志向性」（Hayashi, 2013），「ポジティブ心理学」（Lake, 2013），「想像のコミュニティーで」（Falout, Fukuda, Murphy, & Fukuda, 2013），「理工学部生や小学生を対象とした研究」（Apple, Falout, & Hill, 2013; Nishida, 2013），「縦断的調査や動機づけのダイナミクスに関わる研究」（Johnson, 2013; Nitta, 2013）があり，「第二言語指導のための動機づけデザイン」（Hiromori, 2013）や「研究と教育の隙間を埋めて」（Nakata, 2013）が執筆されています。

　このように見るだけで，本当に数多くの動機づけ研究者が日本国内で日本人英語学習者を対象に研究を行っていることがわかります。これは大学教員が，応用言語学者であると同時に，英語教育を行っているためと考えられます。また日本の環境では日常的に英語話者との接触があるわけではないため，「動機づけ」や「意欲」を高めることで「英語学習」が促進さ

れると考える教師が多いのかもしれません。おそらく私（西田）のように目の前にいる学習者を「英語教育を通して何とか動機づけたい」と願っている教育者が数多く存在しているのではないでしょうか。この思いは日本に限らず，世界中の言語教師に共通していることかもしれません。

Language Learning Motivation in Japan（2013）での Nishida の研究（2013c）では，日本人小学生を対象に小学校外国語活動に関する研究を取りまとめています。2011年度に小学校外国語活動が開始して以来，小学生に焦点を当てた動機づけの研究（Carreira, Okubo, Akiyama, & Tanabe, 2007; Oga-Balodwin & Nakata, 2017; Nishida, 2008; 2009;　西田 2010）が行われていますが，横断調査を行った Nishida（2008）の研究では，3 〜 6 年生の461名の小学生を対象に動機づけと外国への関心に関して調査を行い，学年が上がるにつれて外国への関心が低下する傾向があること，動機づけは5 〜 6 年生が3 〜 4 年生と比較して低い傾向にあることを明らかにしています。また性差比較についても，女子生徒の方が男子生徒と比較して動機づけや外国への関心が高い傾向にあることを明らかにしています。縦断調査を用いて，半年間に渡るミュージカルプロジェクトを実施した結果，プロジェクト前後において，共分散構造分析を用いて要因間をモデル化して分析する方法を用いて，自律性や有能性が高ければ，内発的動機づけにつながる可能性があることを示しています。さらに，小学校5 年生を対象とした内容重視のアプローチを用いた Nishida の研究（Nishida, 2009）では，社会・英語・図工を有機的につなげ，プレゼンテーションプロジェクトを行った取り組みを紹介しています。この取り組みでは，身の回りの品物がどこの国から輸入されているかについて絵を描いて "Show and Tell" 形式で発表をしています。結果として，男子生徒の知的好奇心が高まる傾向を示しました。上記の結果を通して，年齢が上がるにつれて動機づけが低下すること，また性差においては男子生徒が女子生徒と比較して動機づけや関心が低い傾向にあること，しかし，教育的介入を通して動機づけに変化があることが考えられました。また教育的介入のあり方によって，苦手意識の高い男子生徒の関心を高める可能性がある「コンテンツ」に注目が置かれます。

Munezane（2013）の研究では，日本人大学生を対象として（178名）L2 理想自己，動機づけ，国際的志向性，L2義務自己，L2コミュニティーへ

の態度，グローバル・イングリッシュへの価値の関係についての調査を行っています。この研究では，共分散構造を行った結果として，L2コミュニティーへの態度が国際的志向性へとつながり（.99）[4]，L2理想自己へとつながる可能性がある（.87）ことを明らかにしています。またL2義務自己が高ければ，L2コミュニティーへの積極的な態度へとつながり（.57），グローバルイングリッシュへの価値へとつながることを示しました（.64）。またL2理想自己が高ければ動機づけへとつながる（.71）可能性を示しています。さらに，「可視化」の実践（visualization treatment）を行った結果として，どのように学習者の動機づけとL2理想自己が変化するかについて報告しています。この実践は，学習者が課題やプロジェクトを通して，科学者やエンジニアとしての未来を描き，環境問題，人権，国際紛争やテクノロジーのような論争中の問題について協議し，地球上で起こっている問題を解決する方法を発表しています。学生のコメントから，この介入の結果として肯定的な変化を示した姿が浮き彫りになりました。この研究結果から，L2コミュニティーへの態度が国際的志向性やグローバルイングリッシュへの価値につながり，英語話者へのコミュニティーに関する理解を深めること，国際的志向性がL2理想自己につながり，国際的な場への幅広い視野を拡げることが必要であると考えられます。またスペシャリストとしての未来への「可視化」やグローバルコミュニティーへの「可視化」を行うことで，学習者が動機づけや理想自己が高まったことから，意図的に可視化の教育的介入を行うことが日本人大学英語学習者にとって効果的に働きかける可能性があります。

　このように，日本国内においては応用言語学者が言語教育を行うteacher-researcherであるため，学習者を動機づけるための「意図的」な介入を行い，その教育的介入を通して研究を行うことが可能です。今後も「意図的な動機づけの仕掛け」を行うことで，学習者を動機づけることを実証研究を通して検証していくことが可能ではないでしょうか。

4．カッコ内の係数は，共分散構造分析のパス係数を示しています。

第5節　動機づけと教育

　この節では「動機づけと教育」として，教育現場における動機づけについて2つの視点を通して概観します。外国語学習場面において教師が中心となって教師と生徒が作り出すことができる「グループダイナミクス」と教師が意図的に使用することができる「動機づけストラテジー」とを紹介します。

1．グループダイナミクス

　グループダイナミクスとは、集団力学のことであり、学習者群やプロジェクトチームなどグループへの動機づけや行動に影響があることを示しています（Dörnyei & Ushioda, 2011）。

　研究者と教師の双方において，教室内で学習者を動機づけるためには良好な関係性の構築の必要性が論じられていますが，個人の動機づけの発展のダイナミクスに焦点を置き，グループを基盤とした研究はあまり取り扱われてきませんでした。結果として，動機づけとグループダイナミクスにおける研究はそれほどは多くありません（Dörnyei & Ryan, 2015）。Dörnyei & Murphy（2003）は，教室内におけるグループダイナミクスの主要な要素として，教室を作る中で規則・規範・規律があること，集団的結束が関係性や成果によって存在すること，教室内環境がグループダイナミクスに影響すること，教師がグループのリーダーであること，生徒それぞれの役割とロールモデル（role model：他者の見本となること）があること等を示しています。

　ここではグループ学習に焦点を置き，大学英語学習者を対象にして行われたTanaka（2017, 2018, 2019）の一連の研究を紹介します。Tanaka（2017）の研究では，グループ学習環境を測定する質問紙の開発を実施し，信頼性と妥当性の検証を行っています。また，Tanaka（2018）では，大学生200名を調査対象者として，内発的動機づけ，無動機，グループの結束性，グ

ループの参加度に関して質問紙調査を行っています。本研究では，1学期間に教育的介入として2つのグループプロジェクトを行っています。学生たちはこのグループプロジェクトで，ディベートとパネルディスカッションに参加し，その成果発表を3回のグループ発表とレポートとで行っています。分析の結果，学習者の内発的動機づけはグループ学習環境における個人の認知によって異なり，グループの結束性やエンゲージメントが高いと認識する学習者は英語学習を楽しむ傾向があり，その一方で，グループの結束力やエンゲージメントが低いと認識する学習者は英語学習を楽しまない傾向にあることを明らかにしています。またグループの学習環境により，内発的動機づけを肯定的に予測できる傾向にあると報告しています。Tanaka（2019）では，グループ学習環境は，成績に対して直接的な影響を示してはいないものの，動機づけを通して間接的な影響がありうると報告しています。このようにグループ学習環境がうまく働きかけられる学習においては，学習者が動機づけられる可能性があります。今後は教室環境において，良いグループ学習環境の形成やグループダイナミクスの形成をどのように行っていくかが課題となるでしょう。

また，Nishida & Yashima（2009）の研究において，公立小学校を対象として教室内環境がどのように児童の動機づけや情意面に影響があるかについて共分散構造分析を用いて示しています。教室内環境が良いと感じている児童は英語学習への自信へとつながり，ひいてはコミュニケーションへの意欲（Willingness to Communicate, WTC）につながる可能性があることを明らかにしました。先にも述べましたが，グループダイナミクスは教室内環境において教師が中心となって，教師と生徒で作り出せるものです。グループダイナミクスと動機づけの関係について精緻な研究の蓄積が今後も期待されます。

2．動機づけストラテジー

2001年，Dörnyei（2001b）は，言語教室の場面における『動機づけを高める英語指導ストラテジー35』（*Motivational Strategies in the Language Classroom*）を刊行しました。動機づけストラテジーとは「個人の目標関連行動を促進する行動」であり「体系的で長続きするプラス効果を実現する

ために意識を与えられる動機づけの影響」（日本語訳：米山・関，2005, p. 30）と示しています。動機づけストラテジーの主たる4つの要素は「動機づけのための基礎的な環境を作り出す」，「学習開始時の動機づけを喚起する」，「動機づけを維持する」，「肯定的な自己評価を促進する」ことであるといわれています（Dörnyei, 2001b, 日本語訳：米山・関，2005, p. 30）。ではこれらの4つの要素に基づいて動機づけストラテジーを見ていきましょう（次ページ表12参照）

　「動機づけの基礎的な環境を作り出す」ためには8つのストラテジーが提示されています。「ストラテジー1）扱う教材に対する自分の熱意と，それが自分に個人的にどんな影響を及ぼしているかについて，実例を挙げて説明し，解説する。2）生徒の学習を真剣に受け止める。3）生徒と個人的な関係を築く。4）生徒の親たちと協力関係を築く。5）教室に楽しく，支持的な雰囲気を作る。6）集団の結束強化を促進する。7）はっきりとした形で集団規範を作成して，生徒たちと話し合い，彼らに認めてもらう。8）集団規範をしっかりと守らせるようにする」（上掲書，2005, pp. 165–167）。学習者を動機づけるためには，集団的規範が崩壊している状況では動機づけも起こりえない可能性があり，教室内の雰囲気が良くなく，教師と学習者の関係性が良好でなければ，学習者の動機づけに働きかけられない可能性があります。まずは学習者を動機づけるための基礎的な環境作りを行うことが重要であると言えます。また教師と生徒の関係性が良好なだけでなく，生徒たちとの親の良好な関係性を築くことが重要であるといわれています。Nishida & Yashima（2009）の小学生を対象とした研究では教室内の雰囲気が良いと，小学生の言語学習への自信やコミュニケーションへの積極性につながること，さらに動機づけへとつながり，ひいては外国への興味関心へとつながることが，共分散構造分析を用いて示されています。筆者（西田）は，言語学習においては，教室環境作りが学習者にとって肯定的に働きかける要素が大きいと考えています。
　「学習開始時の動機づけを喚起する」ためには学習者のその言語に関連する価値観と好ましい態度を育てることが重要であると言及されています。また「ストラテジー9）仲間のお手本を見せることで，言語に関連する価値を高める。10）L2学習過程に対する学習者の内在的な関心を高める。

表12. 動機づけを高める英語指導ストラテジー35

(詳しくは Dörnyei, 2001b. 日本語訳：米山・関. 2005, pp. 165–175参照)

	動機づけの基礎的な環境を作り出すストラテジー
1	扱う教材に対する自分の熱意と、それが自分に個人的にどんな影響を及ぼしているかについて、実例を挙げて説明し解説する。
2	生徒の学習を真剣に受け止める。
3	生徒と個人的な関係を築く。
4	生徒の親たちと協力関係を築く。
5	教室に楽しく、支持的な雰囲気を作る。
6	集団の結束強化を促進する。
7	はっきりとした形で集団規範を作成して、生徒たちと話し合い、彼らに認めてもらう。
8	集団規範をしっかりと守らせるようにする。
	学習開始時の動機づけを喚起するストラテジー
9	仲間のお手本を見せることで、言語に関連する価値観を高める。
10	L2学習過程に対する学習者の内在的な関心を高める。
11	L2とその使用者、また外国らしさ全般に対する肯定的な気質を育てることで「統合的」価値観を高める。
12	L2の知識と結びついた道具的価値感に対する生徒の理解を高める。
13	特定の課題および学習全体に関する生徒の成功達成感を高める。
14	生徒の目標志向性を、彼らが認める教室目標を明確に定めることで高める。
15	教育課程と教材を、学習者に関連の深いものにする。
16	現実的な学習者信念を作る手助けをする。
	動機づけを維持し保護するストラテジー
17	教室内での活動の単調さを打破することによって、学習をより興味深く楽しいものにする。
18	タスクの魅力を増やすことにより、学習を学習者にとって興味深く楽しいものにする。
19	学習者をタスクへの積極的な参加者となるように求めるよりも、学習を興味深く楽しいものにする。
20	動機づけを高める方法でタスクを提示し、実施する。
21	教室で目標設定の手法を用いる。
22	生徒の目標に向けた情熱を形式化するために、生徒と契約手法を用いる。
23	学習者に定期的な成功体験を与える。
24	定期的に励ましを与えることにより、学習者の自信を育む。
25	学習環境において不安を誘発する要素を取り除き、あるいは緩和することによって、言語不安を軽減することを支援する。
26	学習者に多様な学習ストラテジーを教えることにより、自己の学習能力に対する自信を構築する。
27	学習者が学習課題に取り込んでいるときに、肯定的は社会的心象を保持することを可能にする。
28	学習者間の協力を促進することにより、生徒の動機づけを高める。
29	学習者自律性を積極的に促進することにより、生徒の動機づけを強化する。
30	学習者の自己動機づけ能力を強化する。
	肯定的な自己評価を促進するストラテジー
31	学習者の中に努力帰属を高める。
32	肯定的情報フィードバックを与える。
33	学習者の満足感を高める。
34	動機づけを高めるように報酬を与える。
35	動機づけを高める方法で評点を用いる。評点の持つ動機づけを失わせる衝撃をできる限り少なくする。

11）L2とその使用者，また外国らしさ全般に対する肯定的な気質を育てることで「総合的」価値観を高める。12）L2の知識と結びついた道具的価値観に対する生徒の理解を高める。13）特定の課題および学習全体に関する生徒の成功達成感を高める。14）生徒の目標志向性を，彼らが認める教室目標を明確に定めることで高める。15）教育課程と教材を，学習者に関連の深いものにする。16）現実的な学習者信念を作る手助けをする」（上掲書，2005, pp. 167–169）。基礎的な教室環境があったとしても，学習者が言語学習への価値を見出し，言語学習への成功への期待感を高め，言語学習に対する目標意識が高く，目標志向性を定める学習環境がなければ，動機づけを喚起することはできないかもしれません。例えば，「単位のため」「報酬のため」という目標であるよりもむしろ「将来自分の専門分野で活躍するという目標」や「外国語学習が成功することへの期待」がある方が，長期的な動機づけにつながる可能性があるのではないでしょうか。英語学習への価値を見出すために，私（西田）は「英語が話せるようになって海外に数多くの親友や友人がいること」「友人を通して自分の人生観が大きく変わったこと」「様々な情報を読んで世界中での出来事が理解することができること」「英語が話せるようになって自分の人生が大きく変わったこと」などを英語学習への価値として学生たちに共有しています。

　次に「動機づけを維持し保護する」ために14のストラテジーがあります。「ストラテジー17）教室内での活動の単調さを打破することによって，学習をより興味深く楽しいものにする。18）タスクの魅力を増やすことにより，学習を学習者にとって興味深く楽しいものにする。19）学習者をタスクへの積極的な参加者となるように求めるよりも，学習を興味深く楽しいものにする。20）動機づけを高める方法でタスクを提示し，実施する。21）教室で目標設定の手法を用いる。22）生徒の目標に向けた情熱を形式化するために，生徒との契約手法を用いる。23）学習者に定期的に成功体験を与える。24）定期的に励ましを与えることにより，学習者の自信を育む。25）学習環境において不安を誘発する要素を取り除き，あるいは緩和することによって，言語不安を軽減することを支援する。26）学習者に多様な学習ストラテジーを教えることにより，自己の学習能力に対する自信を構築する。27）学習者が学習課題に取り組んでいるときに，肯定的な社会的心象を保持することを可能にする。28）学習者間の協力を促進する

ことにより，生徒の動機づけを高める。29) 学習者自律性を積極的に促進することにより，生徒の動機づけを強化する。30) 学習者の自己動機づけ能力を強化する」(上掲書，2005, pp. 170–173)。学習者の「動機づけを維持し保護する」には様々なストラテジーがありますが，私がよく使う方法は「不安軽減」と「グループワークによるリサーチプロジェクト」です。「不安軽減」には「間違ってもよいので一緒にしてみましょう」「(間違えた場合は) 問題が難しかったのかもしれませんね」と声かけをしています。「リサーチプロジェクト」ではグループで課題に向かってプロジェクトを遂行することから，目標設定や達成感があり，また学習者が協力し自律して課題を遂行する必要があるため，これまでの研究結果では (Nishida, 2021)は肯定的な変化が見られています。

　最後の「肯定的な自己評価を促進する」においては5つのストラテジーが提示されています。「ストラテジー31) 学習者の中に努力帰属を高める。32) 肯定的情報フィードバックを与える。33) 学習者の満足感を高める。34) 動機づけを高めるように報酬を与える。35) 動機づけを高める方法で評点を用いる。評点の持つ動機づけを失わせる衝撃をできる限り少なくする」(上掲書，2005, pp. 173–174) が示されています。例えば，プレゼンテーションを頑張った時やライティング課題が良かった時は肯定的なフィードバックを与えたり，ポートフォリオシート (振り返りシート) の中で学習者に進歩が見られた時にも肯定的なフィードバックを与えたりしています。時にはご褒美に「キラキラシール」を貼っておくのですが，大学生でも大喜びしている姿を見かけます (ただし，シールをもらうこと自体が目的とならないように配慮する必要があります)。また学習者が試験などで成績がふるわない場合は「能力不足」によるのではなく，「努力が不足」していることや「学習方法が不足」していることに帰属させると動機づけにつながる可能性があるかもしれません。

　以上，「動機づけストラテジー」を概観しましたが，教育現場においては「動機づけストラテジー」という用語を知らない教師であっても，学習者の特性に合わせて教師は様々な方法で学習者の動機づけ高めるために，動機づけを喚起・維持・保護する方法を「仕掛けて」いるのではないかと思います。

　本章では動機づけ研究の研究史を概観しました。次節では近年注目を集

めている動機づけを高めるとされる教授法である CLIL，EMI，プロジェクト型授業，アクティブラーニングを概観していきます。

【より深い知識を求めて】

1）Zoltan Dörnyei & Stephen Ryan（2015）．*The Psychology of the Language Learner Revisited.* Routledge.

　　本書は，第二言語習得分野において，過去から現在に至るまでの研究史と，第二言語学習時における性格，適性，動機づけ，学習／認知スタイル，学習ストラテジーと自己調整，その他の要因について解説されている画期的な書籍であり，お勧めの1冊です。

2）馬場今日子・新多　了（2016）．『はじめての第二言語習得論講義——英語学習への複眼的アプローチ』大修館書店．

　　本書は，第二言語習得研究分野における母語習得，転移とリテラシー，認知・社会的アプローチ，タスク中心アプローチ，適性・性格，動機づけ，臨界期仮説と児童英語教育について，第二言語習得分野に関して幅広く取り上げられているため，より深い学びをされたい方へのお勧めの1冊です。

第2章
動機づけに効果的な指導法

本章では，学習者が動機づけられる可能性があるとして先行研究で明らかになりつつあり，近年注目を集めている4つの教授法「CLIL：内容言語統合型学習」「プロジェクト型学習」「EMI：英語による専門科目授業」「アクティブ・ラーニング」を概観していきます。

1．CLIL (Content and Language Integrated Learning：内容言語統合型学習)

　CLIL（Content and Language Integrated Learning）（以下 CLIL）とは，内容言語統合型学習として知られ，ヨーロッパにおいては外国語教育において実践と研究が盛んに行われてきています。CLIL は欧州連合（EU）における CEFR（Common European Framework of Reference: ヨーロッパ共通参照枠）の複言語主義を具現化するために構想されました。また欧州における言語と文化に関する保全，多言語主義社会（母語＋2か国語）を促進するための政治的・経済的な必要性を背景としています（渡部他，2011; Stoller, 2006）。

　CLIL は「内容」と「言語」の学習を同時に行っていきます。池田（2011）によれば，CLIL は「内容を扱うための道具として第二言語を使い習得を促す」（p.1）ことを原理としており，「内容」に焦点を置き，学習を行う中で偶発的に外国語（英語）能力が向上することを目指します。また「使いながら学び，学びながら使う」（p.1）機会を通じて，外国語（英語）能力の向上を計画的に行うための教材・指導方法・内容・目標などが設計されています（池田，2011）。

　CLIL はまた，CBI（Content-based Instruction：内容重視の教授法）（以下，CBI）としばしば類似性と相違性について比較されることがあります。池田（2011）によれば，CBI は1980年代に北米を中心に体系化されてきた教授法であり，カナダではフランス語教育を行う学校において，教科科目を英語で教えるイマージョン教育が行われるようになったと示しています。CLIL と CBI については，学習内容が教科やテーマによる「内容」が中心であり，学習が行われる「真正」（オーセンティック）な教材を使用して，4技能を統合して言語活動を行うことが類似点です。また学習成果については，知識やスキルが獲得され，言語運用能力や思考力（認知能力）が育成されること，さらに，言語学習プロセスにおいては，学習者が理解可能

で意味を有する活動に多く触れるということや，教師や生徒同士の相互関係を通して，教師からの足場かけや仲間との協学によって言語運用能力を高める可能性があることも，類似しています。

　相違点としては，学習環境が挙げられます。CBIは1980年代にアメリカでESL（English as a Second Language）（第二言語としての英語）の環境下において英語を学習する生徒に対して，英語母語話者の教師が英語を教えるものです。一方，CLILは，1995年に欧州評議会（Council of Europe）によって提示され，「母語＋2か国語」とし「ヨーロッパ市民」の育成を目指して，EFL（English as a Foreign Language）（英語を外国語とする）の環境下において，非英語母語話者の教師が英語（等）で授業を行います（池田，2011，p.4）。

1.1　CLILの「4つのC」

　CLILの理論的中核を形成するものとして「4つのC」があります。「4つのC」とは「内容（Content）」，「言語（Communication）」，「思考（Cognition）」，「協学／異文化理解（Community/Culture）」で，CLILの指導ではこの「4つのC」を有機的につなげています（図1参照）。

⑴ 4つのC：「内容」

　では，この「4つのC」の詳細を見ていきましょう。まずは「内容（Content）」です。CLILの「内容」には様々なバリエーションがあり，国の定める教育課程（カリキュラム）から，別のカリキュラムに沿った課題（トピック）に基づくプロジェクト（例：環境問題，生態系）等もあります。

図1．CLILの「4つのC」

またCLILの「内容」では「テーマ型」・「教科横断型」・「学際的」の「内容」に至るまで様々です。「テーマ型」CLILでは，1つのテーマをもとにしてテーマを決定するため，例えば，気候変動，二酸化炭素排出量などが例として考えられます。「教科横断型」CLILでは，例えば，地域の保健のあり方，水問題，テロや戦争等での教科横断が挙げられます。「学際的」CLILでは，各分野の全体像を保ちつつ共通のテーマを協学していきます。例えば「エコフレンドリーハウスをデザインする」「市民として：人種・グローバルコミュニケーションに関わる諸問題」等が考えられます。教育現場においては，専門科目の教師の有無，言語サポート，学習者の年齢層，学習環境の社会的な要請等から，異なる「内容」を選択することがより適切である場合もあるため，必ずしも伝統的なカリキュラムの内容のみを使用するわけではありません。このようにCLILは一般的な教育課程（カリキュラム）にある内容とカリキュラム以外の「内容」でも学習を開始することが可能であり，「内容」を通して言語面における技能習得と発展をさせていくことを可能とします（Coyle, Hood, & Marsh, 2010, p. 28）。

⑵ 4つのC：「言語」

　次に「4つのC」の「言語」を見ていきましょう。図2に示すように，CLILにおける言語学習には3つの側面があり，その3つは "Language of Learning"（学習の言語），"Language for Learning"（学習のための言語），"Language through Learning"（学習を通しての言語）（池田，2011）です（図2参照）。

　"Language of Learning" は，科目や単元，テーマの基本的なコンセプトの理解に関連する言語材料や技能のことです（池田，2011）。CLILの研究分野で関心を持たれているのがジャンル分析（Genre Analysis）というものです。ジャンル分析とは人が特定の状況下でどのような言語使用をしているかを分析することであり，例えば，科学分野の言語，カリキュラム言語（Curriculum Discourse）などがその例となります（Coyle, Hood & Marsh, 2010）。これは科目や単元においては，特定した言語を習得する必要があるからだと考えられます。

　"Language for Learning" は，外国語学習環境において必要とされる言語や表現，学習スキルに焦点を置くことです。外国語（英語）を使用して学習をするということは教師にとっても学習者にとってもチャレンジをし

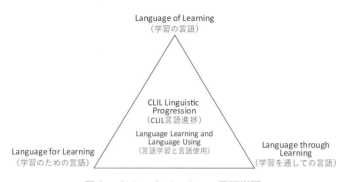

図2．CLIL における３つの言語学習
（Coyle, Hood, & Marsh, 2010, p.36）

ていくことが求められます。このため，効果的な足場かけ（Scaffolding）が重要であるといわれています。たとえば，学習者の技能を発達させるために，ペアワーク，グループワーク（協学），質問をする，討論する，話す，考える，記憶するために学習者が学習者同士や教師から支援を得ること（足場かけ）が必要とされています。

　では次に３つ目の "Language through Learning" を見てみましょう。これまでに学んだ言語や学習スキルを組み合せて繰り返し使用し，言語習得を行っていきます。効果的な学習は「言語」と「思考」の，積極的な関与なくしては起こりえません。学習者が理解を深め正確さを意識するのであれば，学習がより深く促されます。CLIL 教室内における発話については，これまでの伝統的な外国語学習教室内とは異なる学習者同士の会話ややり取りが求められます。池田（2011）では，具体的な授業の方法として，例えば，教科書から内容の情報を得て，学習者同士でディスカッションをさせ，そのテーマを発展させてライティングを行い，ライティングをもとにしてプレゼンテーションさせることを事例として挙げています。またすでに学んだ言語材料や学習スキルをくり返し使用することで，言語習得を促進させると述べています。私（西田）の授業でも同様に法学部生に対して「Power Shift: 雇用分野における男女の均等な機会」をテーマに女性の就労とその世界的状況についての比較を行わせました。まず教科書の内容に続いて補足情報を学生たちへと提示し，学生同士で内容に関する理解を深め，

ディスカッショントピックを与えて議論をさせました。その後，「今後どうあるべきかの未来」について批判的に考察させ，ライティング活動を行っています。

⑶ 4つのC：「思考」

　次に，「4つのC」の「思考」（Cognition）を見ていきましょう。CLILによる「思考」には「低次思考力」（LOTS: Lower Order Thinking Skills）と「高次思考力」（HOTS：Higher Order Thinking Skills）が示されています。1956年に Bloom（1956）によって「認知過程」が6つのカテゴリーに分類されましたが，その後，2001年に Anderson & Krathwahl（2001）によって「知識過程」（Knowledge Dimension）が加わり修正版が出版されました。

　これらの思考力の分類は Bloom（1956）の「認知過程」のカテゴリー，Anderson & Krathwahl（2001）の「知識過程」などに基づき設定されました。

　学びには表面的で浅い学習と深い学習があるといわれ，「低次思考力」を記憶・理解・応用と示し，「高次思考力」を分析・評価・創造としています。「低次思考力」における「記憶」とは記憶から適切な情報を産出することで，「識別すること」や「思い出すこと」が含まれます。「理解」はこれまでの経験や知識から意味を作り出すことで，解釈・実証・分類・集約・推論・比較・説明が含まれます。「応用」は，例えば，理解した手順を使用することであり，たとえば遂行・達成・実行が挙げられます。これらの分類が「低次思考力」です。

　では次に「高次思考力」を見ていきましょう。「高次思考力」における「分析」は，概念を部分的に切り分けて，部分的に説明をするために識別・構成・帰属させることです。「評価」は批判的な判断を行うことであり，確認・批判することが挙げられています。「創造」については，いくつかの欠片を新しい何かへと組み立てることや新しい構造の部分を理解することであり，生成・企画・創作が挙げられます。この「高次思考力」については，批判的考察に焦点をあてて，ライティングの課題やプレゼンテーションが行われています。例えば課題の中には「AIと共存する社会における倫理的規範」を論じなさい。「コロナ時代を迎えて，コロナとどう向きあうのかを論じなさい」などがあり，自分の力で自分の意見を考え抜く活動があります。ライティングやプレゼンテーションを通して，批判的に考察する能力が求められています。さらに「知識過程」については「事実

的知識」「概念的知識」「手続的知識」「メタ認知的知識」が含まれていま
す（Coyle, Hood, & Marsh, 2010, p.31）（図3参照）。

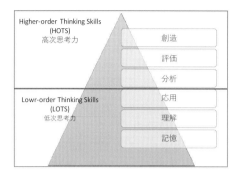

図3．高次思考力・低次思考力：Bloom による分類（修正版）
（Anderson & Krathwahl, 2001）

　池田（2011）によれば，「高次思考力」と「低次思考力」があることで，
教師は学習者に与える課題や質問を考えることでき，タスクがどの程度，
認知的負荷を伴うかを意識することも可能となります。また，授業内にお
いても学習者の思考力を伸ばすために様々なバリエーションを伴う活動を
バランスよく提供することができます。例えば，私（西田）が実際に医学
部生と取り組んだ「恐怖症（phobia）」に関わる「内容」ですが，授業の
前半では学習者同士で「恐怖症」に関わる定義や治療法についての理解を
ペアやグループでディスカッションによる活動で行い，授業の後半ではそ
の「恐怖症」に関わる治療法への批判的考察を行い，今後どのようである
べきかについて未来への「創造」を発表し，ライティング活動を行いまし
た。このように授業の前半と後半部分では課題やタスクにかける認知的負
荷量を調整することが可能となりました。
　この活動を通して，今後更なる治療薬の開発や認知行動療法の発展，患
者さんを取りまく家族や周りの理解の必要性が論ぜられました。

⑷ 4つのC：協学／異文化理解
　最後の「4つのC」は「協学／異文化理解（Community/Culture）」です。
「協学／異文化理解」では異文化理解の促進と地球市民（世界をより平和的，
包括的で安全な持続可能なものとし，人として尊重される社会の実現）（Council

of Europe, 2021）であるという意識を高めることが望まれます。文化と言語は密接な関係があるため，異文化への理解は CLIL にとっての基盤ともいえます。異なる言語を通した学習は，国際理解を促進させる基盤となり，CLIL 学習での「真正（オーセンティック）」の教材や異文化に関するカリキュラムを提示することは，文化間の類似点や相違点への深い理解へとつながり，「自己」のアイデンティティーを探し出すことに影響する可能性があります。CLIL は市民性や国際理解を発展させる可能性に富んでいると考えられます（Coyle, Hood, & Marsh, 2010, pp.54–55）。複文化・複言語社会は，日本の環境下に今のところ当てはまりませんが，CLIL 学習を通して地球市民意識を高めることは可能だと思われます。

　例えば，私（西田）はこれまでに授業の中で「地球規模的な問題」を「内容」として取り扱ってきました。具体的には「環境問題」を取り上げ，どのような「環境問題」が世界にはあり「解決法」は何であるか，日常生活の中から環境問題を意識し，環境問題を改善していくために「地球市民」として行動するということは何であるかについて，学生さんたちが議論し，発表してくれました。このようにして「地球市民」としての意識を高めることや異文化理解や国際理解へとつなげることに CLIL らしさが発揮されるのではないでしょうか。

1.2　CLIL のバリエーション

　「4つの C」を有機的につなげて，CLIL 理論は形成されています。さらに，CLIL には様々なバリエーションがあるともいわれています。池田（2011）では，CLIL のタイプ別分類を示し，Strong-CLIL から Weak-CLIL に至るまで様々なバリエーションがあるとしています（図4参照）。4つの C の「内容」に関しては Soft-CLIL（英語教育）は言語学習を中心に行う CLIL であり，Hard-CLIL（科目教育）は内容学習を中心に行います。頻度についても単発的・数回から定期的・頻回とあり，比重についても授業の一部で使用をするのか，あるいは授業の全体が CLIL で行うのか，また，使用言語についても外国語（英語）のみの使用か，あるいは母語（日本語）と外国語（英語）の使用を行うか等，様々なバリエーションがあるとしています。

図4．CLIL のタイプ別分類（池田，2011参考）

　授業では教師が内容を教室内で単発的に扱うこと，また定期的に多数回に渡り授業の全部の時間を使って扱うこと，英語のみならず日本語使用も補足的に行うことなどが考えられます。様々なバリエーションを通して，小学校・中学校・高等学校・大学において幅広く応用ができる教授法といえるのではないでしょうか。

2．プロジェクト型学習

　本節では，動機づけに寄与する可能性があるプロジェクト型学習（Project-based Learning）を概観します。東野・髙島（2007）によればプロジェクトとは教師と生徒が共に作り上げる活動や単元であり，活動には課題があり，個人／ペア／グループ活動を通してそれぞれに課題解決をしながら目標を達成していきます。ゴールがあるために，活動が主体的で創造的になるため，学習者の興味はゴールが達成されるまで持続することになります。東野・髙島（2007）では小学校外国語活動におけるプロジェクト型カリキュラムの事例として，「絵本型プロジェクト」「発表・発信型プロジェクト」「相互交流型プロジェクト」を紹介しています。この3つの「プロジェクト型学習」は小学生のみならず，中学生・高校生・大学生・大学院生・成人学習者に対しても応用が可能ですので，具体的な活動事例も一緒にご紹介してきます。

2.1 絵本型プロジェクト

　東野・髙島（2007）によれば「絵本型プロジェクト」では英語の絵本を題材として，絵本に出てくる英語表現を言語材料とし，授業を行うと定義しています。また登場人物を加えたり，変更をしたり，物語の続きや創作絵本を作ったり，また劇のプロジェクトへと発展させたりするなどさらなるプロジェクトへの応用が可能です。私が視察してきた小学校での「絵本型プロジェクト」は「クラス絵本」のプロジェクトでした。たとえば *Brown Bear, Brown Bear, What do you see?*（Eric Carl 著）を題材にしたものでは，まず，教師が児童に色と動物を学習させ，絵本を読み聞かせ，児童たちはチャンツを使って出てくる表現を学習します（例：Pink bird, pink bird, what do you see? I see a yellow dragon looking at me）。その後，児童たちが各自で表現したい色と動物を選び，1人ずつが切り絵でページを作り，自分の選んだ動物の練習をします。そして隣の児童の動物についても表現学習をします。最後に教室内で児童たちが大きな輪になって1人ずつ動物と色とを発表し「クラス絵本」を完成させました。子どもたちの持つ想像力と見事な色彩感覚に魅了されたことを記憶しています（図5参照）。

図5．　児童たちが切り絵で作った絵本

2.2 発表・発信型プロジェクト

　東野・髙島（2007）では「発表・発信型プロジェクト」は紹介や案内を題材とする活動と述べています。このプロジェクトは聞き手に対して紹介（自己紹介・人物紹介・地域紹介等）や案内を行うことを課題や目標とするもので，最終的には発表やプレゼンテーションを行うことが可能です。例えば，某中学校で見た実践では「発表型プロジェクト」では1学期に「自己紹介プロジェクト」，2学期に「友人紹介プロジェクト」，3学期には「学

校紹介プロジェクト」といったプレゼンテーションが行われていました。またプレゼンテーションだけでなくポスターセッションをすることも可能です。高等学校の事例では「大阪を紹介しよう！　プロジェクト」としてグループでポスターを作成し，英語で発表する活動をされていました。グループで協力しながらポスターを作成している姿が楽し気で印象的でした。

　大学や大学院においては，例えば，CLILのフレームワークを使って「地球市民」としてという単元を応用してどのようにして「環境問題」に取り組むことができるか，「男女雇用均等問題」を未来に向けてどのようにすべきか，「子どもたちの貧困」とどのように向き合い解決を提案していくことができるか等，地球全体を視野に入れて批判的に考察を行うプレゼンテーション活動を行うことが可能でしょう。

　大学院授業においても，修士課程・博士課程の論文の進捗状況を英語で発表を行う，論文紹介や研究手法を英語でプレゼンテーションする（例：グループで多変量分散分析（統計）とは何かを調べて英語で発表する）ことができるため，幅広く応用していくことが可能です。

2.3　相互交流型プロジェクト

　東野・髙島（2007）では「相互交流型」プロジェクトを，様々な場面で対話をするプロジェクト型活動と言及しています。例えば小学校での活動では「買い物」を場面として設定し，「買い物プロジェクト」を行います。私が行った実践では，まず教師は，買い物の場面に必要であろう単語や表現の練習を教室全体で行います。次に児童たちはグループに分かれて，自分たちがしてみたい「お店」を考え，画用紙・折り紙・色鉛筆・クレヨンなどを使ってお店に並べる品物を作っていきます（例：果物屋であれば，りんご・バナナ・オレンジ等）。教師はあらかじめ紙のお金を作っておいて，児童たちに配布します。最後に，買い物するグループとお店をするグループに分かれて買い物のやり取りを行います。この他の「相互交流型プロジェクト」としては，国内外の学校との相互交流を行いながら英語学習を行うプロジェクトなども考えられます。

　プロジェクト型学習は，活動への課題が明確であり，ゴールに到達するまで様々な活動を体験していくため，主体性・創造性が高まり，学習者の興味関心が持続すると考えられます。大がかりなプロジェクトの実施は，

教師にとって負担となることもありますが，数時間で実施可能な小規模なプロジェクト（ミニプロジェクト）は，授業中でも応用が可能ではないかと思います。年間授業計画の中で，あるいは，学期単位のシラバスにおいても，小さなプロジェクトを組み込んでみてはいかがでしょうか。学習者を動機づける可能性があるかもしれません。

3．EMI (English as Medium Instructions：英語による専門科目授業)

3.1　EMI の定義と目標

　近年，多様な英語の授業形態・教授法が求められるようになりました。その教授法の 1 つに，English Medium Instruction（EMI）とは，Dearden（2014）によると，「大多数の人が英語を第一言語としない国や地域で，専門的な内容を英語で教授すること」とされています。

　EMI と先述した CLIL は授業で取り扱う内容（「言語」と「学術的専門内容」）に重複が見られることから，授業形態として似ていると考えられがちですが，実は異なった授業形態です。Dearden（2014）でも述べられていますが，大きな相違点は，CLIL で取り扱う言語は必ずしも英語でなくてもよいのに対し，EMI での授業言語は「英語」であること。さらに，CLIL の達成目標は「言語運用能力と学術内容に関する知識の両方を高めること」であるのに対し，EMI では，「英語運用能力向上」自体は達成目標とはしておらず，「専門的な学術内容に関する知識を高める」ことこそが，EMI での大きな目標であるということです。そのため，EMI 準備コースとして CLIL のコースを設定している機関もあります。

　ただし，日本という環境においては，学習者の立場に立ってみると，EMI の形態をとっていても「専門的な学術内容に関する知識を高める」だけではなく，「言語運用能力の促進」にも期待が寄せられることが多くあります。村田・飯野・小中原（2017）による EMI に関する意識調査の結果では，学生の EMI を受講に関して，「英語能力向上」が主な理由として挙がっており，EMI の受講によって「英語に触れる機会」が増加することを好意的・肯定的に受け止めていることがわかっています。つまり，日本における EMI の授業内目標は，実態を踏まえると Dearden（2014）で述べられているものよりも，もう少し CLIL に近づく可能性もあります。

3.2 日本の大学での実践と課題

　日本においても，文部科学省による英語教育改革や「グローバル30
（G30）」（国際化拠点整備事業），グローバル化に伴う留学生の増加に伴って，
EMI という授業形態が頻繁に用いられるようになってきました。この授
業では，学習者が一定の英語能力を有することが必要であると考えられる
ため，日本では，高等教育，特に大学での授業でよく実践されています。
例えば，Dearden（2014）の調査によると，EMI は2014年時点で，世界各
国で増えて続けており，また，今後も増えていくだろうと予測されており，
日本も例外ではないことが示されています。しかしながら，急速に増え続
けている授業形態にもかかわらず，実態調査は，まだまだ追いついていな
いのが現状です（小島, 2019）。ここからは，現状，「英語で専門的な学術
内容を教えるということ」に対して，どのような課題や困難さがあるのか，
またそれをどのように改善していけるのかを，以下３点，⑴担当教員，
⑵環境，⑶授業への期待，について述べていきたいと思います。

⑴ EMI 担当教員

　上記の Dearden（2014）の定義に当てはめると，例えば，「理科」の科
目を英語で教えたり，「社会」の科目を英語で教えたりといった方法がこ
れに該当すると考えられます。私（マキュワン）が教えている EMI の授業
は，「異文化間コミュニケーション」や「第二言語習得論」などを英語で
教えるというものです。もちろん，授業での使用言語が英語ですから，英
語教育が担う部分もありますが，他の学術専門分野が担う部分もあるので，
双方のバランスと関係性が大切だと考えられます。現在の EMI の授業実
践は，私（マキュワン）の所属先の例をとってみても，学術内容の専門家
であり，かつ英語で授業を行うことができる教員が教える場合，もしくは
英語・英語教育が専門で，他の学術分野に関しても教えられる知識を有し
ている教員が教える場合の２種類があると考えられます。また，桑村
（2018）が示すように，日本語母語話者で学術内容の専門家と，英語母語
話者で英語教育の専門家が相互補完的に１つの授業を実施する場合もある
とされています。

　上記の EMI の定義にもあるように，教員は，「学術的で専門的な内容が
教えられること」に加え，「その内容を英語を使用して授業ができること」
の２つの異なった能力・スキルが必要となってきます。

Dearden（2014）や，桑村（2018）でも述べられていますが，EMIは教員への負荷が非常に高い授業形態であり，教員が不足している状況はいうまでもありません。桑村（2018）によると英語母語話者以外の教員の英語運用能力や，英語を使用した授業実践能力に教員間で差があることや，たとえ専門科目を英語で教えられる能力があったとしても，効果的に教授することに不慣れな教員もいるという人員不足の背景が指摘されています。

　それでは，具体的にどのようなことがEMI教員に求められているのでしょうか？　小島（2019）のEMIに関する面接調査を分析した結果によると，学習者支援に関する7つの事項と，EMI担当教員・大学に求められている7つの事項が判明しています。学習者支援に関する事項は，1）留学生と交流しながら学ぶ重要性，2）アカデミック・ライティング指導の重要性，3）英語学習の場としてのEMI，4）英語力不足による有能感不足，5）高い英語力の重要性，6）発言しやすくインタラクティブな教室文化の重要性，7）有能感充足のために重要な関係性の充足，が挙げられています（小島，2019，p.61）。また，EMI担当教員・大学に求められている事項は，1）高い英語・プレゼンテーション力，2）実社会とつながりのある学びの提供，3）学生の興味を惹く授業，4）知識学習の場の提供，5）事前・事後の授業資料開示，6）評価基準の見直し（p.61）が挙げられています。これら14種類の支援内容を踏まえ，教員が授業内で実践・改善できる事項は多々あります。

(2) 授業環境

　授業を行う環境に関しても，EMIという授業形態の複雑さや難易度の高さから，学習者の理解が促進できるような形態にしなければ授業を効率よく運営できません。

　小島（2019, p. 50）はEMIでの大規模授業運営の課題を以下のように指摘しています。

　　「多くの英語学習の教室が20〜30名の小・中規模であるのに対して，筆者がこれまでに視察したEMIの多くは50名以上，多い場合には200名を超える大規模教室で行われており，結果としてEMI担当教員の一方的な講義が行われていた。このような学習環境において英語で90分程度の長い講義を受講した経験がない学生，英語力があまり高くない学生は授業の理解に苦しんでいた。(p.50)」

まず，履修者人数に関しては，授業内容の難易度や複雑性を考慮し，組織レベルでその上限を設定する必要があると考えられます。村田・飯野・小中原（2017）の調査では，EMIを受講した多くの学生の意見として，通常の授業以上に「内容理解の確保・促進には一方的な講義形式ではなく，質疑応答や意見交換の機会を多く設けること（p.33）」や，「大教室の講義形式の授業であるとなかなか意見交換をする機会がないとする声も多かったため，内容理解や意見交換の確保にはクラスサイズの縮小やグループ・ディスカッション等の導入も必要である（p.33）」とも強調されています。

(3) 授業実施者と学習者の期待

　もともとEMIは，「専門的な学術内容を教える」授業であって，「英語を教える」というのは授業目標には必ずしも入りません。ただし，いくつかの学生に対する意識調査からわかるように，英語母語話者以外の学生が多数を占める授業で実施した場合，「英語運用能力の向上」や「英語の講義を聴く」こと自体を授業目標として受講している学生は決して少なくありません。小島の一連の研究（2016, 2019）では，対象となったEMI（もしくはその準備講座）の受講者らは，EMIを「英語学習の場」としてとらえている側面が見受けられ，EMIで学んだこととして，英語運用能力に関連する多くの事項が挙げられました。例えば，「アカデミックな英語語彙力・英語でのライティング力・アカデミックなリスニング力」などが報告されています。小島（2019）は，面接データから生成したカテゴリーから，「学生はEMIにおける理解度やパフォーマンスと英語力との間に強い関係性を認識しており，EMI内発的動機づけを高めるためには，英語力不足を補い理解度を促進する・有能感を充足させるサポートが必要であることがわかった。（p.58）」としています。それでは，具体的にどのようにするのがよいのでしょうか？

　後述のEMI授業での動機づけの章で詳しく述べますが（第4章第8節），「学習者の受講理由を分析すること」，「言語の使用と，語彙アイテムを導入および強化する方法を体系的に示すこと」，また「英語（学習）の導入に関しては個別に対応すること」が必要になってくると考えられます。さらに，授業外でのサポートとして，例えば，事前に授業資料や予習・復習のための問題を配布することなどが，学習者の英語能力不足による不安の増長を抑えるためのサポートになると考えられます。

4．アクティブ・ラーニング

アクティブ・ラーニングとは，文部科学省用語集によると，以下のように定義・説明されています。

> 「教員による一方向的な講義形式の教育とは異なり，学修者の能動的な学修への参加を取り入れた教授・学習法の総称。学修者が能動的に学修することによって，認知的，倫理的，社会的能力，教養，知識，経験を含めた汎用的能力の育成を図る。発見学習，問題解決学習，体験学習，調査学習等が含まれるが，教室内でのグループ・ディスカッション，ディベート，グループ・ワーク等も有効なアクティブ・ラーニングの方法である。」

中央教育審議会（平成24（2012）年8月28日）用語集

溝上（2007）によると，アクティブ・ラーニングの概念は，かなり包括的であり，様々な文献で，異なったキーワードを用いて表現されています。例えば，「学生参加型授業」「協調／協同学習」「課題解決／探求学習」「PBL（Problem/Project Based Learning）」（溝上，2007, p. 271）；「能動的学習」「積極的学習」「主体的学習」（中井，2016, p. 136）；等が，アクティブ・ラーニングの主要概念にあたると考えられます。英語教育の実践でも，このようなキーワードは頻繁に見かけられ，特に動機づけの側面では重要視される授業スタイルでもあると考えられます。

4.1　アクティブ・ラーニングの効果

アクティブ・ラーニングの必要性に関して，中央教育審議会の答申に以下のような一節があります。

> 「生涯に渡って学び続ける力，主体的に考える力を持った人材は，学生からみて受動的な教育の場では育成することができない。従来のような知識の伝達・注入を中心とした授業から，教員と学生が意思疎通を図りつつ，一緒になって切磋琢磨し，相互に刺激を与えながら知的に成長する場を作り，学生が主体的に問題を発見し解を見出していく能動的学修（アクティブ・ラーニング）への転換が必要である。すなわち 個々の

学生の認知的，倫理的，社会的能力を引き出し，それを鍛えるディスカッションやディベートといった双方向の講義，演習，実験，実習や実技等を中心とした授業への転換によって，学生の主体的な学修を促す質の高い学士課程教育を進めることが求められる。学生は主体的な学修の体験を重ねてこそ，生涯学び続ける力を修得できるのである。」(p. 9)

上記の中央教育審議会による答申によれば，従来のような講義形式の授業，つまり知識の伝達をメインの目標に据えた授業は，「アクティブ・ラーニングではない」，もしくは「教育的ではない」かのように聞こえます。本当にそうなのでしょうか？　中井 (2016) では，「(受動的と能動的学習の) 両方のバランスが必要で，講義のみの授業に終始することは問題であるが，講義型の授業がすべて教育的でない，教育効果がないというものではない (中略) 講義を素直に聞く中に積極的な学びはある。アクティブ・ラーニングであれ，素直にものごとを吸収するところに学びはある (p.139)」と述べています。これは Wong-Fillmore (1982) の，内向的な学習者が外向的な学習者よりも，学習に関して優れた成果を見せていたということにも一理あるように，必ずしも主体的な学習・能動的な学習のみで学力が上がるとは考えられません。この点に関して，中井 (2016) でも以下のように述べられています。

　「"Lecture"，"Reading"，"Audio Visual"，"Demonstration" の組み合わせ指導と "Discussion Group"，"Practice by Doing"，"Teach others" を統合させることが，生徒の主体的な学習とより深い学びをもたらすと考える。学習の定着率を上げるにはこれらの要素の相互の働きで強化されるものである。学びの内化があって，それが外化につながるといえる。ただ同時に，外化がないと学びが強固なものになっているかどうかわからないことも事実である。(p. 139)」

つまり，注意したいのは，従来の講義形式の授業では，効果がないということではないということです。知識の内化があって初めて外化につながるという中井 (2016) の考えと同じく，私 (マキュワン) は，講義形式の学びをどのように実践に活かすことができるのかを学生自身が考えることこそ，アクティブ・ラーニングではないかと考えます。

4.2 具体的な指導法

　中央教育審議会の答申で挙げられている具体例は，ディスカッション，ディベート，演習，実験，実習ですが，他にはどのような方法があるのでしょうか？　例えば，講義形式の授業では，講義の後に，発問応答，ポートフォリオ，ペア／グループディスカッション，調べ学習，リフレクションシートを利用することにより，学習者同士の協働学習が促されアクティブ・ラーニングへとつながると考えられます。

　そのほかにも，山本（2015）では，自立を目指したアクティブ・ラーニングの授業を通して，教師ではなく「生徒が教える」ことに挑戦しています。山本（2015）は，教員が「教える」だけの授業，一方的な知識の教授を避け，生徒自身が自立し学習できるよう，学び方に選択肢を持たせ，目標達成のために生徒自身がそれぞれの学び方を適切に選べるよう促しています。そのことに関して，山本（2015）は，「生徒が自主的に動く『教えない』授業では，生徒は目を輝かせ，時に身を乗り出しながら熱中して学ぶ。その主体的な姿には教師を虜にする『魔力』がある。この喜びは『教え込み』型の授業では決して生まれない。自立を目指した AL（アクティブ・ラーニング）型の授業の先には，生徒が自立した『教えない』授業が待っているのである。(p. 7)」と述べています。この山本（2015）の実践は，知識の内化から実践場面での応用という流れを汲んでおり，まさにアクティブ・ラーニングを有効に使用した例だと考えられます。

　また，2．の「プロジェクト型」学習も，アクティブ・ラーニングを目指した授業でよく使われる手法です。興津（2015）では，生徒の能動的・意欲的な活動を通して，プレゼンテーションを最終目標とした「プロジェクト型学習」が報告されています。プロジェクト学習の過程で，グループワークを取り入れることにより，また，教員は guide の役割を果たすことにより，協働的な学習環境が形成され，より主体的に学ぶアクティブ・ラーニングを促進することができたと報告されています。

　佐々木（2015）では，中学 3 年生を対象に，e-mail を介したタンデム言語学習（Tandem Language Learning）をアクティブ・ラーニングの実践例として挙げています。タンデム言語学習とは，「相手の母語（L1）を学習言語（L2）とする 2 人の外国語学習者（例えば，日本人英語学習者とアメリカ人日本語学習者）がコミュニケーションを行い，自国の文化や習慣，自

身の知識や経験などをパートナーと共有すると同時に，お互いのL2学習を支援する互恵的な活動（佐々木，2015, p. 10）」と定義されています。この活動を通して，佐々木（2015）では，学習者の中に，「相手から学びたい」「相手に教えなくてはいけない」「教えてくれた相手の努力に報いたい」という感情が生まれ，学習者が能動的に，またメールをし合うパートナーと協働的に学ぶアクティブ・ラーニングの一連の流れを生むことができたと報告されています。

　このように，アクティブ・ラーニングは，講義形式，演習形式の授業にかかわらず取り入れられる手法だと考えられます。もちろん，上述で強調してきたように，生徒が学習の主体であることが大切だとされていますが，これは，授業の舵を学習者に放り投げるということではありません。学習者を主体とした授業を成功に導くのは教員が適切なサポートをすること，scaffolding（足場かけ）をしっかりすることといった，教員側が適切に関与して初めて成功する方法だと考えられます。

　目の前にいる学習者に応じた教授法を教室内で応用し，学習者の対象年齢，言語運用能力，特性などを考慮しつつ，カリキュラムやシラバスに「動機づけ」を仕掛けながらデザインしてみてはいかがでしょうか。

【より深い知識を求めて】

1）渡部良典・池田　真・和泉伸一（2011）．『CLIL（クリル）内容言語統合型学習：上智大学外国語教育の新たなる挑戦　第1巻　原理と方法』上智大学出版.

　　本書は，CLILに関する基本原理，シラバスと教材，指導原理と実践，CLILのテストと評価など，CLILの教授法に関して幅広く書かれいる1冊であるため，CLILを学びたい方へお勧めします。

2）Dearden, J.（2014）．"English as a medium of instruction — a growing global phenomenon" British Council.

　　EMIに関する概要，研究結果，今後の展望に関して詳細に述べられており，EMIに関して包括的に知ることができます。

第 3 章
動機づけ研究と教育の融合

第1節　動機づけ理論に基づいた
　　　英語授業実践の新しい可能性
──ペア／グループによる動機づけ

廣森友人

1. はじめに

　児童・生徒・学生（以下，すべてを包括して学習者とする）のやる気はどうすれば高められるのか？　一見すると，素朴かつシンプルなこの問いと教師や研究者たちは長らく格闘してきましたが，いまだに期待した成果が得られているようには思えません（だからこそ毎年，動機づけに関する論文が数多く発表され，本書のような書籍も出版され続けているのだと思います）。では，なぜ期待したような成果が得られないのでしょうか。それは私たちがいつも，たった1つの原理・原則を求めようとしてきたからに他なりません。

　本書でこれまで見てきた通り，英語学習における動機づけのプロセスやメカニズムは非常に複雑です。たった1つの法則だけでは到底説明しきれません。しかし，そのような法則をいくつか持ち合わせ，多面的な視点から動機づけを考えることができれば，これまで以上に問題の本質に深く迫ることができるはずです。本章ではこういった問題意識のもと，学習者の動機づけを高めることを志向した研究や理論を紹介しながら，動機づけを高める英語授業実践への示唆を得ることを目的とします。

2. "動機づけ"研究と"動機づける"研究

　従来の動機づけ研究は，第二言語（特に英語）学習における動機づけ（motivation）そのものに焦点を当てた理論的な研究が大半を占めていましたが，近年は学習者をどのように動機づけるか（motivating）といったより実践的な課題に着目した研究も増えつつあります。例えば，Boo, Dörnyei, & Ryan（2015）は過去10年間（2005–2014）に発表された動機づけ

に関する計416編の論文を体系的にレビューしたものですが，対象となった論文のうち"motivating"に関するものは約3分の1であり，その数は年々増えていることを報告しています。

このような"motivating"に関する研究は，大きく2つのアプローチ（具体的にはボトムアップ・アプローチとトップダウン・アプローチ）に大別できます。以下ではそれらを概観しながら，動機づけを高める指導との関連について考えていきます。

3．ボトムアップ・アプローチによる"動機づける"研究

1つ目のアプローチは，どういった要素・要因を指導実践に取り入れれば，英語学習者を動機づけられるかをボトムアップ的（個別の事象から全体像をつかむ）に明らかにしようとしたものです。例えば，Dörnyei & Csizér（1998）はハンガリーの英語教師200名を対象に質問紙調査を実施し，「英語学習者を動機づける10か条」（表1）としてまとめています。またDörnyei（2001b）ではこのような「動機づけを高める方略」（Motivational Strategies，以下 MS とする）を動機づけの喚起，維持，振り返りといった一連のプロセスとの関連から包括的に整理しています。

上記の研究を発端として，これまで世界各地で類似した研究が報告され

表1．英語学習者を動機づける10か条（Dörnyei & Csizér, 1998: p. 215）

1．教師自身の行動によって，見本を示すこと
2．教室内に楽しく，リラックスした雰囲気を作り出すこと
3．タスクを適切に提示すること
4．学習者と良い人間関係を築くこと
5．学習者の言語に対する自信を高めること
6．授業を学習者の関心を惹くようなものにすること
7．学習者の自律を促すこと
8．学習プロセスの個人化を計ること
9．学習者の目標志向性を高めること
10．学習者に目標言語文化に慣れてもらうこと

てきました。例えば主なものとして，台湾（Cheng & Dörnyei, 2007），韓国（Guilloteaux & Dörnyei, 2008），中国（Wong, 2014），日本（Hiromori, 2012; Sugita McEown & Takeuchi, 2014），イラン（Papi & Abdollahzadeh, 2012），サウジアラビア（Alrabai, 2016; Moskovsky, Alrabai, Paolini, & Ratcheva, 2012）などで行われた研究が挙げられます。

　これらの研究では MS の重要度，使用頻度，効果が実証的に検討されていますが，中でも繰り返し「重要」だと報告されている MS があります（読者のみなさんは表1を参考に，どんな要素・要因かを予想してみてください）。研究の結果，多くの英語学習者，教師が共に重要だと認識していたのは，「教師が適切な行動（見本）を示す」，「学習者との間に良好な関係を築く」，「学習者の自信を高める」といった MS でした。したがって，学習者の動機づけが低いと感じた時，自らの指導法を振り返りたいと感じた時，あるいは教育実習で初めて英語の授業を担当する実習生などは，こういった要因が指導実践にうまく取り入れられているかどうか，確認してみるとよいでしょう。

　一方，研究によって結果に違いが見られる要因があることもわかっています。例えば，「報酬」です。私たちは学習者や自分の子どもがテストで良い点数を取ったりすると褒美などの報酬を与えることがありますが，自らの興味や好奇心で学習に取り組んでいる学習者にとって，このような報酬はかえって動機づけを下げてしまう要因となります（心理学の分野ではこの現象を「アンダーマイニング効果」（undermining effect）と呼び，古くから研究対象とされています。例えば，Deci（1971），Deci, Koestner, & Ryan（1999）などがあります）。

　あるいは「協力」と「競争」も同様です。私たちは周りの他者とうまく協力することでやる気が高まることもありますが，適度な競争を取り入れることにも似た効果が見込めます。このことに関して，先述した Dörnyei（2001b）は「ほんの些細な競争にも健全なものなどない」（p. 93）と協力の優位性を述べているのに対して，同書の別の箇所では「グループ内での競争に対する価値意識を高める」（p. 44）ことの重要性を指摘しています。では，私たちは教室において，協力と競争のどちらを取り入れていけばよいのでしょうか。

　実はこうした点に，ボトムアップ・アプローチによる MS 研究の限界が

あります。つまり，動機づけ方略というのはある程度の効果が見込める一方，特定のMSがどの状況でも普遍的に有効なわけではなく，その効果は学習状況や学習者の個人差によって異なります。しかも同じ学習者でさえ，時と場合によってMSの効果は異なるのです。したがって，MSを授業に取り入れる際にはこのことを念頭に置き，学習者の実態や反応に応じて，使用する方略やそのタイミングを柔軟に見極めていく必要があるといえます。

4．トップダウン・アプローチによる"動機づける"研究

　2つ目のアプローチは，特定の動機づけ理論や心理学理論に基づいて動機づけ要因をトップダウン的（全体像から個別の事象を考える）に検討しようとしたものです。例えば，Hiromori（2013）ではそれらの研究を包括的に整理し，各理論における動機づけ要因の特徴や共通点・相違点について下表のようにまとめています。

表2．動機づけ要因を扱った代表的な研究例（Hiromori, 2013: p. 299）

研究例	モデルの名称	具体的な動機づけ要因
① Keller（1983, 1992）	ARCS Model	- 注意　- 関連性　- 自信　- 満足感
② Epstein（1988）	TARGET Model	- 課題　- 権威　- 報酬　- グループ化 - 評価　- 時間
③ Gagne（1965） 　Gagne et al.（1988）	Nine Events of Instruction	- 学習者の注意を喚起する - 授業の目標を知らせる - フィードバックを与える，他（計9要因）
④ Deci & Ryan 　（1985, 2002）	Basic Psychological Needs	- 自律性の欲求　- 有能性の欲求 - 関係性の欲求
⑤ Schumann 　（1997, 1999）	Component Process Model	- 新奇性　- 快適性　- 目標重要性 - 解決可能性　- 規範・自己両立性

　①〜③の上段3つのモデルは，教師側が学習者の動機づけを高めるためにどのような「学習環境」をデザインすべきか（インストラクショナル・デザイン）といった観点から授業実践のあり方を考えます。例えばKeller（1992）のARCSモデルは「注意」（attention），「関連性」（relevance），「自信」（confidence），「満足感」（satisfaction）の頭文字を取ったものですが，教師

は授業の中でこれらの要因をうまく操作することによって学習者の動機づけを高めることができるとしています。具体的には，「注意」とは「面白そう」「もっと知りたい」といったように，学習者の興味や知的好奇心，探求心などを刺激すること，「関連性」とは学習内容に対する親しみや意義（やりがい）を与えること，「自信」とはやればできそう，結果は自分次第といった気持ちを持たせること，「満足感」とは学習を振り返った際に努力が実を結び，学習者自身が「やって良かった」と思えることです。

近年では上記のモデルに基づき，英語の授業実践や指導法の効果を実証的に調べた研究も報告されています（カレイラ松崎，2015; 小野，2015; Kurt & Kecik, 2017）。例えば，カレイラ松崎（2015）はNHKの教育番組『リトル・チャロ』を使った大学での授業実践の効果をARCSモデルの観点から検討しています。具体的には，Dörnyei（2001b）の動機づけ方略を意図的に取り入れた授業（学生の自律性を満たすために，グループで問題を作成し，さらにお互いを生徒役とみなして模擬授業を行う，など）を実践し，その効果をARCSモデルに基づいた授業評価，ならびに授業に対する感想を述べた自由記述調査から分析し，学生の動機づけに肯定的な影響を与えていたことを報告しています。

また Keller（2010）では，ARCSモデルを効果的に活用するためにチェックリスト（図1）の利用を勧めています。授業計画の際にこういった要因が取り入れられているか事前にチェックすることができますし，授業の振り返り（授業分析）にも使うことができます。私が大学で担当する授業では，教育実習を控えた学生同士の模擬授業，あるいは実習先での研究授業をビデオ撮影し，チェックリストをもとに参加者で分析・議論するといった活動を行っています。ともすれば主観的になりがちな授業の振り返りを共通の枠組みで行えるだけでなく，これまであまり気に留めなかった観点から授業分析ができるといった理由から，学生たちの評判も上々です。

次に，表2の下段2つ④⑤のモデル（Basic Psychological Needs, Component Process Model）に話を移します。これらのモデルでは，学習者の「欲求」や「感情」といった観点から動機づけを高める授業実践のあり方を考えます。例えば Deci & Ryan（1985, 2002）では3つの心理的欲求（自律性，有能性，関係性）に焦点を当て，これらの欲求が満たされた時，人は内発的に動機づけられ，自ら進んで活動に取り組むようになるとしてい

場面設定	クラスの実態（課題）
クラス／トピック： 対象者： 補足情報	
ARCS モデル 注意 __A1. 興味を引く：学習者の興味を引くために何ができるか？ __A2. 刺激する：どのようにすれば探究の態度を刺激できるか？ __A3. 注意を維持する：どのようにすれば自分のやり方に変化をつけられるか？ 関連性 __R1. 目的と関連づける：どのようにすれば学習者の目的を最も満足させられるか？ __R2. 興味と一致させる：いつどのようにすれば学習者の学習スタイルや興味と関連づけられるか？ __R3. 経験と結びつける：どのようにすれば学習者の経験と結びつけられるか？ 自信 __C1. 成功への期待：どのようにすれば前向きに成功への期待を持つように支援できるか？ __C2. 成功の機会：どのような学習経験が学習者が自分の能力に自信を持てるように支援できるか？ __C3. 自己責任：どのようにすれば学習者が自分の成功を運や教師のおかげではなく，自分の努力や能力によるものと確信するのか？ 満足感 __S1. 内発的な満足感：どのようにすれば学習経験の本来の楽しみを促進し支援できるか？ __S2. 価値のある成果：何が学習者の成功の結果に価値を与えるのか？ __S3. 公平な扱い：どのようにすれば公平に扱われていると学習者が感じるか？	方略の詳細

図1．ARCS モデルのチェックリスト（Keller（2010: p. 275）をもとに作成）

ます。3 欲求が私たちの動機づけに与える影響に関しては，これまで心理学に限らず英語教育の分野においても多くの実証研究が報告されています（包括的なレビューについては Deci & Ryan（2002），Ryan & Deci（2017）を参照）。なお，動機づけを高める授業実践に関する研究は 3 欲求の枠組みに基づいて行われたものが多いため，以下では少し紙幅を割いて紹介します。

　まず英語学習の文脈を念頭に，3 つの心理的欲求について簡単に整理すると，(1) 自律性の欲求：学習者が自律的に英語学習に取り組みたいと感じること，(2) 有能性の欲求：学習者が英語をできるようになりたい，あるいは英語の授業内容を理解したいと感じること，(3) 関係性の欲求：学

習者が教師や仲間と互いに協力的に英語学習に取り組みたいと感じること，のようになります。

　では，学習者のこのような欲求を英語の授業実践にどのように組み込むことができるでしょうか。例えば自律性の欲求については，授業活動の中に学習者が自ら選択できる場面や役割分担などを通じてそれぞれが責任を果たす場面を作り出すことが考えられます（廣森，2015）。前者について単語クイズ（20問とする）を例に挙げると，全員に同じ20問のクイズを受けさせるのではなく，3種類のクイズ（20問コース，10問コース，5問コース。すべて100点満点とする）を準備し，学習者に受けるクイズを選択させてみることもできます。初めから与えられたクイズに否応なく取り組むのとは明らかにやる気が異なることは容易に想像がつくと思います。宿題などについても異なる課題を数種類用意して，学習者に選んでもらうこともできるでしょう（宿題は1種類，みな同じものをやらなければならないというルールはどこにもありません）。

　私が大学院生の時に受講していた授業では「契約評価」というシステムが取り入れられていました。優（S評価）を取りたい場合はレポート2つと期末試験の受験，良（A評価）を取りたい場合はレポート1つと期末試験の受験，可（B評価）でも良い場合は期末試験の受験のみが義務づけられており，学生は学期の開始時にどの評価（S，A，B）を希望するか誓約書にサインをしなければなりませんでした。レポートの執筆にしろ，期末試験の受験にしろ，自分が選択して取り組むことを決めた以上，言い訳はできません（しかも，学期のはじめから，良い成績が必要ないと「宣言」することはなかなかできないでしょう）。

　その後，私自身，大学院で授業を担当するようになりましたが，今度は授業の受講生らと3欲求を取り入れた授業実践について考える機会を持つようにしています。その成果の1つに，オブザーバー役を加えたスピーキング活動が挙げられます（Yamamoto & Izumisawa, 2016）。この活動はペアあるいはグループでのスピーキング活動を想定したものですが，活動の中に3欲求を意図的に取り入れるように工夫しています。具体的な手順は以下の通りです。

①ペア／グループでの１分間スピーチ

　　（テーマ設定は自由，話し手／聞き手／オブザーバーなどの役割分担）

②オブザーバーからの質的／量的フィードバック

　　（質的フィードバックはいえなかった表現や良かった表現など，量的フィードバックは発話できた語数，センテンス数など）

③フィードバックに基づく１分間スピーチ（その２）

　　（②の内容を踏まえた再チャレンジ）

　このような活動はペア／グループによる英語の豊富なアウトプットを促したり，人前で発表することが苦手な学習者の不安を軽減したりするだけでなく，(1)学習者が取り組む課題のテーマに選択の幅を設けたり，責任を持って自らの学習に取り組めるような場面（役割分担など）を作り出すことができる（自律性の欲求を満たす），(2)同じ活動（１分間スピーチ）を繰り返すことで学習者が各自の向上を自覚できたり，英語力がそれほど高くない学習者もオブザーバー（教師役）としてフィードバックを与える機会を得ることで，自己効力感，課題への達成感を育むことができる（有能性の欲求を満たす），(3)ペア／グループワークを通じて，学習者同士が協力して課題に取り組むことにより，互いを肯定的な方向に刺激し合うことができる（関係性の欲求を満たす）という点において３欲求を同時に満たす可能性を持つものです。

　この他にも，３欲求に基づいた授業実践は数多く報告されており，一定程度の成果が期待できることは確かです。しかし，先のボトムアップ・アプローチによる研究と同様，全く問題点や課題がないわけではありません。１つ目としては理論的な課題が挙げられます。次ページの図２に見られるように，従来の第二言語習得研究では学習者はまずインプットを取り入れ，頭の中で複雑な認知プロセスを経て，その結果としてアウトプットができるようになると考えます（認知プロセスの詳細は廣森（2015, 2018a）を参照）。同じように，３欲求に基づいた授業実践も欲求を満たすことで動機づけが高まると考えます。しかし，私たちは機械やコンピュータとは異なります。実際に起きていることはもっと複雑で，このような一方向的で単純なプロセスだけでとらえられるものではないはずです。また，何らかの指導（教育的介入）の結果，動機づけが高まったという場合にも，指導のどのよう

図２．理論的課題に関する概念図

な側面が動機づけのどのような側面に影響を与えたのかは明らかではありません。

　次に２つ目として実践的な課題があります。私たち教師が学習者１人ひとりの動機づけを高められるというのは理想ですが，教室に目を転じてみるとそこには多様な学習者が多様な欲求をもって学んでいるという現実があります。このような学習者集団（例えば40名の生徒）に対して１人の教師ができることにはおのずと制約や限界もあるはずです。そこで私は近年，ボトムアップ・アプローチ，トップダウン・アプローチに続く第３のアプローチとして，ペア／グループによる動機づけに注目しています。以下では，このアプローチの可能性について考えてみたいと思います。

５．ペア／グループによる"動機づける"研究

　これまでの"動機づける"研究は，（当然といえば当然ですが）いずれも「教師」が「学習者」を動機づける（教師⇒学習者）という視点から取り組まれてきたものでした。しかし先述したように，１人の教師が40名の学習者を動機づけるというのは限界があることも事実です。そこで提案したいのが「学習者同士」がお互いのやる気を高め合う（学習者⇔学習者）といった視点です。

　動機づけはともすれば個人が有する特性や状態ととらえられがちですが，実際には周りから（良くも悪くも）大きな影響を受けています。スポーツを例に挙げると，2012年ロンドン五輪の卓球団体で銀メダルを獲得した福原愛選手はあるインタビューの中で「…１つの目標に向かってみんなで力を合わせて頑張るという雰囲気がとても好きなので，団体戦が好きです。」（下線部は引用者による）と答えています。同様に，2016年リオ五輪の体操団体で金メダルを獲得した内村航平選手は「金メダルはめちゃめちゃ重た

い。北京，ロンドンとメダルを獲ってきて，一番重たい。僕らの頑張りというよくわからないものが入っているので，金以上に重たく感じる。」と述べています。このようにチームやグループの動機づけというのは，パフォーマンスに大きな影響を与えます。

　実は心理学の分野では，このようなテーマについてこれまで少なからず研究が行われてきました。例えば Friedman et al.（2010）では，私たちの動機づけは周りの人の動機づけに強く影響を受けること，さらにそのような現象が生じるには 5 分もかからないことを実験から明らかにしています（この現象は「動機づけの共時性」（motivational synchronicity）と呼ばれています）。こういったことは教師のみなさんであれば日々，教室で経験されているはずです。うまくいくクラスは何をやってもうまくいくし，そうでないクラスはどうやってもうまくいかない。したがって，教室で学習者のやる気が低そう（なさそう）に見える時，それは教師のせいではなく，周りの学習者の影響である可能性も十分考えられるわけです。

　では，どんな特徴を持ったペア／グループはお互いにうまく動機づけ合いながら，高い成果を上げているのでしょうか。これまでの動機づけ研究でペア／グループの動機づけを直接的に扱った理論や研究は多くありませんが，中でも参考となるものに「フロー」（flow）や「動機づけの潮流」（Directed Motivational Currents: DMC）といった考え方があります（詳しくは，第 1 章参照）。フロー（時が経つのも忘れて，何かに没頭している時に経験する状態）はもともと個人を対象に研究が進められてきましたが，近年では「グループ・フロー」（Csikszentmihalyi, 1990; Sawyer, 2003, 2006）や「チーム・フロー」（Hout, 2016; Hout et al, 2016）といったグループに応用した研究も行われています。

　DMC は第二言語習得版のフローとも呼べるもので，フローが一瞬，特定（その場）の活動で経験する心理的状態を指すのに対して，DMC は比較的長い，その場を超えた（一連の）活動を対象にしています（Dörnyei, Henry, & Muir, 2016; Dörnyei & Muir, 2017）。さらにフローと同様，グループで経験する Group DMCs（典型例としてプロジェクト学習）に関しても研究が進められています。英語学習には長い時間をかけた継続的な取り組みが必要になることを考えると，DMC はより相性の良い概念といえるかもしれません。

表3はペアやグループにおいて，フローやDMCが成り立つためにはどのような条件や環境が必要になるのかをまとめたものです。Sawyer（2003, 2006）ではグループ・フローを生み出す10の条件，Hout（2016）ではチーム・フローを生み出す7つの条件，Dörnyei, Hunry, & Muir（2016）ではDMCを特徴づける4つの条件を挙げています。

表3．ペア／グループ内の動機づけを高める条件

Sawyer（2003, 2006）	Hout（2016）	Dörnyei et al.（2016）
①適切な目標	①集合的野心	①目標／ビジョン志向性
②深い傾聴	②共通の目標	②きっかけとなる要因
③完全な集中	③個人の目標	③動機づけを維持する仕組み
④自主性	④課題の難易度と能力の統合	④肯定的な感情
⑤エゴの融合	⑤開かれたコミュニケーション	
⑥全員が平等	⑥安全／安心感	
⑦適度な親密さ	⑦相互のコミットメント	
⑧不断のコミュニケーション		
⑨先へ先へと進める		
⑩失敗のリスク		

　何らかの活動をデザインする際に，これらの条件をすべて取り入れることは現実的には難しいでしょう。したがって，ここでは上記を含め他の研究にも共通する3つのキーワード（人間関係，共通目標，役割分担）に焦点を絞って説明していきます。

　まずは，ペア／グループ内の良好な人間関係です（Sawyerでは②，⑤，⑦〜⑧，Houtでは⑤〜⑥，Dörnyei et al. では④に相当）。近年の英語授業ではコミュニケーション活動やタスクを用いた指導の充実が目指され，学習者が主体となって学び合うペア／グループワークが増えています。このような活動がうまく機能するためには，まずもって彼らがお互いに安心して学び合える環境が準備されていることが必要不可欠です。先述したDörnyei（2001b）の動機づけ方略（MS）でも集団内における結束性を高めることの重要性は繰り返し指摘されていますし，Deci & Ryan（1985, 2002）でも周りの学習者との協力的な関係性は動機づけを高める重要な要因の1つとして位置付けられています。

　次に，ペア／グループ内の共通目標です（Sawyerでは①，Houtでは②〜④，

Dörnyei et al. では①に相当)。目標設定にあたってはその目標が明確で具体性を持っていることが大切です。例えば，近年の動機づけ理論では「L2理想自己」（Ideal L2 Self）といったキーワードが注目されています。これは英語を使って活躍する理想の自分を具体的にイメージすることで現在の自分とのギャップを埋めようとする欲求が生じ，その欲求が英語学習への動機づけにつながると考えるものです。さらに，ペア／グループの場合，このようなイメージ（ビジョン）をメンバー内で共有できれば，活動への取り組みは大きく変わってきます。Sawyer（2003; 2006）では「適切な目標」（明確だが，多様な解釈を生む自由度の高い目標），Hout（2016）では「共通の目標」と「（共通目標につながる）個人の目標」をグループ（チーム）・フローを生み出す条件として挙げています。ここからも目標自体に加え，個人とペア／グループが掲げる目標の調和が大切なことがわかります。

　3つ目の条件は，ペア／グループ内の役割分担です（Sawyer では④，⑥，⑨，Hout では⑦，Dörnyei et al. では③に相当)。上記で掲げた共通目標を達成するにあたっては，それぞれが役割を分担して課題に取り組む必要があります。この作業を通じて，個人の責任が明確になり，当事者意識を高めることができます。ただし，役割を分担しただけでは十分ではありません（失敗するグループワークの多くはここに原因があります）。例えば，大学の授業でグループ発表などを行う場合，うまくいかないグループの多くは最初の話し合い時に役割分担を決め，その後は各自が個別に準備を進め，（最悪の場合）発表当日に各自の担当分をつぎはぎしてグループとして発表するといったことがあります。これでは全体としてまとまりのある発表が期待できないのは明らかです。

　ペア／グループワークがうまく機能するためには，役割を分担したのちも，適宜フィードバックを与え合いながら，今現在目標はどの程度達成できているのか，何か問題は生じてないかなどを定期的に確認することが重要です。Dörnyei et al.（2016）はこのような「動機づけを維持する仕組み」の例として，肯定的なフィードバックを挙げています。目標と現状を照らし合わせた定期的なフィードバックと，学習者（集団）の実態に応じてタイミングを見計らった（不定期な）フィードバックをうまく使い分けることで，ペア／グループの目標達成に向けたビジョンを強化することができます。

厳密な形で実験を行ったわけではありませんが，私が担当する大学の授業で上記3条件を取り入れたプロジェクト学習を実施したことがあります。3条件の操作化については，

(1) 人間関係…授業内外での時間の共有，仲間意識の醸成（集団ロゴの制定など），
(2) 共通目標…全員の興味・関心，チャレンジングな課題，具体的な成果（プロジェクトの成果を実際に本として出版），
(3) 役割分担…グループ分け（全体グループ＋個別グループ），進捗状況の共有，

などを通じて行いました。その結果，参加した学生の多くが個人やグループでフローやDMCを経験していたことがわかりました（廣森，2018b; Hiromori, 2021）。ある学生はプロジェクト終了後のインタビュー調査で「学校が閉まる時間まで残ったり，お菓子を無意識に3袋食べ終わるまで話し合ったり，深夜まで電話で話しながら完成させました」と答えていましたが，これはまさにフローやDMCを経験している状態の典型かもしれません。また，実際のインタビューの中では，3条件に関するコメントも数多く見られました（表4）。

表4. 3条件に関するコメント例

	実際のコメント例
人間関係	「もし一人でやっていたら、ここまで取り組むことはできなかった。辛い時に助けてくれる存在、励まし合う存在がいてくれたからこそ、やる気を維持して最後までやり遂げられたと思う。」 「「周りが頑張っているから、私も頑張らないと」という責任感と、自分が頑張ったときに周りが褒めてくれる嬉しさがあり、1人じゃないということが私のやる気を支えてくれていた。」
共通目標	「具体的なビジョンがあるとどのように行動すればよいか分かって、みんなの士気が高まっていたことが何度もあった。」 「プロジェクトを通して感じたことは、「人はどうしたらいいか分からないものには手をつけたがらない」ということだった。ある程度全体の方向性や解決策が分かると、自分のやるべきことが自然と見えてきてそれぞれ行動に移せると思った。」
役割分担	「みんなが1つのゴールに向かって、それぞれが責任をもって自分の担当する部分を頑張っていた。」 「役割が決まると、自分から意見を言えるようになり、全員で課題に取り組めるようになった。」

インタビュー調査の結果からは，1人ひとりの学生の動機づけがグループ全体の動機づけにつながっていた（伝染していた）様子がよく伝わってきました。さらに特徴的だったのは，3条件の相互の関連性です。ペア／グループ内での人間関係がうまくできていると，役割分担がスムーズにいきます。また，目標（ビジョン）が定まって役割分担がしっかりできてくると，私たちは目の前のやらなければならないことに集中できます（つまり，余計なことは考えなくなります）。その結果，フローやDMCが起こる可能性も高まると考えられます。

グループ（チーム）・フローやDMCの研究は始まったばかりです（例外として，Ibrahim（2016），Ibrahim & Al-Hoorie（2019）など）。今後，実証的な研究が積み重ねられていく余地はまだまだありますが，動機づけが伝染するペア，グループ，そして教室を作り出していく上で新たな視点を提供してくれることが期待できそうです。

6．おわりに

本章では，英語学習者の動機づけを高めることを志向した研究や理論をボトムアップ・アプローチ，トップダウン・アプローチ，ペア／グループによる動機づけといった3つの視点から紹介してきました。とりわけ最後の視点は，個に応じた学習機会とペア／グループによる学習機会を交互に行うことで，それぞれの活動を補足し合いながら，より強固で継続的な学習へとつなげていくことができる可能性を持つものです。

学習者の動機づけを高めるというのは簡単なことではありませんし，一筋縄ではいきません。しかし，これまでの研究から得られた知見を総動員して，多面的な角度から動機づけの問題を考えることができれば，これまで以上に自信を持って授業実践に臨めるはずです。さあ，動機づけ研究の成果を携えて教室に出かけましょう。

【より深い知識を求めて】

1）Dörnyei, Z., & Kubanyiova, M.（2014）. *Motivating learners, motivating teachers: Building vision in the language classroom*. Cambridge University Press.

　外国語（英語）学習者や教師の動機づけをいかに高め，維持したらよいかを"vision"をキーワードとしてまとめています。理論的な説明だけでなく，どのように vision を持ち，それを実際の行動につなげていくかを豊富な具体例とともに紹介しており，実践的な1冊です。

2）速水敏彦（2019）.『内発的動機づけと自律的動機づけ——教育心理学の神話を問い直す』金子書房.

　本節でも紹介した自己決定理論に関する研究に長く携わってきた著者（専門は教育心理学）によるもの。従来，教育現場では内発的動機づけを高めること（こそ）が重要だと考えられてきたとし，そのような考え方を実際の調査データを示しながら批判的に検討しています。

第2節 CLILの実践を通して 大学生を動機づける仕掛け

西田 理恵子

1. はじめに

　本書の冒頭にも示しましたが，私（西田）が初めて学習に動機づけられたのは，留学をしていた学部生時代のことでした。それまではあまり勉強が好きではありませんでしたが，アメリカの大学に入って，教科内容を英語で学ぶことが楽しくて仕方がないという経験をしました。心理学を専攻していましたが，心理学の「教科内容」を学習していた時が，学部時代に一番ワクワクした経験だと思い返します。このような経験から，学生たちにも同じような経験をさせることができればと思っています。本節では「内容」を英語で学習することを「楽しむ」という視点から，どのように「教科内容」を英語の授業に取り入れて，学生たちの動機づけを「意図的に」「仕掛けていくか」についてお示ししたいと思います。

2. 教育実践

　本節で紹介する活動はCLILに則って，実践を行っています。CLILには「4つのC」がありますが（詳しくは第2章参照），その概念を学部生への英語授業に応用し，大学英語学習者にどのような動機づけや情意的変化があったのかを考察していきたいと思います。以下，私の指導している大阪大学の学生たちを阪大生と示します。

　私（西田）の授業のシラバスでは，各学部によって学生たちの専門性を基盤とした「内容」でシラバスをデザインしています。通常の授業においてはCLIL的な要素を取り入れた授業を行っています。「内容」に重点を置き，ペアやグループワークの協同学習を取り入れて授業を行っています。中間・期末試験では「CLILリサーチプロジェクト」を通してプレゼンテー

ションも行っています。学生たちの「専門分野」の「内容」を取り扱うことで，学生たちの動機づけや専門分野に関する理解を深めようと試みています。例えば，シラバスの「内容」は，工学系の学生であれば，「生物工学」「宇宙工学」「ロボット工学」を，医学部の学生には「精神医学」「感染症と治療」「DNAとがん治療」「チーム医療」などが取り扱われています（表5参照）。

　一方，通常の授業ではインターネット等を利用した「真正（オーセンティック）」な素材や教科書を使用し，教師が中心になって英語で（時には

表5．基礎工学部を対象としたシラバスデザイン

Week 1	Orientation
Week 2	Content-learning: Biological Engineering
Week 3	Content-learning: Biological Engineering
Week 4	Content-learning: Special Issues in Engineering (AI)
Week 5	Content-learning: Space Engineering
Week 6	Content-learning: Space Engineering
Week 7	CLIL research project: Presentation I
Week 8	CLIL research project: Presentation I
Week 9	Content-learning: Global Issues in Engineering
Week 10	Content-learning: Robot Engineering
Week 11	Content-learning: Robot Engineering
Week 12	Content-learning: Robot Engineering
Week 13	Content-learning: Robot Engineering
Week 14	CLIL research project: Presentation II
Week 15	CLIL research project: Presentation II

表6．通常の授業の活動形態：4C に当てはめて

Timeline	Activity	Solo/ Pair/ Group/ Teacher front	4C (Content, Culture, Communication, Cognition)
5-10 min	Review test	Solo work	Communication
15-20 min	Content material	Teacher fronted	Content/ Culture
5-10 min	Teacher explanation	Teacher fronted	Communication
5-10 min	Comprehension questions	Pair or group work	Cognition/ Communication
5-10 min	Discussion	Pair or group work	Communication
15-20 min	Writing/ Critical thinking	Solo work	Cognition

日本語で補完しながら）授業を進めています。その後，学生たちは本文の読解やインターネットからのリソースについての「内容」をペアやグループで学習をし，ディスカッションを行い，問題解決をしながら，批判的に考察し，ライティングへとつなげていきます（表6参照）。

　またCLILの4Cが有機的につながるように，通常の授業やリサーチプロジェクトにおいても，意図的に4つのCが網羅的につなげられています（図4参照）。

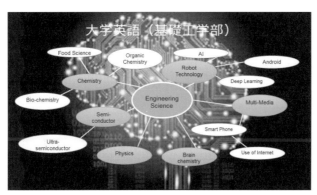

図3．テーマの図式化：基礎工学部

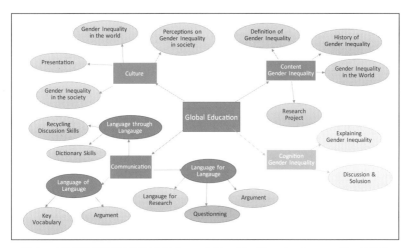

図4．4Cを有機的につなげたフレームワーク：Gender Inequalityの場合
（Coyle, Hood, & Marsh, 2010を元に作成）

3．CLIL リサーチプロジェクト

　ここからは動機づけを高めるとの研究結果が出ている（Nishida, 2021）プロジェクト型 CLIL（CLIL リサーチプロジェクト）の事例をお示しします。自律学習を促し，CLIL におけるグループリサーチプロジェクトを成功に導くための活動例です。教室内では主に5～6名のグループワークを行います。教室外での活動では，反転学習方式で，リサーチプロジェクト準備に向けた課題を行います。まず，学生たちは学内のオンラインシステム内（LMS: Learning Management System）に入り，TED（Technology Entertainment Design），CNN，BBC，国連，ユニセフ，ナショナルジオグラフィック等などのインターネットからの課題に取り組みます。さらに，プレゼンテーションを実施するための10枚ほどのガイドラインがダウンロードできるようになっています。また授業中は教師が内容に関する説明や解説を行います。

　プレゼンテーションでは，パワーポイントを使用し，グループで20分程度のリサーチプロジェクト発表を行います。リサーチプロジェクトのトピックは批判的に議論をすることが求められているため，例えば「AI に関する倫理規制について具体例を挙げ，批判的に考察し，自分の意見を述べなさい」といったトピックや，「グループとしての全体考察を述べなさい」という課題があります。これらの課題については，授業中のグループワーク時に話し合い，グループでの発表内容の構成をどのようにするのか，グループとしての意見をどのようにまとめるのか，パワーポイントをどのように作成しまとめていくのかを決めていきます。このように課題解決を行ういく中で，お互いを通して批判的考察能力を高め，これまでに関わることの少なかった学生たちとも話す機会が増えるため，お互いの関係性を深めているようです。

4．実際の学生たちの発表内容

　ではここで，実際の学生たちの発表内容を見てみましょう。課題を出した私（西田）が圧倒されるような発表をしてくれることが多くあり，本当に胸を打たれます。ある基礎工学部のグループの AI に関する発表では，

発表内容を"What is AI?""The history of AI""AI's merit""AI's demerit""Human brain and AI""Ethical considerations of AI""Future of AI"とし，発表内容を構成し，各自発表を行っていました。全体考察では，学生たちがAIの利益と不利益，肯定的な側面と否定的な側面とを批判的に考察し，発表の最後に学生たちがグループの結語として，AIの未来を「創造」し，グループとしての結語を次のように述べています。

"As we presented, AI has many histories and now AI has many variations to use. Moreover, there are many future plans for us to live more comfortable. So we should not think the negative side of AI like this. Rather we had better to think how we use AI for our daily lives. At last, we will ask you one question. In the future, perhaps, AI that can behave naturally like we human. If that happens, how we call AI, HE? SHE? or IT?"

（原文ママ）

このリサーチプロジェクトでは，グループメンバーがそれぞれAIに関してどのように考えるかを述べ，グループとしてAIにどのようなリスクがあるか，またどのようにAIと共存をしていくかという点を批判的に考察していました。発表者以外の学生たちは，peer assessment（他者評価）を行いますが，その際質問内容やディスカッションしたい内容を書き込ませて，発表後に，ディスカッションの時間を設けています。リサーチプロジェクトの最終日には，学生たちがpeer assessmentを通してベストプレゼンテーションアワードを決め，加点しています。このように，教師が評価をするだけでなく，学生同士が学び合い，評価し合う機会があるため「次は○○さんのように話せるようになりたい」「次は○○グループのように発表したい」などNear peer-role model（身近な人のロールモデル）が教室内で見つかることが多いようです。

5．研究

上記に示した教育的介入によって学生にどのような変化があったのか，3つの研究を通して考察していきたいと思います。2012〜2013年度にかけては121名（Nishida, 2018），2016〜2017年度にかけては128名（Nishida,

2021）に，第1週目，第8週目，第15週目に質問紙調査を実施しました。第8週目は，中間リサーチプロジェクト介入直後であり，第15週目は，期末リサーチプロジェクト介入直後です。まず，2012〜2013年にかけては，内発的動機づけ（自律性・有能性・関係性），外発的動機づけ（同一視的調整・取入的調整・外的調整）・無動機・可能自己（理想自己・義務自己・学習経験），Can-Do speaking/listening, Can-Do reading/writing，国際的志向性，L2WTC（第二言語でのコミュニケーションに向かう態度）を測定しています。

　結果として，内発的動機づけを高める3つの心理的欲求（自律性・有能性・関係性），国際的志向性，自己効力感（Can-Do）が上昇していく傾向が見られ，統計的にも有意差を示しました。その一方で，成績や報酬のために行う行動に関連する外発的動機づけが低下する傾向にありました。これは，通常の授業での「内容」を組み込んだシラバスデザインと中間リサーチプロジェクト，「地球市民意識」を高めるため「地球的視野にたって考える」を組み込んだ期末リサーチプロジェクト活動を通して，成績や報酬のためにその活動を行うのではなく，その活動自体が楽しいので行うという内発的な動機づけに変化していった可能性があります。また「地球市民意識」を高め，地球的視野に立って地球上で起こっている様々な社会問題を批判的に考察したため，国際的志向性も上昇した可能性があります。グローバル時代の動機づけとした国際的志向性とは「漠然とした国際性，つまり国際的な仕事への興味，日本以外の世界との関わりを持とうとする態度，異文化や外国人への態度などを包括的にとらえようとした概念であり，英語を用いたコミュニケーション行動に影響を与えると仮定した」（八島，2004, p.84）であり，国際的な視野に立って関わろうとする態度が「CLIL」を取り入れた実践介入によって変化した可能性があることが示されました。

　また，2015〜2016年度にかけては，128名の阪大生を対象として，内発的動機づけ（内容・刺激・達成），と4技能についてのCan-Do（speaking, listening, reading, writing）を測定しました。内発的動機づけに関わる「知識」は，新しい知識を得ることが楽しい，「達成」はその活動を通して達成感があり，「刺激」は英語を話しているとわくわくしたという内発的動機づけです。結果として，中間リサーチプロジェクト後から期末リサーチプロジェクトの後半部分にかけて，内発的動機づけ（刺激・達成），Can-Do reading, speaking, listening が中間発表以降に上昇していく傾向を示しま

した。これは「内容」を重視した教育介入によって，英語を話したり聞いたりするとわくわくする「刺激」があり，これまでにできなかったことができたという「達成感」があったことが示されます。さらに4技能に関わるCan-Doに関して，主に，reading, speakingとlisteningの「できる感」に肯定的な変化があったことが示されました。

6．教室内での学習者を動機づける"仕掛け"

　上記に示す研究から，動機づけ，Can-Do，国際的志向性への肯定的な変化が見られました。では，どの部分がどのような教育実践と結びつくのでしょうか。これは，CLILというフレームを通した，学習者の動機づけを高めるための様々な"仕掛け"によるものと考えられます。例えば，通常の授業では学生たちが興味を持つ専門科目の「内容」を選んで提示し，リサーチプロジェクトではテーマを複数提示するため，学生たちには「選択の自由」があります（自己決定）。授業外学習のライティングタスクでは，肯定的なフィードバックを与える，肯定的なフィードバックをもらうことやリサーチプロジェクト，時にpeer assessmentを行うことで，少しずつ自信へとつながる可能性があります（有能感）。また授業後に振り返りシートを記入することで，自分自身の学期中の変化の様子を客観視することができる，リサーチプロジェクト活動を通して，学生たち同士に話す「きっかけ」ができるため教室内の関係性が良好となる，学期を通してのゴール設定を設けるためゴールを目指して頑張ろうとするなどが考えられます。さらに，毎週小テストを行っていますので，頑張れば満点が取れるテストを準備して自信をつけることができます。ソロ／ペア／グループ活動を適宜組み込んでいるため，教室内が「動的」な状態にあります。

　私（西田）は，学習者に応じた「内容」を提供し，適切な「言語」活動を考え，学習者が「思考」できるように配慮し，「協学（地球市民意識）」を通して地球的視野に立って考える学びを起こすためにも，教師は，学習者の「今ある状態」（水準）を正しく読み取る必要があると考えています。そのために，しばしば授業の中で題材について「難しかったか」「ちょうどいいか」「簡単か」と質問します。このように学習者の特性や好みの活動などを理解した上で，動機づけを高めるための様々な"仕掛け"を意図

的に組み込む必要があり，"仕掛け"を行うことで，これまでに「やる気」がない「英語が苦手な学生」でも「動機づけられる」可能性があるのではないでしょうか。

(1) CLIL リサーチプロジェクト

1	まず他教科や世界で起こっている社会現象に関する内容を選びます。
2	学生の専門性や関心のある内容に沿って素材を選びます。 例1：「人工知能（AI）」「ロボット工学（東大ロボ）」「LED」「生物工学」「情報工学」 例2：「飢餓・貧困」「地球温暖化現象と感染症」「人種差別」「性差別」「戦争とテロリズム」「環境問題」
3	内容についてインターネットリソースなどを使って動画や課題を選びます。
4	例：Arai Noriko:　Can a robot pass a university entrance exam?（TED）を視聴します（https://www.ted.com/talks/noriko_arai_can_a_robot_pass_a_university_entrance_exam/up-next）。
5	（教室外で）自宅で宿題としての課題のタスクシートを完成させます。
6	（教室内で）教師が AI に関する内容の説明を行い，内容に関する課題の説明を行います。
7	（教室内で）グループリサーチプロジェクトの課題をグループで決定します。
8	グループワークを教室内外で行います。教室外では LMS（Learning Management System）や LINE などを使って連絡を取り合っているようです。
9	パワーポイントを使って，プレゼンテーションを行います。

○当該分野に関する知識を深め，批判的能力を高め，協同して他学生と研究を行うことで，関係性を高め自律して学習をする自律性を養います。
○プレゼンテーションでの near peer role model では，近い存在の学習者が目標となるために，動機づけられる可能性があります。

(2) 通常の授業において

① 「真正（オーセンティック）な素材をインターネット，教科書，教材から探します。地球的規模で考察することができるように，また知的好奇心を高めることができるように多種多様な補助教材と資料を準備しています。

② 図2にも示すように，教師が中心となって「内容」を説明する時間もあれば，学習者同士が中心となって活動を行っていく時間も多く設けられています。学習者同士の関係性が深まります。

③　批判的考察を行うために，学習者同士が議論をできる場を設けています。学習者同士が対話を通して共同学習を行うことで理解を深め，批判的考察へとつなげていける可能性があります。自分の力で考え抜くことで自信を持って発言をしているようにうかがえます。

○ CLIL では学生たちが他教科で既に学んでいる教科内容に近い題材を扱っているため，理解度が早いようです。

7．おわりに

　本章では大学英語学習者を対象とした CLIL の構成概念を基盤とした実践を行い，どのように動機づけが変化するのかについて実証的手法を用いて検証した結果を示しました。CLIL の構成要素である「内容」「言語」「思考」「協学（地球市民意識）」の「4 つの C」の要素を授業内に取り入れ，特に「内容」を重視してシラバスを構成しています。このような教育的介入を通した実証研究からも明らかになるように，楽しいのでその活動をするという内発的動機づけに肯定的な変化があることが示されました。「できる」という気持ちや国際志向性についても肯定的な変化がありました。つまり学習者にとって「刺激」のある「内容」を提供し，学習者の言語能力に応じた「言語」材料を提供し，協同で学び合える場があり，議論を繰り返しながら，社会問題について批判的に考察して意見を発することができれば，英語学習を通して学習者が「動機づけられる」可能性があるのではないでしょうか。グローバル時代が加速化する中で，またコロナ時代を迎えて世界がより一層一体となって困難な時代を乗り切ることができるように，より多くの英語学習者が動機づけられ，外国語（主に英語）で異なる文化的背景を持つ人々を理解し，コミュニケーションを図ろうとする意志を持ってほしいと願っています。

注）本稿で取り扱う CLIL とは，CLIL の 4 つの要素を取り入れ，英語教師が英語学習時に行った教育実践であり，科目教育の中でのカリキュラムを組んで行っている実践ではありません。

【より深い知識を求めて】

1）八島智子・久保田真弓（2012）.『異文化コミュニケーション論——グローバル・マインドとローカル・アフェクト』松柏社.

　　他者との対話をする際に多角的に思考し，多文化社会を生きる中で，私たちに多様な発想を促し，固定的な考え方を超えていく方向性が示されています。文化やコミュニケーションに着眼し，多文化を生き，グローバルマインドとローカルアフェクトを提案することができる1冊です。

2）久保田竜子（著）奥田朋世（監訳）（2015）.『久保田竜子著作選・1　グローバル化社会と言語教育——クリティカルな視点から』くろしお出版.

　　グローバル化社会が進む中で，外国語教育がどうあるべきなのか，日本の英語教育と北米での日本語教育にあるイデオロギーやパワー関係を明らかにし，今後の言語教育がどうあるべきであるかを批判的に考察している1冊です。

第4章
教育実践を通して学習者を動機づける仕掛け
──小中高大の実践事例から

第1節　小学校でのプロジェクト型 CLIL と動機づけ

安達理恵

1．はじめに

　CLIL は，ヨーロッパで広まってきた学習法で，その背景には，欧州連合（EU）は母語に加え2つの外国語習得を目指す多言語主義社会ということがあります。ヨーロッパの国々はほぼ陸続きのため，領土争いを始めとする戦争を幾度も体験してきました。このことから，第2次世界大戦後，特に相互理解が加盟国間で不可欠であることが明確に認識され，複数の外国語学習が奨励されるようになりました。また頻繁な人の移動があるヨーロッパでは，増加する移民の子どもの教育を保障する必要が生じ，欧州評議会（Council of Europe）では移民の子どもの言語補償も謳っています（福島，2015；西山・カヴァリ，2015）。つまり，CLIL は，個人の言語技能を高めるだけでなく，異文化の者同士が理解し合うことを目標とし，お互いの文化を学び尊重する姿勢や，共生意識を育成する，ということを重視しているのです。

　筆者（安達）はこのような目的を持った CLIL の授業について，これまで国外も含め複数の小学校で見学をし，多くの小学校の先生や小学校教育関係者と研究や話し合いを重ねることで，一般的な学校でも実現可能な CLIL を考えてきました。そして外国語力向上を目指すというより，学習者の関心に合わせたテーマやプロジェクトを通して多様な力の育成を目指す CLIL が重要で，児童の外国語に対する関心を高める可能性があると考えられました。また，Coyle, Hood, & Marsh（2010, pp. 11–12）も，CLIL は動機づけを高める可能性があると報告しています。

　以下では日本の小学校を中心に実践されている CLIL 授業を，「他教科連携の単発型 CLIL」「教科書発展型 CLIL」「プロジェクト型 CLIL」の3つのタイプ別に具体的な実践例も含めて紹介しながら，どのように児童の学びへの意欲を向上させられるかについて考察します。

⑴ タイプ1：他教科連携の単発型 CLIL

　これは，外国語以外の科目（理科や社会，家庭科など他の教科）で外国語を使って実施する授業です。ヨーロッパの学校では多いものですが，日本の場合は，外国人の先生が授業を担当し日本人の先生がわかりやすく補足する，あるいは日本人の先生が授業を担当し英語を児童に理解可能な範囲で使用するなど，学校環境によって多様な形態が考えられます。以下のような多様な教科で様々な活動が考えられますが，学びへの動機を高めるには，児童の資質や関心に合わせた活動を設定することが重要です。

- ・家庭科：カカオからチョコレートを英語のレシピで作ろう
- ・体育：アルファベット文字を体で表現してみよう
- ・図工：アルファベット文字を使ってデザインしよう
- ・社会：地域のお雑煮を簡単な英語と写真で紹介しよう
- ・国語：英語の辞書で外来語を見つけよう（辞書に付箋を貼る活動など）

⑵ タイプ2：教科書発展型 CLIL

　外国語の授業で教科書の単元課題に沿った発展学習として CLIL 活動を行うものです。教科書に準拠した内容で，グループで外国についての調べ学習をしたり，異文化を知るための活動やクイズを行ったりします。調べ学習は日本語で行いますが，クイズは英語で先生が用意して児童が答えた後，可能な範囲でグループ毎に児童たちにクイズを作らせるのもよいでしょう。授業内の短時間での活動を基本とし，余裕がある場合には，調べ学習も総合的な学習の時間内または宿題で実施します。無理のない時間配分で児童の発達段階に合わせた活動をすれば，一般的な小学校でも児童の興味関心を高める CLIL 活動を実践できます。例えば以下のような活動が考えられます。

例1：小学校3年生 *Let's Try! 1* Unit 1 Hello!
［単元目標］世界には様々な言語があることに気づくとともに，挨拶や名
　　　　　　前の言い方に慣れ親しむ
- ・世界の挨拶の仕方を学ぼう
- ・多様な挨拶やしぐさについて調べて挨拶クイズを作ってみよう

○○国の挨拶の言葉はどれ？　○○国の挨拶でしていけないことは？
○○という動作をする挨拶はどこの国でしょう？
- ・テキストに出た挨拶の他に世界にはどんな挨拶があるかグループで調べてみよう。その起源（もともとの意味）は何かも調べよう
- ・挨拶の言い方は，日本のように時間や相手によって変わるか調べよう

(3) タイプ3：プロジェクト型CLIL

　あるテーマに沿って数時間をかけてプロジェクト活動を展開し，外国語と異文化に親しむものです。この場合，タイプ2と異なる点は，必ずしも教科書に関わらないテーマで時間をかけて行う（場合により数カ月もの長期間）ため，総合的な学習の時間も使うことが基本となります。テーマについて子どもたちが能動的に調べ，考えて探求する，課題解決型学習であることが特徴です。テーマには，児童が関心を持てるものを選ぶことが重要で，多様な活動（クイズ作り，課題発表，体験，身体表現，絵や作品制作など）を組み合わせて実施します。活動を通して繰り返し使用される外国語表現に自然に慣れ親しみます。さらにグループで協力して考えることで思考力や協調性を高め，また最後に振り返りなども行い自律的な学習態度を養います。したがってプロジェクト型CLILは，学習指導要領の「主体的・対話的で深い学び」（文部科学省，2017b）に合致し，学びへの動機づけにもつながると考えられます。本章では，このプロジェクト型CLILを中心にして，具体的な例を紹介しながらその可能性と展望を述べたいと思います。

2．先行研究——プロジェクト型CLILとは

　プロジェクト型CLILとは，プロジェクト学習（Project-Based Learning, PBL）で外国語を使用するものであり，「国際的なプロジェクト学習」とも言い換えることができます。Coyle（2012）によると効果的なCLILには4つのC，Communication（言語），Cognition（思考力），Content（内容），Culture/Community（異文化理解／協同性）があるとされ，国際的なプロジェクト学習では，課題を解決するための思考力，テーマに基づく内容理解，そして異文化理解と協同性を語学力同様に育成できます。

　元来，プロジェクト学習は，効果的な学習方法として，アメリカの教育

学者のジョン・デューイとその弟子たちによって20世紀前半から広まりました。学習者中心の学習と学習者の自律性を促進する（Beckett, 2006）といわれています。Stoller（2006）は，目的のある外国語学習を促進するために効果的な方法として，プロジェクト学習が支持されてきた，と述べています。Thomas（2017）は，日本でのプロジェクト学習を検討し，プロジェクト型の外国語学習では，学習者の言語的能力というより，社会的スキル，つまり協同性や異質・多様なものに対する寛容性に焦点が向かう，としています。また，Nishida（2013a）では，半年間のミュージカルのプロジェクト型学習を通して，小学生の動機づけ（自律性・有能性）が高まったと報告し，ミュージカルを作り上げる過程で児童同士の協力性が高まったことも報告しています。このようにプロジェクト型学習は児童の多様な能力や動機づけを高める可能性があるといえます。

　日本での「国際的なプロジェクト学習」の代表的な実践事例として，東野・髙島（2011）や髙島（2014）があります。これらは多様なプロジェクト学習を紹介し，また実践後の児童の意欲態度について調査して，その効果についても検証しています。児童の結果を見ると，楽しく進んで活動したなどの積極的態度や，協力できたなどの自己評価も高く，ある程度効果があったことを示しています。小学校での多様なプロジェクト活動を通して，児童たちのコミュニケーション意欲が高まったと報告されています。また西田（2010）は，世界の平和問題や地球環境問題から「地球博」につなげる本格的なプロジェクト学習，白土（2019）は，教科書発展型のプロジェクト学習を紹介し，いずれも児童の態度や意識に効果があったと報告しています。

　また Beckett（2006）は，これまでのプロジェクト教育では，外国語学習者に理解可能なインプットとアウトプットを得る機会を提供し，学習者が分析能力や時間管理能力などを発達させたと報告をしています。最近は日本でも，CLIL の授業が拡がり，プロジェクト型 CLIL，すなわち「国際的なプロジェクト学習」にも多様な形態が見られるようになりました。プロジェクト学習を外国語と組み合わせた活動では，いずれも自律性や生徒の外国語学習に対する動機づけ，協働性，学習内容の豊富な知識習得など多様な効果が生まれると考えられます。

　以下，国際的なプロジェクト型 CLIL の実践事例を示していきます。

3．実践事例（国際的なプロジェクト学習）

　国内外の小学校で行われている CLIL 授業を見学してきた中で，日本の一般的な小学校の場合は，外国語を駆使したプロジェクト学習というよりも，異文化理解を目的として外国語を取り入れたプロジェクト学習を目指した方が児童にとっては理解しやすく，関心を持ちやすく，また取り組みやすいと考えられます。したがってこの節では，様々な授業を実施している国内の小学校の中でも，児童が積極的に活動に取り組みやすい具体的な事例を「国際交流系」「校外学習系」「物語に基づく体験系」「異文化理解系」の4つの系統に分けて紹介します。

⑴事例 1：国際交流系
　「国際交流系」とは，テディベアのぬいぐるみやフラットスタンリーと呼ばれる紙人形を使ったプロジェクト学習です。ぬいぐるみや紙人形を，外国のパートナー校とお互いに交換し，その際にメッセージや写真も添えます。児童は，そのような交流活動を経験する中で，外国語を学ぶ必要性を理解し，自分とは異なる文化の人について学び，異文化への関心を育てることにつながっていきます。安達・阿部・北野（2018）では，小学校3年生を対象にしてぬいぐるみを使った交流活動プロジェクト学習の実践を報告し，身近なぬいぐるみを使った活動によって，児童が異文化との相違や類似に気づき，異文化の相手のことを知りたい，異文化の相手と関係を持ちたい，という肯定的態度を育てる結果を示しました。また，相手とコミュニケーションするためには外国語が必要という目的意識を育成することが，動機づけにもつながっていくと予測されたことを報告しています。

⑵事例 2：校外学習系
　「校外学習系」とは，外国からの来客に外国語を使って地域を案内し，児童が学校外の施設で外国語を使って多様な人と触れ合う活動です。筆者自身，イタリア，ラベンナ市内の学校を訪問した際に，CLIL 授業の一環で児童たちにラベンナのキリスト教建築物の史跡（世界遺産に登録されています）を英語で案内してもらいました。児童たちは，英語で作成した案内文を一生懸命読みながら説明してくれました。

また日本では，博物館や資料館で児童に体験学習をさせた実践があります。満尾（2008）では，理科の恐竜学習と英語学習を連携して，国立科学博物館と共同で実験的学習プログラムを開発，小学生が恐竜を学ぶ学習プロセスに英語教育を組み入れました。教員志望の大学生がこの実験的プロジェクトに「レンジャー（ranger）」として関わり，教室とは異なる環境での英語教育活動を考えることを目的とする「恐竜プロジェクト」を実施しました。

　他にも，児童が，修学旅行先で訪れた広島の平和公園で，やはり観光客として来ていた外国人に「あなたにとっての平和とは」をインタビューして尋ねる平和プロジェクト（北野，2019）もあります。このようなプロジェクト活動では多様なテーマに基づき，外国語を実際に使用することを通して，その必要性を理解するようになり，そのことが将来的な動機づけにつながっていくと考えられます。

⑶ 事例3：物語に基づく体験系

　「物語に基づく体験系」とは，英語版絵本『ハンダのびっくりプレゼント』『はらぺこあおむし』『ブレーメンの音楽隊』などから，オリジナル絵本やペープサート（紙人形）を作る，またはお話に沿った劇体験をします。まず，先生がお話を読む，あるいは児童が動画でストーリーを視聴して内容を理解します。その後，グループで物語の一部を変えてオリジナルストーリーを作ったり，お話の内容を Lapbook[1]にまとめたり，児童がストーリーに出てくる動物や虫などの役を演じたりして，体験を通して外国語にも自然に慣れ親しみます。例えば，北野・阿部・安達（2017）では，『ハンダのびっくりプレゼント』を用いて，グループで日本版オリジナル物語を作る活動や，海外の友だちに作った絵本を送る，などの創作的な活動に取り組んでいます。

　このような活動では，児童は創造力を駆使して制作物に取り組んだり，演技をしたりするので表現力を伸ばします。また仲間と協働して物を作

1．Lapbook とは，A4サイズの紙フォルダーを開いて中折にし，学習内容をポストイットのような小さな紙等にまとめ児童が絵も描きながら工夫して作成するものである。自由度が高く創造性や表現力を育てると考えられる。

る・表現する活動を通して，協同性も高めます。児童は本来，1人ひとり多様な資質・個性を持っています。机上の言葉の学びでは関心を持たない児童も，多様な表現手段があることで，より多くの児童が積極的に活動に参加します。

⑷ 事例 4：異文化理解系

「異文化理解系」とは，水や文字，チョコレートなどの教材を通して異文化や外国について学ぶことを主目的とする活動です。筆者はイタリアの複数の小学校で，水をテーマにして，水の循環（雲→雨→川→池や海→蒸発→雲）や国によって異なる水の使用目的や使用量，発展途上国での水事情を学ぶ CLIL 授業などを見学しました（安達・二五・栗原・中山・藤原，2018）。また世界の文字について学習する文字プロジェクトもあります（阿部・安達・中山・栗原，2018）。横須賀学院小学校の阿部氏の授業では，言語と異文化への関心を高め，自律した学習者を育成することを目的に，古代の遺物を通して文字と絵の違いや，文字として残る世界最古の絵のような文字から，文字や名前について考え，自分の名前を世界の人に紹介する My Name プロジェクトを実践しています。その他，児童がカカオからチョコレートの製造工程について自分たちで調べ，英語の資料を読み込むなどの自律学習を行うチョコレート・プロジェクトでは，カカオ豆の生産から児童労働について理解する活動を通して，児童は活動に必要な外国語を使用しながら知らない世界を学ぶことに夢中になる様子が観察されました（安達・阿部・北野・諸木，2019）。

このようにプロジェクト型 CLIL には，様々な形がありますが，どのようなプロジェクト学習であっても，児童の動機づけを高めるために重要なのは，児童の関心や能力に応じてテーマを選定し，適切かつ可能な範囲で活動をすることでしょう。これらの活動を CLIL の視点から考察すると，4C のうちの Communication（言語）については，英語力が向上したかどうかは見えにくいため課題と考える人もいるかもしれません。しかし，Content（内容），Cognition（思考），Community / Culture（協同性／異文化）に関しては，どの実践においても日本と外国の違いや異文化の人々の様子などについて深く理解し，またグループによる協同学習によって意見を交換する中で思考を深めた，という共通点が見られます。さらにいずれの活

動でも，自ら調べていく中で，より外国や異文化についての関心を深めた様子が見られ，幅広い学びへの動機づけにつながったと考えられました。

4．研究

　ここでは，3．で述べた小学校の先生との実践例の中から調査分析した結果の概要を述べたいと思います。まず事例1のぬいぐるみを使った国際交流のプロジェクト学習を報告した安達・阿部・北野（2018）では，児童がぬいぐるみに対する愛着を通して，相手の文化を知る機会を得ることができ，また異文化への関心にもつながっていると考えられました。したがって海外との交流活動は，児童が海外に目を向け，異文化に関心を持つきっかけとなると考えられます。また児童の振り返りのコメントから抽出した語の関係性を示すネットワーク図から考察すると，相手の学校の児童たちと手紙や日記を通して感謝を伝えたい，交流したいと思う気持ちが表現されており，その気持ちが自分で主体的に手紙を書こうとする意欲となり，自律学習につながると推測されました。さらに異文化と自文化の類似性と相違性の発見にも高い関心が見られ，そして小学校3年生位の年齢まではぬいぐるみに対する愛着が強いため，ぬいぐるみを通して，相手の児童とのつながりも強く感じている様子がうかがえました。このことからこのプロジェクトは外国の友だちとわかり合いたい・交流したいという動機づけや異文化への関心の向上に効果があったと示されました。

　事例4のチョコレート・プロジェクト（安達・阿部・北野・諸木，2019）は，高学年を対象に複数の教育機関で実施しました。児童たちは，チョコレート作りの大変さを学習しただけでなく，カカオ生産国であるガーナでのカカオ栽培から異文化の子どもたちの生活状況を学ぶなど多様な活動を通して，背景にある児童労働問題や学校に行けない社会状況や発展途上国などの環境問題についても学ぶ機会を得ました。また，学ぶことの意味と重要性にも気づくことができました。

　このようにチョコレート作りだけでなく，世界の問題や識字教育などさらなる発展活動へと進めることで，児童は多様な学びの機会を得ました。児童労働問題など世界の多様な問題にも意識を向け，自主的な調べ学習で学びを深め，視野も広める経験は，子どもたちの全人的な成長につながっ

たといえるでしょう。また活動を通して，異文化や外国のことを学ぶこと
の有用性・重要性を認識し，また世界の問題について学ぶことは，その後
の外国語学習への動機づけにもつながっていくと推測されます。

　児童が外国語を学ぶ意味とは，外国語のスキルを伸ばすためというより，
外国語を通して知らない世界を学ぶことといえます。またプロジェクト学
習では，児童は，多様な活動を通して異文化や外国のことを学ぶことの有
用性・重要性を認識し，自分と社会のつながりを理解するようになる機会
を得ることができるのです。

5．動機づけの仕掛け

　これまで概観してきた小学校でのプロジェクト型 CLIL は，児童の知的
好奇心を刺激し，異文化に高い関心を持たせ，自律学習につなげる可能性
が高いと考えられます。プロジェクト型 CLIL を取り入れることでどのよ
うに動機づけが仕掛けられるかを 3 つの視点，⑴ 異文化への関心を促す，
⑵ 学びへの関心を高める，⑶ 自律する学びの態度を育てる，からまとめ
てみます。

⑴ 異文化への関心を促す

　外国語をまだ学習する意味を十分理解できない児童の場合，まずは異文
化に関心を持たせることが大切です。その国やその地域のことを理解する
には，その国で使われている言葉がわかれば，より早く・深く・幅広く理
解することができるからです。児童が異文化のものごと，人々への関心を
高めることで，今は理解できなくても，外国語の学習の意味を次第に明確
に意識するようになります。小学校での異文化への関心が，中学校での外
国語への学習の動機づけにつながると考えられます。

⑵ 学びへの関心を高める

　外国語に限らず，多様な幅広い学びの機会を得ることで，子どもたちに
学びの目的意識を育成することが重要です。日本のような外国語をほとん
ど使用しない社会で，外国に行かずに外国語を習得するには，一生をかけ
て学ぶ姿勢が必要になります。卒業後に社会人になっても，外国語学習へ

の動機づけがあれば，必要に応じた（場合により，英語以外の外国語の）学びを再開することができます。特に人口知能（AI）が活用される時代では，学習は教育課程で終わるものではなく，生涯に渡るようになります。プロジェクト型 CLIL による学びの経験を通して，外国語を自分で学ぼうとする意欲を育てることが可能です。

(3) 自律する学びの態度を育てる

　自律する学びとは，まずは自分なりの学びの目的があり，自立した学び（1 人で学ぶ）が可能になり，加えて自分に合った学びを取捨選択できることです。プロジェクト型 CLIL では多様な活動がある上に協同学習スタイルが基本です。授業後に Lapbook やポートフォリオなどを使って活動体験について友だちと肯定的な感想を伝え合い，振り返りながら，自己の学びについての考えを深めることで，自分に合った学びを認識することができるようになります。

　この 3 つの視点からプロジェクト型 CLIL で動機づけを仕掛けることで，その後の外国語学習の動機づけにもつながる可能性があるでしょう。さらに，安達（2017）で指摘したように，在日外国人や訪日外国人観光客の出身国を考えると，児童が将来，仕事で使用する外国語が，英語とは限らないことも考えられます。つまり，小学生にとっての外国語学習の動機づけとは，児童が英語に限らず，必要に応じてどのような外国語でも学ぼうという意欲を育て，英語を話す外国人に限らず，多様な異文化の他者とも積極的にコミュニケーションをとろうとする姿勢を育むことといえるでしょう。

6．おわりに

　動機づけは，昨今は，個人の要因，環境の要因が複雑に組み合わされて常にダイナミックに変化するものと考えられています。発達段階の途上にある児童が，日本のような外国語を日常的に使用しない環境で外国語を学習する場合には，プロジェクト型 CLIL は動機づけに役立つと考えられます。外国語を使用しながら日本とは異なる社会や異文化の他者についての

関心を深め，また異文化や異言語を学ぶことで，自文化を客観視し，外国語を学ぶ意味が経験知として取り込まれます。楽しい，面白い，知りたい，驚いたなどの多様な活動を体験することで，外国語や世界について自ら学ぼうとする意欲を持ちます。また調べ学習や協同学習を通して思考力を深めることで，自律的な学習態度が育ちます。授業後には自分の学びを省察し，学びの嗜好性・志向性に対する認識を深めることで，学びの自己調整も可能となり，やがては内発的動機づけにもつながるでしょう。

　小学校での外国語教育の教科化に伴い，英語力をつけることが重視される傾向がありますが，児童は興味や関心がなければ学ぼうとはしません。小学校でのプロジェクト型 CLIL では，多様な人々とのコミュニケーションの機会を提供し，異文化または教室の他者とお互いに理解を深め尊重し合う態度を育てることが大切です。そのような多様性を包摂する教室という社会文化環境で，人間性の涵養を図ることが児童には肝要となるのです。

考えてみよう！

(1) 小学校でのプロジェクト型 CLIL や他教科連携の授業など，児童が関心を持つ身近なテーマで，どのようなプロジェクト型 CLIL 授業が展開できるか考えてみましょう。（例：ALT に校区のお勧めのお店を紹介する地図を作ろう）

(2) 多様な個性を持つ児童が各自の能力を伸ばす活動として，どのような活動が考えられますか。（例：アルファベット文字を使ったお絵かきや，文字を体で表現しよう）

(3) 創造的な活動としてはどんなものがありますか。また問題解決学習などの思考を深める活動にはどんなものがありますか。（例：持続可能な開発目標（SDGs）の英語の意味を考え，そこから自分たちでできることを考えよう）

(4) 異文化の相手などの，他者との対話力を育てるための活動としてはどんなものがありますか。（例：自分の名前を好きな言語で画用紙にカラフルに描き，映像に撮って交流相手の学校に紹介しよう）

第2節　小学校で絵本を使って「楽しい授業」を

田縁眞弓

1．はじめに

　2020年春より，小学校英語は早期化，教科化されました。小学生の英語学習における動機づけを考える時，まず考えられるのは「楽しい授業」であるかどうかという視点です。教科ではなく活動の領域として位置付けられる中学年では，児童が英語という新しい言語との出会いの中で慣れ親しむことを目的としたたくさんの「楽しい」活動（ゲーム）・歌・チャンツなどがカリキュラムに含まれています。また，多くの小学校では低学年からの英語指導も始まっています。ここでいう「楽しい授業」とは，タイムリミットを与えたり，友だちと競争するといったゲームや，お店屋さんごっこのような形で友だちとやり取りをする，あるいはインタビューするといった授業だけを意味するわけではありません。低学年から高学年といった認知レベルが大きく異なる児童の発達段階を考慮し，自己効力感を高めつつ主体的に英語学習に取り組ませるため，いかに児童を動機づけするかが課題となります。

　長年，小学校現場で指導してきた実践を振り返る時，学年を問わず，その知的好奇心を刺激し，学習への高い動機づけを高める指導として挙げられるのが絵本の指導です。しかし，それがなかなか小学校現場に拡がっていかないのは，2つの理由が考えられます。第1点は，絵本を使って何をどう指導するかがわからないということ。現在，小学校の英語指導を担っているのは専科教員，学級担任であるが，もともと英語指導の専門家ではない学級担任が指導することも多いことから英語力にも自信がない，それゆえに，多くの先生が「英語発音にも自信がないのに子どもの前で読み聞かせをしてもいいのか」と躊躇され，読み聞かせに至らないのです。また，読み聞かせ自体にどのような学習効果があるのかもわからなければ，その発展学習のイメージも持てません。第2点としては，どの絵本をどの学年

あるいは学習段階で使えばよいのかわからないといった Age Appropriacy（年齢相当さ）と選書に関する点です。そこで，本節では実際に学年レベルに合わせて活用した英語絵本とそこで指導者が児童の動機づけを高めるために工夫した授業への取り入れ方，さらに教材作成を紹介していきたいと思います。

2．児童を惹きつける絵本読み聞かせ

　児童を絵本に惹きつけ，興味を持たせ，さらに内容理解しようとする態度を育てるための一番の動機づけは，読み手の「読み聞かせスキル」にあるでしょう。中でも参考としたいのが，ベテランの先生が読み聞かせに使う談話手法を３つに分類し，それらを① アウトプット誘因系談話手法，② インプット系談話手法，③ 発話意欲促進系の談話手法とした読み聞かせでの談話手法の研究です（萬谷，2009）。その３つのストラテジーを，以下，中学年の読み聞かせの中で具体的に見てみます。そこで交わされる児童からの自発的で多様な発話は，児童が英語絵本にどんどん興味を持ってきていることを示します。

　また，児童自身が絵本の読み聞かせの中で理解のために使うストラテジーを分析したものもあります（佐藤・佐藤，2010）。その研究が示唆するのは，読み手は，児童の動機を高めるために，少しでも児童に既知語を聞き取らせるように仕向け，場面と場面の流れを意識させることの大切さです。絵本は文字通り「絵」の入った本であるため，児童も耳から聞こえる音声ではなく，視覚的に絵に注意が向くことが多くなります。そのため読み手もついつい "What's this?" 等と話の展開にあまり関連性のない絵に関し質問を投げかけることがよくあります。実はそれが，絵本全体の理解の妨げになるというのは，この研究が示した新しい視点です。絵本の読み聞かせでは，ストーリーには関わらない絵に過度に注意を向けないようにという注意点が挙げられています。

　さらに，読み聞かせにおいては，抑揚や声の大きさもヒントになるので，感情を込め，動詞を理解させるためにジェスチャーを用いて読むことが奨励されています。さらに，松本（2015）が示すように，絵本は，読み手の技量により，教育的効果が異なる教材であるので，読み聞かせの際には，

① 自分の言葉として伝えるため本文を覚える，② 絵本に仕組まれているリズムを児童のペースに同調させる，③ 児童の反応を必ず何らかの形，例えば視線，頷きや相槌などで拾うことを中心に，初期英語教育において有効活用を行うべきであるとされています。これらが結果として，児童の動機づけを高めることへとつながっていきます。

　実際の教室現場での絵本指導においては，インプットとしての絵本の上質さや指導目的との合致，児童の発達段階を考慮に入れた選書の視点は大変重要ですが，さらに読み手の技術によるところも大変大きいといえます。小学校現場では，英語力にあまり自信のない教師が決められた教科書以外の英語絵本を活用することは，まだまだハードルが高いことのように思われています。

　しかし，多くの小学校教員がすでに母語である日本語での読み聞かせに関しては指導経験が豊富であることを考えると，言語活動としての読み聞かせには，言葉を越える手法に共通項は多く見られることでしょう。選書は小学校英語にふさわしい英語絵本選書リストなどを活用し，小学校現場ではより一層英語絵本を使った楽しい授業が増えることを期待しています。

3．実践事例（絵本の読み聞かせ）

3.1　低学年と絵本——読み聞かせと体を使った表現（2年生の事例）

　もともと低学年は英語絵本の読み聞かせが大好きです。絵本指導は，言葉を話し始めた幼子に，親が絵本を読み聞かせをする時間にとても似ています。たくさんの言葉のやり取りをしながら，読み手が子どもをお話の世界に引き込みその心地よい時間の中で，子どもは情意面の発達だけではなく，言語面においても学びを深めていきます。しかし，低学年の集中力の短さを考えた場合，読み聞かせ自体に要する時間はせいぜい10分以内に止め，授業の最初あるいは最後に机を移動させて，先生が椅子に座り，児童は床に座る状態（「寄っておいで読み」ともいわれています）で読み聞かせをするようにします。最近は，音源付きのデジタル絵本もたくさん小学校向けに開発されるようになってきました。しかし，アナログ絵本にはアナログ絵本のよさや温かみがあり，児童は先生が読み聞かせに使った絵本を休み時間などに実際に手に取ってみることで，ますます文字や読みへの関心

を高めていきます。何度か同じ絵本を繰り返し読み聞かせると，児童がその本の周りに集まって，助け合いながら読もうとするのは，教室ではよく見られる情景です。

　低学年向けの英語絵本選書は，タスク活動で用いる言語材料や表現に出合わせる目的で選ぶこともできます。単語（色，数字，形，週の名前など）や，表現（Can you ～？Are you ～？等）を扱った本がたくさんあります。その他，すでに日本語訳の読み聞かせや自ら読んでストーリー展開を周知しているものを授業に取り入れるとよいでしょう（『はらぺこあおむし』，『3匹の子ブタ』など）。低学年は，リズムなどに反応しながら体を動かすことを好むという特徴も活かし，何度も同じ語彙や表現が心地よいリズムで繰り返されるものを選べば，児童は進んで体を動かし一緒に言おうとします。同一単語や表現の繰り返しがあるとともに音素においても繰り返しがある，すなわち文法構造，意味構造，音声構造の3レベルで繰り返しがある本を選び，低学年で指導します。かつての筆者の勤務校では，さらに絵本読みを活かし，自分で読めることで自己効力感を上げたり，ワークシートの視覚的補助によって学習への動機づけを高めるための工夫を行いました。以下の表1に低学年の指導の詳細を示し，表2に単元計画を詳しくご紹介します。

表1．低学年への指導の詳細

対象児童	2年生　4クラス　120名
英語学習経験	1年生入学時により週2回　担任または専科教員とネイティブ教員によりティームティーグ指導
単元計画	単元①絵本を読もう（4時間）
使用教材	*We are going on a bear hunt*（Michael Rosen）ワークシート2枚

表2．単元計画「絵本を読もう！」

≪第1時≫　デジタルボードでの絵本の読み聞かせ
デジタルボードに絵本を示し，ネイティブ教員と専科教員が読み聞かせを行った。熊を探しに行く一家が，熊の住む洞穴に向かう様子だということを，2人の教師のやり取りから児童に理解させながら，状況によって異なる擬音の部分はジェスチャーを付けて読み聞かせを行った。
この本の作者自らが感情豊かにリズムを付け読み聞かせをしている動画もその後見せた。（参考：https://www.youtube.com/watch?v=0gyI6ykDwds）

≪第2時≫　絵本の意味理解ならびに体を使っての同時読み

　前時に引き続きネイティブ教員が読み聞かせを行った。動画で見た作者のジェスチャーやリズムを思い出しながら，児童は擬音の部分と繰り返しの部分を教師の真似をしながら一緒に繰り返すように促した。実際に，草原の草をかき分けて歩く部分や，川を泳いだり，泥に足を取られる様子を思い浮かべながら児童は絵本の中の人物になりきり，英語をリズムにのって繰り返したり，ジェスチャーを付けたりしていた。

以下の繰り返し部分は，ほとんどの児童が体を使っていえるようになった。

We're going on a bear hunt.［マーチの行進のように足踏みしながら］

We're going to catch a big one.［大きく手を広げた後，捕まえるジェスチャー］

What a beautiful day!［両手を上に広げて，いい天気だという様子で］

We're not scared.［顔の前で手を振って怖くないという様子で］

≪第3時≫　シークエンスを取り入れた再話活動

　全員で一度同時読みをした後，黒板に絵本の各ページを拡大したものをバラバラに貼り付け，"Which one is No.1?" や "What's next?" と問いかけた。児童とやり取りをしながら，絵本のお話の順に各シーンを並べて，その後，全員が起立して，教師の示す絵本のページの順番に動作をつけて，一斉読みを行った。この授業では，児童がお話の順番をもう一度整理しながら理解することと，絵本を違った形でも再現できることをめあてとした。最後に，熊が現れる部分では，教師が黒板に熊の顔をお話に合わせてチョークで絵を描き，ears や eyes といった顔の部位の英語を楽しい形で強調して見せた。

≪第4時≫　ワークシートを使っての再話活動

　ほとんどの児童が一緒に絵本がいえる状態になったところで，こんどはワークシートに7つのシーンを載せたものを配付し，その絵をヒントにお話のシークエンスを思い出しながら，正しい記号で順番に並べるように指示した。前時に黒板の掲示を使って全体活動で行ったことを，個々の児童に取り組ませ，また最後には答え合わせする形で全員に絵本を言わせた。次に，洞穴で熊と遭遇するシーンのワークシートを配付し，こんどはワークシートの吹き出しにある文字にも注目がいくようにした（次ページ図1）。低学年のこの時点で，英語の文字をどの程度音と結びつけて読めるかは個人差があるので，まず全員で各吹き出しの文字を読んでみるという足場かけ活動を行っている。

図1．低学年用ワークシート

3.2　中学年と絵本──読み聞かせと児童とのやり取り

　低学年で，十分英語の読み聞かせ指導を受けた児童は，中学年になると絵本を通し，読み手と英語でのやり取りができるように成長します。この時期になると，絵本も単純な繰り返しがあるものよりも，次の展開を予想したり，起承転結のあるものを好むようになってきます（*Bark George, White Rabbit, Looks like a spilt milk* など）。そこでその機を逃さずさらに動機づけを高めるため，児童とのやり取りを意識した読み聞かせ方を工夫するようにしました。ここでは，*Bob Bear's Beards* という絵本の一部の読み聞かせを事例に，表3に挙げる3つの工夫の具体例を紹介し，読み聞かせの事例をお示しします。

表3．読み聞かせの3つの工夫

⑴児童に正しい表現を印象づける談話手法（インプット型）
繰り返し・確認・言い換えなど
Red, red. / Is this OK? / He is small, not big.
⑵児童の発話を促す談話手法（アウトプット型）
質問をする・文の途中で止めて残りをいわせるなど
What is it? / Do you like 〜 ? / This bear is 〜 .
⑶児童の発話意欲を高めるために情緒面を意図した談話手法
たくさん褒める・児童の発話に感心する（疑問を示す）・児童の発話を繰り返す
Great. / That's right. / Really? / You mean "Read"？

【読み聞かせ事例】

T: Story time! This is our story today.

　 What do you see?

S$_s$: bear, bear （大勢の児童が口々に）

T: That's right. It's a bear. The title is *Bob Bear's Beards*.

　 Oh, Bos is his?

S$_s$: name （ほぼ全員がいう）

T: Yes. His name is Bob. What about "Beards"? （文字を指さしながら）

　 What does this mean?

S$_1$: ビール？　ビール飲むのかな？

T: Let's see.

T: On Monday, Bob Bear ate some juicy strawberries and got ....

S$_s$: （黙って聞いている）

T: .... a red beards. Beards. （クマの口の周りについたイチゴを指しながら）Beards. OK?

S$_s$: Bears. Bears. （笑い声）

T: On Tuesday, Bob Bear ate some sweet carrot soups, and got ...

　 What do you think?

S$_1$: Beards?

T: Very good! What color?

S$_2$: Orange.

T: Who thinks so too? Raise your hands.

T: You are right! Look. He got a ...

S$_s$: Orange beard. （全員が）

T: Good job.

この後，「○○を食べて，その結果何色のひげが生えた」という繰り返しがあり，最後にはお風呂に入ってその白い泡でサンタクロースのような白いひげができた，というところで終わります。予想を立ててそれを検証するというフィクションの世界で，児童は自然な言葉のやり取りを重ねることができます。こういった絵本の活用によって，語彙は限られてはいるものの，絵本を通して教師（読み手）と英語でやり取りできたことに大変満足している様子がうかがわれます。

3.3　高学年と絵本──読みへとつなげる

　次に，高学年での絵本を使った実践を紹介します。英語絵本の読み聞かせでは，未知の語彙や表現に出合っても絵や読み手の声色やジェスチャーなどから児童は想像以上に内容を推測する力を持っています。学年が上がるにしたがって一度読み聞かせられたお話を自ら文字を確認しながら聞いてみたい，自らも読んでみたいという希望が児童から上がってきます。その気持ちを大切に，文字を目で追いながら（頭の中で自らも音声化しながら）読み聞かせを聞くといった高学年に適した活動を入れることが，英語の聞き取り，あるいは読みへの学習の動機づけを高めるきっかけとなります。

　本校では，高学年から何回にも分け，ストーリーテリング（*Learning By Storytelling*, 2019）の活動を行っています。ストーリー自体は，本校の英語科教員が作成しています。内容は，児童に年齢の近い主人公たちが，学校周辺に実際にある地名も用いて，過去と行き来するといったようなファンタジーが多く，児童はいつも次のストーリー展開をとても楽しみに待っている様子が見られます。この活動では，他学年に行ってきたような読み聞かせをパワーポイントで1枚ずつ絵本のように示しながら，教師とやり取りしながら行った後，1エピソード分あるいは複数のエピソードを印刷して配布し，その後，次のような活動を行っています（次ページ図2，3参照）。

【ストーリーテリングの高学年での活動】

⑴教師が音読を行い，児童が目あるいは指で文字を追いながら聞く活動する。

⑵教師が音読を行い，あらかじめ児童の読める力に近い単語の前で読み

を止めて次の単語あるいは表現を児童に音読させる活動する。

(3) 児童全員で教師と一緒に音読する活動する。引き続き，児童同士の読みの活動としては絵本の一部をプリントで配布する。

(4) ペア読み・1：児童がペアになり一緒に助け合いながら音読をする。

(5) ペア読み・2：児童がペアになり，章ごとあるいはページごとに交代して音読をし，聞き手は相手が読めていることを確認しながら Good! などのコメントを言う。

図2．読み聞かせした5シーン（高学年）

図3．ワークシート3（高学年）

4．児童の声——自由記述による回答から

　このような活動を通して，子どもたちはストーリーテリングをどのようにとらえているのでしょうか？　絵本を使った活動では，高学年以上においては活動の後に図4のような振り返りシートを用いた振り返りを行って，ストーリーの内容理解を自己評価させるとともに，その自由記述から児童自らの学習に対する気づきを見てみました。

【読むことに関して】

・意外と英文を読むことができていた。

・意味がわからなくても拾い読みができるようになった。

・ストーリーを読んでみてはっきりと内容がわかった。単語などを言えるようになったり書けるようになったと思う。

・読むことって難しいなとあらためて感じたが、次の目標ができた。

・だいたい言えるけれどもう少し長く言えるようになりたい。

・まだまだ未熟だと思いました。英語能力をどんどん伸ばしていきたいです。

図4．振り返りシート

　上記のように児童の自由記述からは，新しい読みの活動にチャレンジすることによって，自分のできることやできないことが明らかになり，次の目標を設定してそれに向かっていこうとする姿勢が多くの児童にうかがえました。

5．動機づけの仕掛け

　小学校英語の指導の中で，絵本を取り入れること自体が，英語学習の動機づけにつながるのではないかと思っています。そこで，どのように動機づけの仕掛けを意図的に行うかは，児童の発達年齢に合った，適切な絵本を選ぶこととその目的を指導者が明確に持った上で，指導することだと思います（表4参照）。

表4．ストーリーテリングと動機づけの仕掛け

【低学年】
必ずしも指導者の読み聞かせでなくても，プロによって読まれたCD音源を使うなどして，何度もストーリーを聞く機会を与えること。また，短時間で何度もインプットの活動を行うこと。最終的には，絵本をもとにした劇のような発表活動を行うといったことも動機づけが大いに高まる活動になります。
【中学年】
児童の思いや気づきをできるだけ，発話につなげられるように読み手の読み聞かせ方法を研究し，絵本を通してのやり取りを行うことで，児童に自信をつける。それにより，英語でも全部わかったような気になり，英語学習への自信を高めます。
【高学年】
無理のない形で児童の文字やリタラシーへの知的な興味関心を高め，早晩，絵の助けがなくても「一体どんなお話が書かれているのだろう」と読みへの関心を高めるような指導を心がけ，今後の英語学習の支えになるように心がけます。

6．おわりに

　小学校の授業を見る機会が最近多くなりました。その中で，1つ大変印象的な授業を拝見しました。2往復程度のやり取りを児童が何時間もかけて覚えて，言えるようになり，最後にその表現を使ってやり取りするという授業展開でした。最後に先生が "Story Time!" と子どもたちに呼びかけると，児童全員の顔がわっと明るくなり，とてもいい表情になりました。

　先生が手にされた絵本は，*Bark George* という子犬が他の動物の鳴き声

をすることから始まるわくわくする内容のものでした。先生の読み聞かせは，児童との自然な言葉のやり取りに溢れ本当に素敵でした。本時では，たった数行の英語表現のやり取りだっただけに，その絵本に出てくる数多くの英語表現と，先生の問いに対しての子どもたちの（英語は片言ではあっても）自由な発想に，なんだか救われるような気がしました。豊富なインプット，児童の自発的なアウトプットと読み手とのインタラクション，そこにある情景こそがこれからの小学校英語のあるべき姿ではないだろうか，と強く感じながら教室を後にしました。

　すべてが新しく始まる小学校の英語教育の中，今後，英語絵本指導を本当の意味で「楽しい授業」に活かし児童の動機づけにつなげることができればいいなあ，と心より思います。

> **考えてみよう！**

(1) 英語絵本の活用方法を低学年，中学年，高学年の発達段階に合わせて具体的に考えてみましょう。

(2) 英語絵本の読み聞かせの後に考えられる活動を，全体活動，グループ活動，ペア活動に分けて考えてみましょう。

参考（絵本）

We are going on a bear hunt, Michael Rosen 作．Helen Oxenbury 絵．
　オリジナルワークシート（ノートルダム学院小学校英語科教員作成）

Lee Hyden Straight, Augustin Machi, 吉本　連

Bob Bear's Beard, Lee Hyden Straight 作・絵．

Mana Story, 田縁眞弓・作．オリジナルワークシート

第3節　中学校における
CLIL 実践と動機づけを高める仕掛け

柏木賀津子

1．はじめに——小中連携時期における学習者の特徴

　それぞれの国の学校制度で，小学校と中学校の学習者が年齢で分かれていますが，実際の思春期前後の生徒の言葉の学びは個々において連続しているととらえる必要があるでしょう。Brown（2007）は，外国語習得について次のような段階に分けています。筆者（柏木）はこれを参照し，外国語習得において特徴を表す時期を以下のようにまとめます（表1）。

1）早期学齢期：early childhood（2歳～7歳）
2）中期学齢期：middle childhood（7歳～11歳）
3）思春期の前：pre-pubescent（12歳～13歳）
4）早期思春期：early adolescent（14歳以上）

表1　年齢による外国語習得における認知発達の特徴

中期学齢期 (7-11)	思春期の前（12-13）	早期思春期（14 歳以上）
理解可能なインプットからわかるところを拾い出す。	理解できないということが自分で自覚できる。インプットを聞いて、わからないところが気になる。	
外国語の意味が全部わからなくても、教師のインプットを模倣することが上手い。	外国語の意味がわからないのに、教師のインプットを模倣することには抵抗がある。	
失敗をにたいして寛大で、あまり間違いを気にしない。	失敗に対して寛大にはなれず、間違うことを気にする	
一般に意欲的に、自発的に学ぼうとする。	分析的で、矛盾や間違いに寛大になれない。	
	システマティックに思慮深く学ぼうとする。	
学習仲間（Peer Group）の影響は大きい。	学習仲間（Peer Group）やグループの影響はより絶大になる。	

ここから，実際の教室での外国語学習の動機づけに応用できることは，

(1) 理解可能で，意味がわかるインプットがあること（comprehensible input）

(2) 年齢に応じて，意味がわかりやすく自分に関係のある内容であること（meaning-making）

(3) 失敗しても間違いを気にせず，認め合い助け合う学習の雰囲気（conductive learning environment）

(4) 生徒は教師の英語の模倣もするが，教室の学習仲間（peer group）に大きく影響される

と考えられます（imitating teacher talk & interaction in groups：先生を真似ることと，グループでインタラクションを行う）。

　また，表1の中央の学習者（12〜13歳）は，左右の両方の傾向を含み，認知発達としては個によって差が見られる時期でもあります。さらに，表1の右側のように生徒は14歳以上では，矛盾が多くあまり意味をなさない方法ではなく，体系的に学びたいという傾向が見られます。14歳以上の「理解できること」ということと「体系的である」という欲求は，言葉を変えれば，一生懸命学習すれば，自分の外国語力（ここでは英語力）が，その努力の代償として，「わかる」「英語ができるようになる」という確かな「自己効力感」を求めていることの表れだと考えられます。ここで筆者が，中学生の指導経験上からも1つ気に留めたいことは，13歳（中1）の段階では，まだ右側の認知段階ではないということです。実際に13歳は，教室が良い学びの雰囲気を保っている場合には，教師のトークを模倣しながらペア活動を楽しみ，間違いをあまり気にせず英語を使ってみるという，言語習得の良い基盤となる言語活動が可能です。しかし，現行の学校制度では14歳以上と同じ指導法が用いられていることがあります。

　筆者は，このように認知発達の変化が著しい思春期前後の学習者（11〜14歳）にとって意味を成す意欲を喚起する英語指導方法は何であるかを求める中で，CLIL（Content and Language Integrated Learning: 内容言語統合型学習）（第2章参照）に出合い，この年齢を対象としたCLIL実践を進めています。本節では，それらの取り組みから，CLILのどのような内容や言語活動のあり方が学習者の学ぶ意欲を喚起し，同時に言語面としての英語力についても進捗を図ることができるのかについて，紹介します。

2. 先行研究

2.1 CLIL と Learner Agency（学習者エージェンシー）

　CLIL の学習者は，意味のある内容や教科を扱う学習において，4つの C，Content（教科等の内容），Communication（言語知識・対人スキル），Cognition（批判的・論理的思考），Culture（Community）（協同学習・地球市民意識）といわれる「学び方」を身に着けます。CLIL は，言語学習では欠けてしまいがちになる学習者自身の意欲を引き出す可能性があり，学習者自身の発見と高い認知操作を促すとされています（Coyle, Hood, & Marsh, 2010）。

　内容の選択については，扱う教材の「真正性」や創造的な場面があることが重要なポイントとなります。例えば，図工と算数を連携した CLIL で和紙を折ったり染め物を創ったりして，それを見せながら色や形について発表するというような活動です。CLIL の指導は，教師が供給する側であり生徒はそれを消費する側であるという固定概念を覆していくための触媒のような働きをします（Kashiwagi & Tomecsek, 2015）。21世紀の社会は急速な変化を遂げるといわれており，学習者は，"What of learning（何を学ぶか）"よりも"How of Learning（どう学ぶか）"を経験することが大切です。学習者自身が学習者の自律性（Learner Autonomy）を身に着け，さらに，Learner Agency（学習者エージェンシー）を身に着けることで，地球の問題に国を超えて，言語力を駆使して解決するという積極性が求められています。

　エージェンシー（Agency）とは，「自ら作用を起こす側であること」を示し，学習者エージェンシー（Learner Agency）は，学習者が，自ら計画を行い，アクションに参加することへの積極性を持っているということになります（学習者としての積極行為への価値）。生徒が毎日属しているのは学校なので，学級での取り組みやスクール・プロジェクトで積極的に作用を起こす側になるようになることを指しますが，これは CLIL の枠組みによって実現されやすいとされています（Dam, 1995）。具体的には，1）学校のプロジェクトを構成し創るような価値ある要素（construct to evaluative element），2）そのために学習仲間（peer groups）で対話を生み出すような要素（interactivity），3）学校において自主的計画を立てさせるような要

素（projectivity）の3つを組み込むことで育成されると述べられています（Emirbayer& Mische, 1998）。Agency という概念は，学んだ内容をさらに日常の学習に転移するという学習体験によって発展します。

Learner Agency を育成するような CLIL の指導が国内外の英語教育において広まりつつありますが，このような場合においては，学習者の意欲や学習結果にはどのような変化が起こるのでしょうか。そこで，日本における取り組みにおける効果検証を簡単にまとめて紹介します。柏木・伊藤（2020），Yamano（2013）は，主に次のような点を CLIL の「良さ」としてまとめています。

- ・学習内容に引き込まれるため「英語を間違ったらどうしよう」という不安が少ない。
- ・知的好奇心が湧くため，授業を楽しいと感じる児童が多い。
- ・教え合う必要があり，他人からの刺激を受けるので，意欲を持つ。
- ・児童自身が英語を学ぶ必要性ややりがいを見出す。
- ・児童も教員も，英語を使って「何かをやり遂げた。」という達成感が残る。
- ・パワーポイント，図，チャート等を使うため，児童はわかりやすいと感じている。
- ・ティーチャー・トークを意識するためインプット量が多くなる。
- ・「聞く」「話す」の機会が多いと児童は感じている。

Kashiwagi, Lee, & Ito（2018）ではまた，言語面の学びについて，CLILの思考する場面で，ひとまとまりの表現が記憶に残り，表現の一部入れ替えが自然に起こるため，発話につながりやすいこと，一語一語，英語を日本語に置き換えてわかろうとせず，言葉のかたまりで内容をわかろうとする学習習慣がつくことを挙げています。このことは，認知的側面からも，冒頭で述べた，学び方がわかる，学習者が自ら学ぶ Learner Autonomy を育てると考えられます。

2.2　CLIL と学習者の動機づけ

　CLIL の学習では，次のいくつかの面で，学習者の内発的動機づけを高めやすいと考えられます。

(1)学習者の身近な話題と関連し，学習への「問い」や「題材」が彼らの興味に近いものである

(2)英語だけでなく，母語や他教科の背景知識を活性化できる

(3)英語や視覚教材等を通して知的な内容や複合的な知識を得ることができる

(4)教師の話を聞くだけでなく，仲間と協働し話し合う時間がある

(5)社会的なやり取りや，グループに役に立てる場がある

(6)自国の文化や，多様な外国の文化に触れる題材が多い

　一方，CLILでは，テストで高いスコアを得るというような外発的動機づけはあまり見られませんが，互いのパフォーマンスや成果物を評価・賞賛し合うため，他者からの刺激を受けるなどを通じて達成感や自己効力感が得られると考えられます。

2.3　学習者の自律性とCLILでの足場かけ

　1.1に挙げた思春期の学習者には，一生懸命取り組めば，その代償として内容がわかって英語ができるようになり，CLILでの学習の際は身の回りの新しい現象や自分と社会の関係を知ることができるという自己効力感を持たせることが重要だと考えられます。目的に向かって取り組む際には，教師からの知識注入ではなく，自分の力で到達したという自負が必要です。しかしながら，この時期の学習者は語彙も文法もまだ初級なので，指導者が意図的な「足場かけ」（scaffolding）を行い，彼らの学びを助けなければなりません。

　足場かけはCLILにおいて重要な位置を占めます。たとえば新しい英語の文法項目を自ら見つけさせるための教師の構造化されたインプット，ペアやグループ活動のためのワークシート，パワーポイント等のICTによるビジュアル教材，概念を共有するグラフィック・オーガナイザー・チャートやグラフ，知識やスキルを内在化させるために，語彙や使える発話パターン（speaking frame），などを最適のタイミングで示します。単に，リーディング教材やリスニング教材を用意するだけでは，生徒が自ら学び取るという学習をファシリテーションすることはできません。学習者が14歳，15歳と成長すれば，これらの「足場」は外す時期がきます。

　CLILでの文法指導においては，演繹法（規則から事例へ）ではなく帰納

法（事例から規則へ）で授業指導できることが大切となります。CLILの指導では，まず内容を導入するために，意味のある教師のインプットから始めますが，そのインプットは英語母語話者が自然に話すようなインプットではなく，構造化されたインプット（structured input）を用います。構造化とは，意味や文構造に気づかせるようなパターンをうまく繰り返して用いることを意味します。「単語の意味がわからない」「文法がわからない」ために意欲が低下してしまわないように，生徒が授業前半のインプットで触れる英文などの情報から表現を真似したり借りたりしながら，プロダクションをしていきます。次の3．以降，ディクトグロス（Wajnryb, 1990）を応用し，音声のみのインプットから聞いた英文やストーリーを再構成する方法を用い（sound-dictogloss），音声形式（文構造）と意味の結びつきを堅固にしていく場面を紹介します。

3．研究と実践事例（CLIL の教育実践）

3.1　オーストリア（中学校1年生）の CLIL 実践事例
⑴ 理科の CLIL の実践

　以下は筆者がオーストリアの中学校で取材した，物理の「慣性の法則（Inertia）」について行われたCLILの実践例です。

・学年：中学校1年生（13歳）指導者：物理の教師1名　英語の教師1名
・指導の流れ（50分）

　オーストリアの13歳は，初級の英語表現はある程度使えますので，実験導入の教師の英語トークは聞き取ることができます。それでも自分で実験を説明することはまだ難しい様子です。教師は，同じ文のパターン（英語の命令形）を使って繰り返し，「慣性の法則」の実験について生徒にデモンストレーションします。実験道具は5種類程度用意しています。電車の急停車で人が前のめりになる例の挿絵，コインを肘に載せて落とすが落下までに少し時間がかかる実演，紐を使っただるま落とし，紙コップの上に薄い紙とコインを乗せ，紙のみを引っ張ってコインを落とす実技・実験等です。「慣性の法則」を定義づけられるまでに導くために，20分以上の演技実験を行い，生徒と英語のやり取りをします。生徒は十分実験に参加し，内容からも言語からも現象をつかみ取っていました（定義例：You can catch the coin because it doesn't fall immediately, because of inertia）。

　CLIL ではこのように，正しい答えを教えるよりも，科学等の定義に至るまでにどのような手続きを経て思考したかを大切にします。また，実験中は，教師と生徒は，共に現象を解釈しようとする関係にあり，自由に意見を述べる雰囲気があります。英語で述べる生徒もいれば，途中から母語のドイツ語で述べる生徒もおり，教師は両方の言語の発話を結びやり取りを続けていきます。

　4C の内容を表2に，生徒が聞いて学んだ英語（受容語彙）については表3に記します。図1は，コインを曲げた肘の上に載せてコインを落下させた時に，少し時間がかかるかどうかについて実験（だるま落とし）をしている場面です。

図1．だるま落としの実験

表2．理科の CLIL：慣性の法則の実験（4つの C）

Content	Communication	Cognition	Community
物理の実験。慣性の法則の科学的現象を探究する。	友だちと実験を見せ合う。	実験から，なぜ物体が落下するまでに少し時間がかかるのか考える。ペアで新しい実験を考え実行する。	物理の現象（科学）が日常の社会でどのように活かされているか話し合う。

表3．理科の CLIL の語彙やフレーズ表現

教科特有の言語	他の場面でも使える表現	この授業でよく聞く表現	教科の特別な概念を共有する表現
put X on Y pull X forward position	explanation still already	Why do you think so? I think that 〜， Because 〜．	It doesn't fall immediately. It takes some time. potential energy

分類は Betley（2010）に基づき，柏木・伊藤（2020）に拠る。

⑵ オーストリアでの CLIL の研究：ディスコース分析から

　この実践の際の教師と生徒のやり取りを，⑵のディスコース分析に示します（Nikula, 2012: 153）。慣性の法則の定義に至る前に，曲げた肘の上に載せたコインを垂直に落下させてつかみ取る実験をしながらの教師と生徒，生徒と生徒のやり取りの対話（ディスコース）を示します。コーディングは Nikula（2012）に基づき，右側の認知カテゴリーは，Dalton-Puffer（2016）の 7 つの認知機能ディスコースに基づきます。

T: Can you try? Think about the explanation. Go.

S_1: (Doing the experiment)

T: Why is it possible to catch the coin?

S_2: >Because you are already moving your elbow. < 　　　理由付け
　　You (xx) elbow down. It's almost // （ドイツ語）

T: Stretch. ↑ （抑揚を上げる）

S_2: （ドイツ語）

T: Vertical. ↑ 　　　修正する

S_2: Vertical. You pass it down, that you can grab it.

T: Nearly that. The coin is going to be still here.

S_3: The coin takes some time. 　　　定義する

解釈：

　ディスコース分析から，教師は，「なぜコインが落下したのに（自分で）つかむことができるのだろう？」と問いかけた。生徒2（S2）は，最初「先生は肘を動かしていたから」と応えたが，本当は，「先生は，肘を動かしたのではなく，垂直に落としたからつかめたのだ。」と理由を言いたかったようです。しかし，その語彙はドイツ語でしか言えないため，教師が"Vertical?"と発話を修正しました。生徒2はまだ「慣性の法則」をうまく理解できていないのですが，そのやり取りを聞いていた生徒3（S3）は，それをもとに，「コインが（落下するのに）少し時間がかかったから（自分でつかめたのだ）。」と，定義する（慣性の法則：inertia）に至ったことが見て取れる。

このように CLIL の授業では，身近な教科の内容について，意見を交わしながら実験したり，理由を考えたりします。教師は，グローバル社会で使える英語として，「教科特有の言語」の重要性を意識しながら，生徒の発話を引き出し，思考場面と目標言語表現を重ねて使わせるようにしているのです。

3.2 日本（中学校 2 年生）の CLIL 実践事例

(1) 落語 CLIL の実践「まんじゅうこわい」　実践者：家倉蘭（2017）

筆者（柏木）の勤務大学の英語教育研究室における，中学校英語の授業で，中学校 2 年生の教科書を応用した「落語 CLIL：まんじゅうこわい」の実践例です。

・**学年**：大阪市 N 中学校 2 年生（14歳）104名

・**指導者**：英語の教師 1 名

・**指導の流れ**（50分 × 3 回）

日本の14歳は，初級程度の英語表現を教師の助けがあれば読んだり書いたりできますが，即興で英語を使うということにはあまり慣れていません。しかし，この N 中学校の生徒は，関西を発祥とする落語や漫才は大好きです。英語の教科書にも落語が扱われていますが，英語で落語を創るという体験は初めてです。そこで，以下の 3 段階の指導をしました。

第 1 段階：まず，簡単な落語の文例パターンを見せて，その一部を入れ替えて落語のプロット（オチ）を作ってみます（表 4）。

表 4．1 回目の落語パターン

役割	英語落語	日本語訳
Mother	Wake up, my son. It's time for school.	起きや，学校の時間やで。
Son	I don't want to go to school.	行きたくないねん。
Mother	There is one reason.	（行かなあかん）理由が 1 つあるやん！
Son	What?	何なん？
Mother	Because you are the principal!	いやいや，校長先生やからやん。

注：落語パターンは，池亀（2011）を参照している（「英語落語で変わる英語学習」講演資料）

第2段階：次に，古典落語である「まんじゅうこわい」を教師が演じます。生徒は背景知識があることと，基本になる文のパターン（I am scared of 動詞 -ing.）と教師の表情から楽しく落語を聞きます。しかし，語彙やフレーズはまだ全部わかっていません。そこで，前述のディクトグロスの指導法を使って，「まんじゅうこわい」の英文を短冊ごとに渡し，グループで並べ替えをします（図2）。生徒は，ディクトグロスの活動によって，新しい文法構造である "I am scared of 動詞 -ing." の使い方に慣れ親しみ，声に出して落語を演じてみます。表5のスキットに見られるようにこの言語活動では，生徒同士が協力して何度も声に出し，落語の工夫や「オチ」がどのあたりに含まれるか，自分で学んでいきます。

図2．落語スキットの文をグループ
で並べ替え（ディクトグロス）

第3段階：最後に，この短冊通りの落語をグループの中で演じて友だちに披露します。生徒によっては，登場人物やオチを入れ替えてユーモラスに創作します。教室のあちこちで，オチやジェスチャーに爆笑する姿が見られます。

　ただし，ここで生徒は，落語に興味付けられ面白いオチを作りたいのですが，うまく英語表現が浮かばないため難しく感じている様子です。そこで教師は，「足場かけ」のためのワークシートや教師のファシリテーションを考えます。日本の中学生は，まだ英語は初級ですから，良いアイデアが浮かんでもそれをすぐに英語にすることは難しいのです。難しいと感じると生徒は自己効力感を感じることができません。そこで教師は，イラス

表5. 2回目「まんじゅうこわい」落語スキット

役割	英語落語
Shigeyan	Umeyan, what are you scared of?
Umeyan	Well, I'm scared of catching cockroaches.
Shigeyan	I see. I'm scared of seeing my wife, *haha*.
Umeyan	How about you, Micchan?
Micchan	I'm scared of eating *Ma ... Ma ... Manju*.
Umeyan	Really? (Shigeyan buys some *Manju* as a "*Itazura*")
Shigeyan	Here are your *Manju*, Micchan.
Micchan	(Micchan started *eating Manju*.) Thank you very much for the Manju.
Shigeyan	What?!
Micchan	Now, I'm scared of drinking hot tea.

注：スキットは，筆者らによる古典落語『まんじゅうこわい』の再話である。文中の
Italic は日本語表現である。

トと生徒が使いたくなるような動詞フレーズをマインドマップに作成した
ワークシートなどを用いて，そこから表現を借りることができるようにし
ます（次ページ表7参照）。CLILでは，言語と内容は両方同じ重みづけが
あるため，生徒が思考を始める場面で，言語面での助けも同時に必要であ
り，その両方が相まって動機づけが高められると言えるでしょう（表6参
照）。

表6. 落語CLIL：まんじゅうこわい（4つのC）

Content	Communication	Cognition	Community
落語を英語で簡単に説明する。英語落語の面白さを楽しむ。	グループで英語落語の内容を理解したり，声に出して演じたりする。	英語落語のオチや構成を見つける。目標文構造を用いて，落語のオチを考え創作する。	日本の伝統芸能である落語の面白さを感じる。日本の文化の面白さを海外発信につなぐ。

表7．落語 CLIL の目標語彙やフレーズ表現

教科特有の言語	他の場面でも使える表現	この授業でよく聞く表現	教科の特別な概念を共有する表現
comical serif dialogue paper fan small cloth Japanese Cushion	Really? I want to go to ... . I don't want to go to	What are you 　scared of? I'm scared of 　eating	character setting climax ending punch line（fall）

分類は Betley（2010）に基づき，柏木・伊藤（2020）に拠る。

⑵ 落語 CLIL の研究

　落語 CLIL の実践では，第1，2，3段階の後に，3回アンケート（Can-Do 評価）を行い，生徒の英語授業への理解度と楽しさについて4件法を用いて検証を行いました（表8，図3）。「1. 落語を楽しめたか」「2. 英語落語を聞いて内容が理解できたか」「3. 落語の文法構造が理解できたか」の3点について，3回のアンケート結果を一元配置の分散分析で分析したところ，2. に有意な差（2回目から3回目の上昇）が認められました。一方，1. と3. はいずれも上昇しましたが有意な差は見られませんでした。

表8．落語 CLIL アンケート結果（104名）

質問項目	1回目		2回目		3回目		F値	p値
	M	SD	M	SD	M	SD		
英語落語を楽しめたか	3.17	1.02	3.2	0.91	3.87	0.91	1.54	0.21
英語落語を聞いて内容を理解できたか	3.03	1	3.8	0.13	3.3	0.9	3.06	0.049*
英語落語に出てくる文構造が理解できたか	3.06	1.06	3.16	0.92	3.23	0.89	1.19	0.3

N=104, $*p$< .05, $**p$< .01

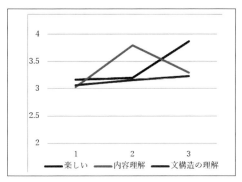

図3．落語 CLIL アンケート結果グラフ（104名）

＊縦軸4件法，横軸1～3回目

　また，同時に，それぞれの授業で考えた落語を8分程度で英文に書き，その表現の伸びを C-Unit，文法の正確性，オチの深まりの3点について，評価基準（ルーブリック）を作成し，いずれも3段階評価を行いました。3点の相関を見たところ，落語のオチに関する項目で，オチへの深まりと C-unit 数（$rs = 0.84$ 大），オチへの深まりと文法の正確性（$rs = 0.96$ 大）と共に高い相関が見られました。これは，「面白いオチ（内容）にしたい」という気持ちから語彙数が増え，"Time for School" や「まんじゅうこわい」の英文パターンや構成をうまく借りて表現できたためだと考えられます。

　表中で用いた C-unit とは「指示的または実用的な意味を与える発話やフレーズ，文」（Brock, 1986, 筆者訳）を指し，以下のような手順で C-unit を1とカウントしました。

A: Where is my hat?　　　（C-unit ＝1）
B: On the table.　　　　（C-unit ＝1）

　中学生は，内容に引き込まれ，背景知識を活性化して落語作りを一生懸命取り組みますが，同時に，英語で落語ができるようになるという自己効力感が重要であると考えられます。グループでの活動では，友だちのアイデアを賞賛し合ったり笑い合ったりします。また，オチを面白くするために英文を練ったり，身近な話題を用いて日本文化を英語で発信したりできる良さを感じたと思われます。

4．動機づけの仕掛け

　オーストリアの理科 CLIL と落語 CLIL においては，以下のような動機づけの仕掛けと足場かけが考えられるでしょう。

【CLIL 実践と動機づけの仕掛け】

⑴ 英語の意味がわかるから楽しいこと
⑵ 自分にとって身近で興味の湧く内容であること
⑶ 失敗をしても間違いを気にしないこと
⑷ 認め合い助け合うクラスルームの雰囲気を作ること

　また，このような授業を生み出すための枠組みである CLIL には，まず，深い内容と，言語面の足場かけが含まれます。

【CLIL における内容と言語に関する足場かけ】

・CLIL における内容と言語
・CLIL における深い内容：他教科の面白さや，自分の身近な生活に結びつけられること
・言語面の足場かけ：教師が良いインプットを与えること，生徒がインプットから表現を借りることができるような授業構成，生徒が発話したくなる際の語彙や文構造面での足場かけがあること

5．おわりに

　CLIL 実践と動機づけを仕掛けるため，また，CLIL における内容と言語の足場かけを行うためには，冒頭で述べたように，小学校から中学校への英語学習で，仲間と助け合い，英語を使うことが面白いと感じ，一生懸命学習すれば，その努力の代償として，「わかる」「英語ができるようになる」という確かな「自己効力感」を持つことが大切だと考えられます。CLIL のような学び方を通して，学習者が自ら主体となってグループや国際社会に参加する価値を見出すことは，英語学習への持続性にもつながると考えられます。

(1) オーストリアの理科の CLIL の実践事例で，教師が生徒に動機づけをしていると思われる部分を見つけましょう。

(2) 落語 CLIL の実践事例で，学習者の内的動機づけになっていると考えられる学びの様子を 2 つ挙げましょう。

(3) 落語 CLIL の実践事例で，一生懸命学習すればその努力の代償として，「わかる」「英語ができるようになる」という確かな自己効力感を感じるための授業の工夫はどのようなものでしょうか。

第4節　中学生の学習意欲減退を防ぎ，動機づける教室内活動

今井祥詠

1．はじめに

　教員生活は，日々学ぶことばかりです。いくら年数が経過しようとも時代の流れとともに新たな理論や指導観，指導法に刺激を受け，日々接する生徒たちから多くのことに気づかされます。私たちは，生徒たちの英語の技能の向上を図ることはもちろん，教師として，彼らの人間としての成長を願い，日々の実践内容の工夫・改善に取り組みます。その際の視点の1つが，生徒たちをいかに動機づけ，自らの成長のための学びに向かわせるかということでしょう。残念ながら，彼らの学習意欲を常に高い状態で維持することは簡単なことではありません。中学1年生は，新しく学ぶ「英語」という科目に対して，キラキラと輝いた瞳で最初の授業に臨んでくれますが，学習が進むにつれて，徐々に学習意欲を減退させていきます。これまでの経験から，こうした学習意欲の減退の最大の原因は，授業の内容がわからない，与えられた課題ができないといった日々の学習行動の結果と，それによる達成感や成功体験の不足であると私（今井）は考えています。だからこそ，学び方やものごとのとらえ方，知識や技能の程度など，様々に異なる個性を持つ最大40名の生徒が在籍する学級においても，1人ひとりに成功体験を繰り返し与えることができる授業の内容や方法を目指して実践してきました。

　中学校での自分自身の実践を振り返る時，これまでの取り組みは，「教室内に複数の『教師』を」という発想に基づいていることにあらためて気づきます。つまり，生徒同士が教え合い，学び合い，評価し合う授業展開と，それらを通して自己理解，他者理解の深まりを期待する実践です。私は，教師にはこれらのことを可能にする学習環境としての「教室」を整える責任があり，そんな「教室」こそが，生徒を学習へと動機づけることが

できると考えてきました。その結果，多くの生徒たちが，目標到達までの長い道のりであってもあきらめずに取り組み，英語でコミュニケーションを図るための知識と技能を身につけてくれました。そして，そうした学習を共に経験した仲間との相互理解を深め，より良い人間関係を築きながら成長してくれたと思っています。

このように考えると，私が取り組んできた教室内活動は，学習意欲を「向上させる」というより，「減退させない」ことが主な目的だったかもしれません。つまり，少しでも学習意欲がある状態を維持することによって，目標を達成させ，成功したという実感を持たせることでさらなる学習へつなげるという考え方です。

本節では，こうした考えに基づく教室内活動について述べます。

2．先行研究

これまでに取り組んできた実践において，特に多くのことに気づかせてくれたのが，「評価」に着目し，指導内容と一体化させながら取り組んだものです。ここでいう「評価」は，いわゆる「成績評価」ではありません。もちろん，最終到達結果としての「成績評価」は大切ですが，そこに至る日々の学習行動を「評価」すること，特に，生徒たちによる相互評価や自己評価を取り入れることで，生徒たちの意識が変わっていったと同時に，教師としての自分の実践にも良い変化があったように思います。

今井＆吉田（2009）は，授業内容と一体化した内容を生徒自らが自己評価できるようにした評価法を活用した実践研究です。データ収集は，評価法として作成した「学習記録シート」（p. 171 図 1 参照）を通して行い，生徒たちが記入した内容の分析を通して，中学生の学習意欲の向上をもたらす要因を探っています。この「学習記録シート」は，私が以前より実践していた「学習評価」に関する一連の取り組みを可視化し，1 枚のシートに配列したもので，教科書の 1 単元における到達目標（いわゆる Can-Do ステートメント）とその達成に至るまでの学習課題がわかるようになっています。生徒たちは，単元の学習の開始時にこのシートで学習のおおまかな流れを理解した上で授業に臨み，毎時間の学習課題ごとに生徒自身が取り組みの結果や学習の感想などを記入しました。

この「学習記録シート」の作成に活用したのが，ARCS モデル（Keller, 1983, 1987; Keller & Suzuki,1988）です。このモデルは，期待価値理論（Atkinson & Raynor, 1974）に基づいた教育心理学の理論を応用し，コンピュータを利用した学習のために示されたものですが，その実践的な理論は，教科・領域における教育活動においても効果が期待できるとされています（Newby, 1991）。提唱者である Keller（1983; 1987）は，このモデルを "a method for improving the motivational appeal of instructional materials"（Keller, 1987: 2）と定義し，Attention（注意），Relevance（関連性），Confidence（自信），Satisfaction（満足感）の４つを動機づけの要因としながら，それぞれの下位分類を提示しています（Keller & Suzuki, 1988）。

　「学習記録シート」を活用した実践の結果，学習の前後で，複数の項目において生徒たちの意識の変容が見られました。例えば，「英語の授業にはいつも精一杯取り組んでいる」，「英語の学習に関して，自分はよく努力していると思う」など，「学習記録シート」で確認しながら進めていく学習に対して，生徒たちが意欲を高めていたことがわかりました。また，「学習した単語や表現を用いて，英語の文を書いて表現することができる」，「授業で読む英語の文章は，だいたいの内容が理解できる」などのいわゆる Can-Do ステートメントに対しても肯定的な回答が多く見られたと同時に，「宿題がある場合には計画を立てて取り組む」や「宿題以外にも自分で計画を立てて学習している」といったメタ認知能力に関する項目においても実践の前後で優位差が確認できました。

　このような実践結果から，中学生の学習意欲の向上をもたらす要因として，「意欲的な取り組み」「達成感」「成就感」「習熟感」「満足感」「努力に関する認識」「学習結果に対する満足感」「メタ認知能力」等が挙げられること，また，「達成目標や学習内容の認識」「学習方法の認識」などが，中学生の学習意欲向上のプロセスにおける具体的な指標として挙げられるのではないかという示唆を得ることができました。

３．実践事例（ペア・グループ活動を通して）

　以下，中学生の学習意欲を減退させないために，「達成感」や「成就感」「習熟感」を実感させながら，「意欲的な取り組み」を促し，目標に到達さ

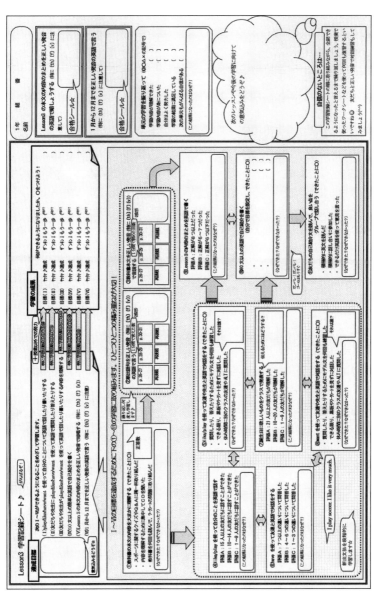

図1.「学習記録シート」

第4章 教育実践を通して学習者を動機づける仕掛け 171

せることで「学習結果に対する満足感」を持たせ，次の学習へと動機づけることを目指した日々の教室内活動を紹介します。

3.1　学習形態

生徒1人ひとりに知識，能力の伸長感や努力の積み重ねののちに得られる達成感，さらには，これまでの自分を超えることができたという成功体験を実感させるために，私は，特に「ペア」や「グループ」による学習を重視しています。

私の授業では，「ペア」や「グループ」は，座席で自動的に決まるシステムになっています。2人ペアは，となり，前後，斜めなどの座席の生徒同士がペアになる5パターンがあり，4人や6人といったグループも，それらのペアの組み合わせで自動的に決まるようにしています。

このルールは，1学期の第1回目の授業で説明し，ペアで自己紹介などをさせながら，一緒に学習することになる5人の仲間を確認させます。生徒たちは，学級で席替えをするたびに新たな仲間とペアやグループで学習をすることになります。欠席者がいる場合は，教師が加わったり，3人組になったりするといったことが必要ですが，複数名欠席の場合は，ペアのいない生徒が，欠席者の座席に自主的に移動してくれるようになります。授業では，「ペア」や「グループ」で取り組む学習活動と1人ひとりの生徒が「個別」で取り組む学習活動を，内容に応じた形態で与えています。

3.2　学習活動
⑴ 知識の確実な理解のための学習活動

生徒にペアで頻繁に取り組ませているのが，文法ルールの確認や，英文や語彙の意味の確認です。学習活動というほど大がかりなものではなく，一言でいえば，「考えさせる」ための活動です。「授業」といえば，教師がクラス全体に発問し，生徒は個別に考え，教師が生徒を指名して答えさせるという「教師」対「クラス全員」のやり取りが一般的かと思われますが，確実に全員に考えさせるために，ペアで話し合うように指示を出します。発問は，日々の授業や提出された課題などを点検して気づいた生徒たちの「つまずき」に関して，その原因となっている点の解決につながるようなものにします（次ページ図2参照）。1つの課題の解決には1分程度の対話

で十分な場合もありますし，どのペアも答えが出ない場合もあります。また，理解できている生徒には，理解できていない生徒に対してわかるように説明することの重要性を繰り返し伝えています。

発問例①（1年生に be 動詞 is/am/are の区別を指導した直後などに）

　Ken and I _____ good friends. と板書して

　「この空所にあてはまる語を答えてみよう。またそれがなぜか説明してみよう。」

発問例②（教科書本文などに次のような英文が出てきた場合に）

　Each of us studies different languages. と板書して

　「この文で，動詞 study にはなぜ 3 単現の s が必要なのか考えてみよう。」

図 2．発問の例

⑵ 知識の定着のための学習活動

　語彙や文法項目の反復学習や教科書本文の音読練習などは，まず個別で取り組ませます。その際，大切にしていることは，「前回の自分の結果を超える」という意識づけです。例えば，単語を覚える学習では日本語の訳語を英語に言い換える口頭ドリルをする際に，正しく言えたかをチェックする欄を学習プリントにつけておきます（次ページ図 3 参照）。生徒たちは英語の部分が見えないようにし，日本語の意味を見て英語を言います。1 つ言うたびに 1 行ずらして正しく言えているかを確認します。合言葉は「隠して言う，ずらしてチェック！」です。1〜2 分の練習時間を与えた後，学習の点検として制限時間内にどのくらい言えるかを一斉にチェックさせます。教科書本文の音読練習なども日々の授業で継続的に取り組ませ，毎回の結果（一定時間内に音読できた行数や指定された文章を音読するのにかかった時間など）を記録させます。どちらの場合も，練習して終わりにせず，単語の数や音読できた量などの観点から前回の取り組みと比較させ，「進歩」を実感させます。

　このようにして個別で十分に練習をさせた後，ペアの 1 人が日本語を言い，もう 1 人が英語を正しく言えたかをチェック（評価）し合う学習活動を与えます。ペアでの活動があることによって，個別の学習活動に一層しっかりと取り組むようになるとともに，努力した結果を踏まえた他者評

<Lesson 6 の新出&重要単語>　正しい発音で、日本語⇔英語の言い換えができるまで練習しましょう。

	日本語	原形	3単現のsをつけた形	読める	日→英が言える	日→英が書ける
動詞	住む、住んでいる	live	lives			
動詞	運転する	drive	drives			
動詞	知る、知っている	know	knows			
動詞	教える	teach	teaches			
動詞	起きる	get up	gets up			
動詞	～に着く	get to ~	gets to ~			
動詞	料理する	cook	cooks			
動詞	する	do	does			
動詞	持つ、持っている	have	has			
動詞	歩く	walk	walks			
動詞	去る、出発する	leave	leaves			
動詞	えさを与える	feed	feeds			

	日本語	単数形	複数形	読める	日→英が言える	日→英が書ける
名詞	親	a parent	parents			
名詞	タクシー	a taxi	taxis			
名詞	通り	a street	streets			
名詞	美術	art				
名詞	（野球の）バット	a bat	bats			
名詞	国	a country	countries			
名詞	バグパイプ		the bagpipes			
名詞	お祭り	a festival	festivals			
名詞	川	a river	rivers			

	日本語	英語	読める	日→英が言える	日→英が書ける
その他	すべての、あらゆる	every			
その他	そこで・に	there			
その他	～のような・～のように	like ~			
その他	人気のある	popular			
その他	頻繁に、よく、しばしば	often			
その他	校庭で	in the schoolyard			
その他	体育館で	in the gym			
その他	授業前に	before class			
その他	放課後に	after class			

図3．チェック欄付き学習プリントの例（1年生2学期ごろ）

（平成28（2016）年度版 *New Crown English Series 1*, Lesson 6 より）

価ができることを目指します。文法についても，ターゲットセンテンスから単語を入れ替えて言う練習とチェックの活動を同様に行い，確実に定着を図りながら，自分の学習が進んでいることを実感できるようにします。

(3) 「やり取り」ができる技能を伸ばす学習活動

学習した文法や語彙の知識は，コミュニケーションの場面で活用する学習活動を通して，学習の達成感を実感させるとともに，努力の末の成功体験として認識できるようにします。指導手順としては，まずペアで，形式的な問答をしっかり練習させます。ある程度できるようになったら，相手の応答を踏まえて1文追加することや簡単な相槌などを段階的に指導します（図4参照）。

　これらの学習活動は実際の「やり取り」に向けた練習活動と位置付け，その成果を試す場としてインタビュー活動に取り組ませます。その際には，練習の段階でペアになっていない相手や先生（ALTやあらかじめお願いをしておいた他教科の先生も含む）と会話をすることによって，より実際のやり取りに近い状況を設定するようにします。

---

① ペアで1〜2ターン程度の基本的な会話パターンの練習
　（例）A: What do you do on Sundays?
　　　　B: I usually practice soccer. How about you?
　　　　A: Well, I usually go shopping and cook dinner with my mother.
　　　　B: I see.
②①の会話パターンから生徒の実態に応じた語句に入れ替えて練習
　（例）on Sundays → after lunch / after school / when you are free など
　　　　do you → does your parent / did you / will you など
　　　　答えの内容に応じて usually → always / often / sometimes など
　　　　　　　　　I see. →　Oh really? / That's great! など
③②のやり取りで，3ターン目以上を自由に続ける

図4．「やり取り」ができる技能を伸ばす学習活動の展開例

(4) 話して伝える技能を伸ばす学習活動

まとまった内容の文章の暗唱や自作のスピーチやプレゼンテーションな

ども，個別，ペア，グループの形態で学習を進め，多くの生徒に成功を実感させることを目指します。表1に学年ごとに適切と考えられる題材やテーマを示します。暗唱，自作のどちらの場合もまず個別でしっかりと練習をさせますが，誤った発音を覚えてしまうことを避けるために，早い段階でペアやグループで発音の確認をさせます。1人が音読し，文章を見ながら聞いている他の生徒が気づいた発音の誤りを指摘します。その際，CDなどで音声を聞いて確認させる場合もあります。ある程度，正しく発音できるようになったら，覚えるまで個別に練習を繰り返させた後，正しく言えるかをペアでチェックさせます。その後，自然な区切りや抑揚の確認など段階的に課題を出し，そのつど，ペアやグループで確認させながらより感情を込めた臨場感のある発表へとレベルアップを目指します。

表1．学年ごとの題材やテーマ

	暗唱の題材	スピーチ／ プレゼンテーションのテーマ
1年生	物語文，説明文など	・自己紹介・他者紹介・学校紹介など
2年生	物語文，説明文，意見文など	・国／地域紹介 ・自分の夢／将来の職業など
3年生	物語文，説明文，意見文， プレゼンテーション原稿など	・環境　　　・反戦／平和 ・異文化／多文化理解など

(5) 読んだり聞いたりして理解する技能を伸ばす学習活動

　自然なコミュニケーションの場面を「理解する」技能を伸ばすためにも，これまで述べた学習活動と同様に，成功体験を与えられるように指導しています。具体的には，教科書の題材を初見で読んだり，CDなどで音声を聞いたりする学習活動を与え，「その内容がわかった」「理解できた」という実感を持たせることを目指します。そのためにも，これまでに述べた(2)の学習活動や文法事項に重点を置いた(3)の学習活動に十分に取り組ませることで，語句の意味と使われている文法の用法をきちんと定着させるようにしています。語句と文法の学習を順調に進めている生徒は，教科書で扱われている程度の題材であれば，おおまかな内容を理解することができます。しかし，それが不十分な生徒を考慮し，内容の難易度によって個別，

ペア，グループと形態を変えながら，教科書を読んだり音声を聞いたりして理解したりする学習活動を与えるようにします。

　下の図5は，題材の難易度ごとの学習形態を示しています。通常，ほとんどの生徒が理解できると想定される難易度の低い題材の場合は，個別で取り組ませた後，必要であればペアで確認させ，互いの理解が異なる部分を話し合わせるようにしています。逆に，難しいと感じる生徒が多くなると予想される題材については，グループで取り組ませ，理解した内容を意見交換させながら，少しずつ理解できる部分を増やしていきます。必要であればクラス全体でグループごとの理解内容を比較しながら，もう一度文章を読んだり，音声を聞いたりさせています。

	個別	ペア	グループ	クラス
難易度が高い場合			◎ ———→	○
難易度が低い場合	◎ ———————→	○		

図5．題材の難易度による学習形態

(6) 書いて表現する技能を伸ばす学習活動

　「書くこと」に関しては，中学1年生での指導を特に重視しています。英文を書く際のルール（大文字・小文字の使い分けやピリオド，コンマなどの記号の使い方など）に関しては，個別のノート指導を通して年間を通じて指導します。生徒たちは基本文とその語句を一部入れ替えた英文を書く課題をノートに取り組みますが，全文正しく書けるまで合格としません。

　また，将来的な「書いて表現する能力」へとつなげるために，自己表現の課題も1年生の1学期から与えています。教科書の内容に1〜2文つけ加えさせたり，自分の立場に変えて書かせたりします。(4)で述べた「話すこと」の学習活動を通して，口頭でこれらのことがすでにできるようになっていれば，より正確に書くことに焦点を当てて指導します。生徒たちが書いた文章は，ペアやグループで発表し合い，その内容を相互評価させると同時に，多くの生徒の参考となる内容であればクラス全体に紹介するようにします。

　グループでは，スキット（寸劇）の作成などにも取り組ませます（次ページ図6参照）。学習した文法事項や語彙を使用できる場面設定を与え，意

見を出し合って台本を完成させ，練習をして発表させます。

---

① 提示された対話文の下線部を自由に入れ替えさせる。
（例）A: I want to eat a hamburger for lunch. How about you?
　　　B: Well ... I feel like eating a hot dog.
　　　A: OK. Then, let's go to that shop!
　　　A: Good idea! Both hamburgers and hot dogs are nice there.
② 場面設定を与え，自由に考えさせる。
（例）「友だちが体育の授業でケガをする場面とその後の展開を2分以内の
　　　スキットで表現しましょう」

図6．スキットの指導例

4．学習者の声──自由記述による回答から

　私が令和元年度に指導した高校3年生は，本節において紹介してきた学習活動に中学校3年間を通して取り組んだ生徒たちです。彼らに，当時体験したペアやグループでの学習の効果について自由記述形式で尋ねてみたところ，次のような意見がありました。

(1) 英語の学習を進める上でどのような効果がありましたか？
　・間違っている発音や英文を直したりしてくれた。
　・受け身の授業でなく，活動的に積極的に授業に取り組むことができた。
　・英語を効率的に学ぶことができたと思う。
　・積極的に英語で話そうとする姿勢が身についた。
　・英語で話して通じたら嬉しいと思うようになった。
　・人前で英語で話す度胸がつくし，頭の中で文章をすばやく組み立てる
　　力は作文を書く上でとても役立った。
　・いろんな人の意見が聞けて，いろんな視点からものごとを考えられる
　　ようになった。
　・1人で考えるのが難しい時に，ペアやグループで学習することで乗り
　　越えられた。
　・口頭で話して耳で聞き取ることは，単語や表現を覚えるのに一番役
　　立った。中学校の時に覚えた表現は今でも忘れていない。

・ペアやグループで会話をしたり，意見を交換したりすることで，英語を学校の勉強としてだけでなく，1つのコミュニケーションの手段としても考えられるようになり，身近になった。

⑵ 英語の学習以外でどのような効果がありましたか？
・ペア学習で初めて話したという相手も多く，友だちになるきっかけになった。
・あまり話す機会のない子たちとも，ペアワークやグループワークを通じて話すことができてよかった。
・ペアで話すことで，友だちの新たな一面を知ることができた。
・質問に答える，1文つけ加えるなど，自分の考えを述べたり，相手に質問し返したりするタイミングなど会話の進め方が身についた。
・自分の意見を言葉にする力がついた。
・自分の意見を言うことが他の科目でも役立った。
・グループで協力して課題に取り組む力がついた。
・積極的に発言できるようになった。
・コミュニケーション能力が身についた。
・人の意見を聞くので，他人の視点を間接的に知ることができ，同時に自分の視野を広めることができたと思う。

　上記の自由記述回答からは，ペアやグループでの学習を通して，生徒たちが様々な効果を感じていたことがわかります。「英語の学習を進める上での効果」については，「誤りを直してくれた」や「1人では難しい時に，乗り越えることができた」など，助けてもらったという実感を持っていること，また，「積極的に取り組んだ・話した」「通じたら嬉しかった」「他人の視点を知ることができた」という経験から，英語を「コミュニケーションの手段」としてとらえていたことがわかります。また，「英語の学習以外での効果」についても，「友だちになるきっかけになった」「積極的に発言できるようになった」など，日常生活や他教科への影響が考えられる記述が見られます。ペアやグループによる学習活動を意図的に取り入れることは，学習者の意識に肯定的な変化をもたらし，「動機づけの仕掛け」となりうると思います。

5．動機づけの仕掛け

　ここまで述べてきた実践をまとめると，教室内においては，表2のような教師による「動機づけの仕掛け」とそれによってもたらされる「生徒の意識の変化」が考えられると思います。

表2．動機づけの仕掛けと生徒の意識の変化

	動機づけの仕掛け	生徒の意識
①	生徒が，助け合い，学び合うことでやり遂げることができる学習活動を与える。	「やってみよう」という学習意欲を刺激し，「わかった」「できた」という達成感，成就感を持つ。
②	生徒が，自分や仲間の努力とその結果としての目標達成を認識できる自己評価・相互評価の機会を与える。	「がんばってよかった」という満足感や努力した結果であるという認識を持つとともに，同じ課題をやり遂げた仲間を共感的に理解する。
③	①②の学習活動と評価の機会を繰り返し与える。	「わからない」「できない」という実感を持たず，学習意欲が持続する。
④	生徒が知的好奇心を満たしながら，さらに意欲的に取り組める発展的な学習活動を与える。	「理解が深まっている」「力がついてきている」という習熟感，伸長感とともに，自分自身の成長を実感する。
⑤	自己評価・相互評価の機会を一定期間継続的に与える。	自分と仲間を正しく理解し，より良い人間関係を築いていく。
⑥	一定期間の学習全体を振り返る機会を与える。	「教室」は，わからなかったことがわかるようになり，できなかったことができるようになる「学びの場」であり，それが自分自身の努力と仲間との助け合いや励まし，競い合いの成果であるという認識を持つ。

　もちろん，実際には，このような①～⑥の順に生徒たちが動機づけられ，学習を順調に進める結果，素晴らしい集団ができるというほど，単純なプロセスではありません。人間が「動機づけられる」ということは，そんなに簡単に説明ができるものではありませんし，これらの「仕掛け」が，「学

習」と「相互評価」という2つの取り組みを一体化させたものであるため，それぞれの取り組みによってもたらされる要因が動機づけとなりうる複雑なプロセスがあると考えられます。しかしながら教師による指導と評価の一体化した実践と同時に，生徒たちにも彼ら自身の学習と評価の一体化を実感させることによって，彼らの学習意欲を高められる可能性があります。そして，このことを可能にするには，クラスメイトとの良い人間関係を基盤とする「教室」が学習環境として存在することが大きなポイントであり，そのためにも，教室内の活動が円滑に行われるよう，教師が十分な足場かけ（サポート）してやることが必要だと思います。

　今井（2011）は，近年の英語授業では「協同学習」としての「グループ活動」を通して生徒たちの関係が改善され，生徒間競争をイメージする「ピア・プレッシャー」から，「ピア・サポート」の関係へと変容する様子が見られるようになったと述べています。表2の⑥に示した「互いの学びの場」としての「教室」は，まさにこの表現に当てはまる環境であり，私たちが目指すべきものであるはずです。「教室」は，生徒がわからないことをわからないと言え，そんな仲間を助けながら自らも成長できる，そして教師が1人ひとりの生徒の学びを日々把握し，授業の内容や方法に「動機づけ」の仕掛けを取り入れて工夫する，そんな教科指導が行われる場所であるべきです。

　このことは，教師だけでなく生徒たちも互いの「学び」の過程を共有しているからこそ可能になるはずです。そのためにも，明確な達成目標があること，それに向かってすべての生徒が努力できる学習課題があること，真面目に取り組んだからこそ感じられる達成感や成就感があることが必要だと言えます。

6．おわりに

　中学生を指導していて，難しさを感じる時があります。それは，「（取り組んだ学習を通して，）感じたこと，思ったことを言ってごらん。」という問いかけに対して，「何もない。」と返事が返ってくる時です。おそらく，学習した内容に全く興味を持てなかったり，その学習過程において何かしらの問題があったりしたためでしょう。指導者として早い段階で気づいて

やれなかったことを後悔する場面でもあります。

　ますます国際化する社会において，文部科学省も「英語を使える日本人」の育成に向けての教育政策を次々と展開し，学校現場では英語によるコミュニケーション能力を育成することが必須とされています。コミュニケーションを図るためには，「伝えたいこと」，「知りたいこと」が必要です。そのためには，自分以外の他者やものと関わり，興味を持つことを通して何かを感じたり，気づいたり，学んだりすることが不可欠です。つまり，英語の授業においても，このことを可能にする学習が生徒たちにとって必要だと言えます。

　英語教師は，授業をする「教室」で，生徒たちにそのような体験をさせてやらなければなりません。そんな学習体験を通して，彼らが自分自身を理解し，仲間を理解しながら成長してくれることを願い，日々の授業に取り組むべきだと思います。「教室」は，本当に小さな空間ですが，その環境を整える仕掛けを作ることが教師の仕事であり，そんな「教室」は，生徒たちにとって大きな意味のある空間となるはずです。先生方，そして，今後教師を目指す学生のみなさん，多くの生徒のために共に学び続け，教室内で「意図的に」生徒たちを動機づける仕掛けを考えていきましょう。

考えてみよう！

⑴ ペアやグループによる学習活動がうまく進んでいる状況とそうでない状況を思い浮かべて下さい。それぞれの状況で，生徒たちは，どのような行動をとるでしょうか。また，それぞれの要因や原因として考えられることはどのようなことでしょうか。

⑵ 「学び」に向かう集団とはどのような集団でしょうか。そこに所属する生徒たちはどのような人間関係を築いているでしょうか。

第 5 節　高校生の学習意欲減退要因の考察と動機づけを促す活動
──スローラーナーを支援して

大濱香織

1．はじめに

　これまでに一生懸命努力しても，成績が伸びない，覚えられない，いつも同じ間違いをしてしまう生徒を数多く見てきました。このような状態の学習者は，失敗体験が積み重なり，またやってみよう，という思いを抱かせるのは難しいと考えられます。Dörnyei（2005）も指摘している通り，動機づけを維持するためには，成功体験を積む必要があります。そのためには，指導者が，まず学習者の実態を把握することが重要で，そこからどこにつまずき，どのようにサポートすれば「できること」が多くなるかを考えていく必要があります。ここでは，本校の同僚と私が考えた「努力しても思うようにできなくて悩んでいる生徒」に対して，少しでも動機づけを維持しながら学習を続けてほしいという思いで行った実践をご紹介します。

2．先行研究

2.1　英語学習における「つまずき」とは

　泉（2012）は，英語学習におけるつまずきについて，学習者，指導者，環境，英語そのものの特徴という 4 つの主な原因を示唆しています。具体的に，学習者については，「学習意欲はあるが，理解力や学力，集中力の欠如によりできない」，「家庭環境や人間関係，生活習慣の不規則さにより，学習意欲が生まれないためできない」，「発達障がい・学習障がい等を抱えている」という 3 つの要因に大別しています（泉，2012）。指導者要因については，「学習者に寄り添うこと」，「わかりやすい説明や授業力の必要

性」，また「同僚との連携の重要性」を説いています（泉，2012）。環境要因については，家庭環境，クラスの人間関係などを挙げ，保護者との連携や学級経営において全員が安心して授業に取り組める環境を整備する必要がある，と述べています（泉，2012）。最後に英語そのものの特徴として，語順や発音などが日本語と異なるため，難しさがあるとしています（泉，2012）。

　泉（2012）の区分の中でも，学習者要因の1つである発達障がい・学習障がいそれぞれの特性と英語学習におけるつまずきを取り上げたのが飯島（2016）です。発達障がいを持つ学習者は，その障がいの特性と考えられているコミュニケーション能力・曖昧さへの耐性・メタ認知力の弱さにより英語学習につまずきを感じるとされます。また，学習障がいを持つ学習者は，暗記力・推察力・知識を整理する力が弱く，覚えられない，行間を読むことができない，知識がオーバーフローする等につながり，困難を感じることが多い，としています（飯島，2016）。このことから，習熟度・理解度が多様であっても，すべての学習者に知的満足感と自己肯定感を与える必要性を主張し，「すべての学習者に理解可能な導入」，「習熟度に応じたレベル別活動」，「適切な試験作成と評価」の重要性を挙げています（飯島，2016）。上記の泉（2012），ならびに飯島（2016）の示唆から，特に英語学習に困難を抱えている学習者は，学習に対する低い動機づけを持っていると考えられます。したがって，教師は，達成感や自己肯定感を与えることによって，動機づけを高めるような授業をする必要があるのではないでしょうか。

　そこで，英語学習に苦手意識を持っている生徒にとっては，次で述べる「学びのユニバーサルデザイン（Universal Design of Learning: UDL）」が必要になってくるのではないかという考えに至りました。次に「学びのユニバーサルデザイン」とはどのようなものかを述べます。

2.2　「学びのユニバーサルデザイン」とは

　「UDLは米国の高等教育機会均等法において，「教育実践を導いていく科学的に妥当性のあるフレームワークであり，(a) 情報の提示のされ方，学生の取り組み方に柔軟性を持たせて，(b) 指導のバリアを軽減し，適切な合理的配慮や支援や手応えを提供し，障がいのある学生を含めたすべて

の学生に対して高い学業期待値を維持する」と定義されています」（ノバック，2019）。ノバック（2019）は，どの学習者もそれぞれ異なる強みと弱み両方を持っているにもかかわらず，教師は「平均的な学習者」に合わせた指導法，教材，評価を行い，ある方法ですべてに対応できるような教室環境にしている，と指摘しています。この指摘の通り，それぞれの学習者の差異を十分に考慮し，授業をデザインしなければ，一部の学習者にとってはわかりやすい授業になる一方で，その他の学習者にとっては不利益な授業となる可能性があります。考慮した授業の例としては，指示は口頭で与えるだけでなく，板書する等して，目で見てもわかるようにすること等が挙げられます。

　UDLは学習に関わる脳の３つのネットワーク（感情のネットワーク，認知のネットワーク，方略のネットワーク）を活性化することに焦点をおいています。感情のネットワークとは，学習者を動機づけて，興味を引くことに関わっています。認知のネットワークとは情報を自分にとって意味のあ

表1．UDL（Universal Design for Learning）ガイドライン
（ver.2.2（2018）を参考に作成）

	学びのユニバーサルデザインガイドライン		
	取り組みのための多様な方法「なぜ」学ぶのか	提示と理解のための多様な方法「何を」学ぶのか	行動と表出のための多様な方法「どのように」学ぶのか
アクセスする	《興味をもつ》 ・人の選択や自主性の最適化 ・自分との関連性・価値・真実味の最適化 ・不安要素や気を散らすものの最小限化	《知覚する》 ・情報の表し方をカスタマイズする方法を提供 ・聴覚情報を、代替方法でも提供 ・視覚情報を、代替方法でも提供	《身体動作》 ・応答様式や学習を高める方法を変える ・教員や支援テクノロジーの最適化
積み上げる	《努力や頑張りを続ける》 ・目標や目的を目立たせる ・チャレンジのレベルが最適となるようレベルやリソースを変える ・協同と集団を育む ・習熟を助けるフィードバックを増大させる	《言語・数式・記号》 ・語彙や記号をわかりやすく説明 ・構文や構造をわかりやすく説明 ・文字や数式や記号の読み下し方をサポート ・様々なメディアを使って図解	《表出やコミュニケーション》 ・コミュニケーションに多様な媒体を使う ・作成や作文に多様なツールを使う ・練習や実践での支援レベルを段階的に調節して流暢性を伸ばす
自分のものにする	《自己調整》 ・モチベーションを高める期待や信念を持てるよう促す ・対処のスキルや方略を促進する ・自己評価と内省を伸ばす	《理解》 ・背景となる知識を活性化または提供 ・パターン、重要事項、全t内蔵、関係を目立たせる ・情報処理、視覚化、捜査の過程をガイド ・学習の転移と般化を最大限にする	《実行機能》 ・適切な目標を設定できるようガイドする ・プランニングと方略の向上を支援する ・情報やリソースのマネジメントを促す ・進捗をモニターする力を高める
ゴール	学びのエキスパートとは・・ 目標を持ち、やる気がある	学びのエキスパートとは・・ いろいろな学習リソースや知識を活用できる	学びのエキスパートは・・ 方略的で、目的に向けて学べる

るものに置き換えて理解を積み重ねていくことです。最後に，方略のネットワークとは，学習した情報がいかに有用であり，実際に得た知識や経験を使用し応用してみることです。すべての学習者は，それぞれ違いがあるものの，この３つのネットワークを持っており，学習が発生するためにはそれらが活性化されている必要があると考えられています。

UDLのガイドラインは「学びのユニバーサルデザイン」の３原則として，「取り組みのための多様な方法を提供する」，「提示（理解）のための多様な方法を提供する」，「行動と表出のための多様な方法を提供する」の３つを挙げています（CAST，2018）。この３原則には，それぞれ３つのガイドラインがあり，さらに合計27のチェックポイントがついています（前ページ表１）。27のチェックポイントすべてを取り入れる必要はありませんが，教師は可能な限り，教室内のすべての学習者の学習上のバリアを取り除く努力をするべきであると考えられています。

3．実践事例（学びのユニバーサルデザインを通して）

ここで紹介するのは，私が同僚の先生方と試行錯誤しながら，英語が苦手な生徒に教えてきた経験から得た実践事例です。UDLを意識しながら，英語学習に対し動機づける授業を考えてきました。その結果，(1)レベル別の教材を準備する，(2)繰り返し学習をする機会を与える，(3)目に見える評価を行う，(4)授業内に一度は遊ぶ要素を組み入れる，という４つのポイントを念頭に置き，授業を組み立て，実践することが生徒の大きなつまずきを回避し，また英語を勉強してみようという気持ちにさせていると考えています。それぞれの項目について，具体的な指導案および教材については，本節「5．動機づけの仕掛け」で紹介します。

⑴ レベル別の教材を準備する

Lessonごとに，どのような力を身に着けてほしいか目標を立てます。それをもとに，授業内でどのような活動を行うか考えていきますが，その際，各活動において，どのような点でつまずくか，具体的な困難さを考えます。その上で，段階を踏んだ教材や活動を考え，授業を構成します。その際，「つまずき」を抱えた学習者だけでなく，授業内容が既知のものば

かりであり，「簡単すぎてつまらない」と感じている生徒もいることも考慮に入れ，活動をデザインする必要があります。

⑵ 繰り返し学習する機会を与える

　言語材料に一度触れただけで覚えられる学習者は少ないのではないでしょうか。そのことを考慮に入れ，1時間の授業内でさえも，何度も同じ英単語，英文，文法に触れるようにする必要があると考えています。例えば，Reading の授業であれば，1つのまとまりのある英文を，⑴英文から求められた単語を探し，抜き出す時，⑵英文と日本語訳を照らし合わせる時，⑶内容理解問題の答えを探す時，⑷英文を音読する時，の最低4回は目を通すように授業を設定することができるでしょう。

⑶ 目に見える評価を行う

　学習者が「できた」と感じられるように，些細なことでも「目に見える」評価をするようにしています。たとえば，スタンプやシールを使い，何か1つできたら，生徒の目の前で押すようにします。スタンプがまだ押されていない生徒は，自分にも押してほしい一心で課題に取り組み，すでに押されている生徒も，さらにスタンプをもらえるようにがんばる様子が見られます。

⑷ 授業内に一度はグループ活動を組み入れる

　その日の授業で学習する（した）新出単語，文法等を題材とし，グループ内，もしくは，グループ間で競わせるようにします。注意が必要なのが，競うことに焦点が当たりすぎないようにすることです。あくまでも，学習する（した）内容の確認とする様，教師のフィードバックが欠かせません。また，グループ活動をする際は，グループ活動が苦手な生徒もいることに配慮し，ラポールの形成できているグループで活動させたり，ペア活動となってもよいことや，見ているだけでもかまわないことを伝えたりしています。この活動を通して，授業の復習とするだけでなく，勝者にはポイントを与え，次回の同活動への動機づけとしています。

4．研究

　生徒の英語学習に対する動機づけを高め，自信を伸ばすためには，このような教育実践が必要だと考えています。ここで，2017年12月～2018年1月にかけて本校の1年生～3年生を対象として行った英語学習に対する動機づけやつまずきに関する調査の結果を紹介します（大濵，2019）。動機づけ，動機づけの減退要因，CAN-DO を含んだ質問紙調査を行いました。質問紙の内の CAN-DO は学習者が英語学習に対しどんな内容を「できる」と思っているのかを調査するために入れられています。クラスター分析（同じ特徴を持つ学習者が同じ群に分類されるという分析方法）を行った結果から，どの学年にも動機づけ低位群が存在し，その学習者群は有能感（できるという認知）や CAN-DO に基づく数値も低いことが明らかになっています。廣森（2003）は，質問紙調査の結果から，3つの心理的欲求のうち最も動機づけに影響を与えているものは，有能性の認知であり，次いで関係性の認知であることを明らかにしています。廣森（2003）は，成功体験や肯定的評価，教室内の支持的な雰囲気が動機づけを高める上で，重要であることを示唆しています。このことからも，特に英語学習に対する動機づけの低い学習者には，日頃の授業で少しでも「できた」，「わかった」と感じさせるように，授業内の課題において学習者をつまずかせないための工夫が必要であると考えています。

　また，どのような授業内活動を得意とし，つまずきを感じているかについて質問紙調査したところ，「洋楽を聞く，歌う」といった文化的な要素に次いで，「1人で単語を書く練習をする」，「1人で英文をノートに書き写す」，「ペアやグループで相談しながら問題を解く」が挙げられていました。

　一方で，「英語の授業で苦手な活動」として最も選ばれたものは「みんなの前で発表する」でした。次いで，「ペアやグループで英語で話す」活動が苦手だとされていました。この理由として，「人前で発表することの恥ずかしさ」が挙げられていましたが，これを克服するためには，教室内の雰囲気作りが解決策となりえます。泉（2012）が人間関係や教室内の環境がつまずきの要因となることを示唆している通り，つまずきを感じたり苦手意識を持ったりする理由として，「クラスメイトとの関係性の問題」が挙げられています。同様の指摘が Dörnyei（2005）においてもなされて

おり，動機づけのための基本的な環境を作り出す手段の1つとして，教室に楽しく，支持的な雰囲気を作り出すことが必要だとしています。これらのことから，教室内の関係性の構築が，授業内活動の生徒のつまずきの意識に影響している可能性を考慮すると，クラス内の関係性を維持，向上させ，不安を最小限にし，安心して失敗できる場所を提供することの重要性が考えられます。場作りは「人前での発表」のみならず，クラスメイトや外国人英語教師と英語で話すこと，さらに問題を解くことに壁を感じさせないためにも必要不可欠となってくるのではないでしょうか。

5．動機づけの仕掛け

　ここからはコミュニケーション英語Ⅰの具体的な実践例を用いた「指導案」とともに「考えられるバリア」「動機づけの仕掛け」をお示ししたいと思います（p. 192 表2）。ここでの「考えられるバリア」とは，学習者がつまずいたり，動機づけが減退したりする可能性があるポイントをUDLのネットワークに沿って考えたものです。「動機づけの仕掛け」とは，バリアを防ぐために教師が授業をデザインする際に工夫してほしいポイントです。使用する教材は *All Aboard! Communication English I*（東京書籍）の中の Lesson 10 "Memories on Trees" です。

　まず，背景となる知識を簡単に伝えるため，動画や写真を使って紹介します（ここではフィンランドに関する動画を見せます）。これは，UDL ガイドラインにある認知のネットワークの概念からも重要だと考えられます。

　次に，本文へと移ります。ワークシートは最低でも2種類（ベーシックとチャレンジ）用意します。ベーシックなワークシートは単語の部分はすべて埋め，内容理解については日本語で質問し，英語で答えさせるようにします（次ページ図1）。一方，チャレンジしたい生徒や早く終わってしまって時間を持て余す生徒には，チャレンジ用のワークシートを渡します（p. 191 図2）。チャレンジ用のワークシートでは，新出単語として挙げていますが，知っているであろう単語は空白にし，本文から探させます。また，内容理解問題はすべて英語にし，可能であれば，語数指定もない状態にします。それでも時間を持て余しそうな場合は，英文を意味のかたまりごとに分け，それを日本語から英語にする練習ができるようにワークシー

Class＿＿No.＿＿Name＿＿＿＿＿＿＿＿＿＿

Lesson 10 "Memories on Trees"

英語	日本語	練習	英語	日本語	練習
imagine	想像する		Europe	ヨーロッパ	
land	土地		a little	少し	
sauna	サウナ		however	しかしながら	
aurora	オーロラ		population	人口	
forest	森		prefecture	～県	
country	国		similar	似ている	
Finland	フィンランド		in one way	ある点において	
northern	北の・北部の		both	両方の	

英文と照らし合わせて、英文から単語を探し、下線を引きましょう。

①サンタクロース、サウナ₁、オーロラ₂、森の土地₃を想像してみてください₄。②すべてあるのはどの国₅でしょうか。③その答えはフィンランドです。

④フィンランドはヨーロッパの北部₆にあります。⑤日本より少し₇小さいです。⑥しかしながら₈、その国の人口₉は兵庫県と同じです。⑦フィンランドと日本はある点において₁₀似ています₁₁。⑧両方の₁₂国では、森がその土地の約７０％を覆っています。

QUESTIONS　次の質問に対する答えを本文から（　）内の語数で抜き出しなさい。

A: サンタクロース、サウナ、オーロラ、森すべてあるのはどの国ですか。（1）＿＿＿＿＿＿＿

B: フィンランドはどこにありますか。（6）　It is ＿＿＿＿＿＿＿＿＿＿＿＿＿＿＿＿．

C: フィンランドと日本の共通点は何ですか。（8）

＿＿＿＿＿＿＿＿＿＿＿＿＿＿＿＿＿＿＿＿＿＿＿＿＿＿＿＿．

図１．ベーシック用ワークシートの例（一部）

トを準備しておきます。

　クラス全体で答え合わせをする際には，ペアやグループで答えの確認を行います。答え合わせをする際は，口頭だけでなく，生徒に板書してもらい，目で見ても確認できるようにすることで，視覚からでも聴覚からでもそれぞれの特性に応じて情報を得られるようにします。

Lesson 10 "Memories on Trees"

◇◆本文への線引きが終わったら、取り組んでみましょう！何も見ないのがＢＥＳＴ◆◇

スラッシュ・リーディング　**抜けている英語を書き入れなさい。終われば、発音を確認しなさい。**

英語	日本語
	想像してみてください
＿＿＿＿＿＿＿＿Santa Claus, saunas, auroras, and forests.	サンタクロース、サウナ、オーロラ、森の土地を
	すべてを持っているのはどの国ですか？
	その答えはフィンランドです。
	フィンランドはヨーロッパの北部にあります。
It is	それは日本より少し小さいです。
	しかしながら
	その国の人口は
is	兵庫県と同じです。
	フィンランドと日本は似ています
	ある点において
	両方の国では
	森が覆っています
	土地の約７０％を

図２．チャレンジ用ワークシートの例（一部）

表2．動機づけの仕掛け：指導案（1時間の流れ）

時間(分)	学習活動	考えられるバリア	動機づけの仕掛け
5	あいさつ コメントシートの配付		
5	Warm up —単元に関連する動画を見せる		（例）興味を喚起するために視覚教材を多く用いて情報を提示することで理解を促す
10	本文 —新出単語の練習（スペル，発音）	【感情のネットワーク】 ①書くことへの苦手意識 ②進まないことで，やる気が低下する	（例）書くことへの苦手意識を高めないようペア学習を促す
10	—日本語訳と照らし合わせながら，指定された英単語・熟語を本文の中から探す	【認知のネットワーク】 ③本文や Questions の内容理解が難しい 【方略のネットワーク】 ④自力で Questions に解答することが困難である	（例）やる気の低下を防ぐため，ペアやグループでの活動等，自分の特性に合った学び方で学習することを促す
12	—Comprehension Questions まず1人で取り組んでみる。5分ほど経過した時点で進捗状況を見て，ペアで答えの確認をさせる	⑤書くことに時間がかかる ⑥すぐに終わってしまい，時間を持て余す	（例）1人の活動の後で理解を促すためにペアでの活動を行うことで，動機づけを維持させる
5	Wrap up —新出単語や本文を使ったゲーム		（例）ゲームが好きな特性を活かした活動を取り入れ，授業内容を定着させる
3	コメントシート（図3）への記入 あいさつ		（例）振り返りシートでゴールへの気づきを促す

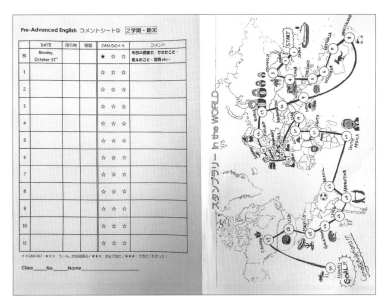

図3．コメントシートの例

6．おわりに

　今後，日本における英語教育はますます重要視されていくと考えられます。一方で，英語学習に対してつまずきを感じている学習者が数多くいることを忘れてはなりません。学習者には，それぞれ適切な学び方があり，特定の方法だけが学習者の言語能力を伸ばすとは限りません。私自身，特定の方法に固執せず，目の前の生徒に合った授業を考え，動機づけの仕掛けを考え，実践していきたいと思っています。

考えてみよう！

(1) 今実践している授業を振り返り，UDL ガイドラインのうち，授業に取り入れていると思うことは何か考えてみましょう。

(2) ここでは「コミュニケーション英語Ｉ」という Reading を中心にした授業例を紹介しましたが，他の技能において，英語が苦手な生徒が動機づけを維持するために必要なことは何か考えてみましょう。

第6節　高校生の英語学習への動機づけの仕掛け
——大学生の動機づけの減退要因の研究をもとに

瀬来賢人

1．はじめに

　小学校外国語の教科化，中学校での「英語で授業」，高等学校での「言語活動の高度化」といった文部科学省の英語教育改革に表れているように国家単位で日本人の英語力を改善しようとする試みが行われています。しかしながら，Dörnyei & Ryan（2015）において，「十分な動機づけがなければ，注目に値するほどの優れた能力を持った個人であったとしても長期に渡る目標は達成できず，また，学生の成果を保証する適切なカリキュラムや良い授業だけでも十分ではない。」（瀬来訳）と言及されているように，国家レベルの教育政策が施行されたとしても，個々の学習者が英語学習に対して動機づけられていなければ，その政策は期待されるほどの効果を得ることは難しいであろうと考えます。

　したがって，本節では，動機づけの中でも特に，英語学習における動機づけの減退要因，英語学習における動機づけの変化とその要因について日本人大学生を対象にした調査について紹介し，その研究結果をもとにした高等学校における動機づけに焦点を当てた教育的示唆と「動機づけの仕掛け」を teacher-researcher の視点から考えていきます。

2．先行研究

　以下では，瀬来（2018）が行った大学英語学習者を対象とした研究成果のもと，どのようにして実際に，高校英語学習者に対して教育的介入を現場で行ったかについて，考察をしていきます。これまでに動機づけの研究は数多くあるものの（第1章参照），動機づけの長期的な変化に関する研究はいまだに多くないのが現状であり，動機づけとその減退要因の関係を明

194

らかにする研究や個人差に焦点を当てた研究も今後望まれます。したがって，本節では，瀬来（2018）に基づき，日本人大学英語学習者における内発的動機づけ，外発的動機づけ，無動機，可能自己，国際的志向性，動機づけの減退要因の関係性を明らかにし，同じ特徴を持つ学習者の特徴をとらえ，さらに，回顧的調査手法（Motigraph）をもとに，日本人英語学習者の動機づけの変化と動機づけの要因を明らかにします。Motigraph とは，回顧的調査手法であり（Imamura, 2014），縦軸は「動機づけの強さ」，横軸は「時系列」を表しています（図1を参照）。Imamura（2014）では動機づけの高まった要因として，「英語使用や英語学習に対する肯定的な感覚を有したこと」，「将来における英語使用の想像ができたこと」，「重要な他者やコミュニティーとの関係性」（瀬来訳）を報告しています。

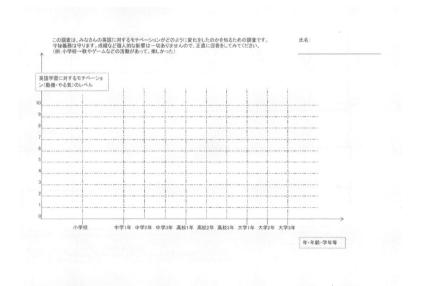

図1．本研究で用いた Motigraph

3．研究の概要

　関西圏に位置する３つの大学において学部生（１年生〜３年生）240人を対象に質問紙調査と回顧的調査手法である Motigraph を用いた調査を実施しました。質問紙は，動機づけ（内発的動機づけ・外発的動機づけ）と可能自己（理想自己・義務自己），学習経験，国際的志向性，動機づけの減退要因（授業の内容や特質・教師に関する要因・授業教材・英語に対する興味の欠如・学習者の失敗経験）の項目で行いました。理想自己とはなりたい自分の姿，義務自己とはなるべき自分の姿，そして国際的志向性とは国際的な仕事への興味や世界に関わろうとする態度のことです。質問紙作成では，自律性・有能性・関係性については廣森（2006），理想自己・努力の項目については Ryan. S（2009），義務自己については Taguchi et al.（2009），国際的志向性についてはヤシマ（Yashima, 2002; Yashima et al., 2004），内発的動機づけ・外発的動機づけ（同一化調整・取り入れ的調整・外的調整）・無動機については林（2012），動機づけの減退要因（授業の内容や特質・教師に関する要因・授業教材・英語に対する興味の欠如・学習者の失敗経験）については Kikuchi（2011）〔菊地（2015）より引用〕を基にしています。質問紙項目は全部で77項目あり，回答方法には５件法を採用しています。

　Imamura（2014）にならい，本研究で用いた Motigraph も縦軸が動機づけの強さを表し（0–10までの11件法：０が最も低く，10が最も高い），横軸は時系列を表しています。横軸の時系列は，小学校・中学１年生・中学２年生・中学３年生・高校１年生・高校２年生・高校３年生・大学１年生・大学２年生・大学３年生の10地点となっています。また，グラフとその裏面には動機づけが変化した理由を記述できるようになっています。このように，回顧的調査手法の１つである Motigraph により，長期間に及ぶ英語学習に対する動機づけの変化をとらえることが可能です。

4．分析結果

　質問紙の回答結果をうけて日本人大学生の英語学習における動機づけ，可能自己，国際的志向性，減退要因を探るために，相関分析を行いました。相関分析とは２つの変数の間に関係があるかを示す分析方法です（小塩，

2006）。結果として，「教師に関する要因」と「授業教材」（$r = .75, p<.01$），「授業教材」と「学習者の失敗経験」（$r = .72, p<.01$）については強い正の相関関係があることが明らかとなりました。動機づけとその減退要因間の相関関係については，内発的動機づけと動機づけの減退要因（英語に対する興味の欠如）（$r = -.41, p<.01$），（学習者の失敗経験）（$r = -.41, p<.01$）の間に負の相関関係が示され，無動機と動機づけの減退要因（授業教材）（$r = .40, p<.01$），（英語に対する興味の欠如）（$r = .41, p<.01$），（学習者の失敗経験）（$r = .40, p<.01$）の間には正の相関関係が示されました。このように動機づけの減退は「授業教材」と「教師」，そして，「学習者の失敗経験」と強い関係があることがわかりました。また，内発的動機づけを高めることができれば，英語に対する興味の欠如や学習者の失敗経験に起因する動機づけの減退から回復する可能性があることも示されました。

　さらに，同じ特徴を持つ学習者を特定するためにクラスター分析という方法を用いました。階層的クラスター分析（Ward 法・平方ユークリッド距離）という方法を用いています（次ページ図 2・図 3 参照）。その結果，第1クラスターに60人，第2クラスターに60人，第3クラスターに54人，第4クラスターに66人が分類されました（分析の詳細は，瀬来 2018を参照）。第1クラスターは「動機づけ高位群」，第2クラスターは「動機づけ中位群（学習情意高位）」，第3クラスターは「動機づけ低位群」，第4クラスターは「動機づけ中位群（学習情意低位）」であることが示されました。次ページの図 2〜図 4 に各クラスターの記述統計量を示します。動機づけの減退要因においては，動機づけ高位群である第1クラスターと動機づけ低位群である第3クラスターを比較すると，英語学習に対する動機づけが高い集団は動機づけの減退要因について低い値を示す一方で，動機づけの低い集団は動機づけの減退要因について高い値を示す傾向が確認されました。各クラスターにおける動機づけの減退要因について見てみると，動機づけの高低に関係なくいずれのクラスターでも「授業の内容や特質」が他の動機づけの減退要因と比較して高い動機づけの減退要因であることが示唆されています。

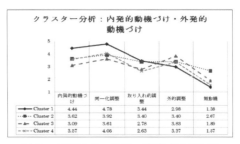

図2．クラスター分析：動機づけの比較

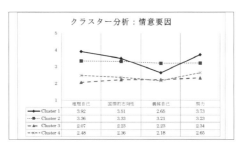

図3．クラスター分析：情意要因の比較

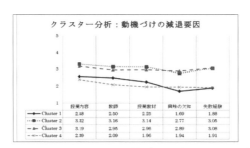

図4．クラスター分析：動機づけの減退要因の比較

　さらに，質的研究方法である回顧的調査手法（Motigraph）をもとに，日本人英語学習者の動機づけの変化と動機づけの要因を明らかにするためにMotigraph の分析を実施しています。208人が回答を行った Motigraph を分析方法でも述べたように，Miura（2010）にならって定量化を行っています（次ページ図5・図6参照）。Motigraph の定量化によって，全体傾向としては調査した大学生たちの小学校から中学校1年生にかけての期間と

高校2年生から高校3年生にかけての期間において動機づけが上昇したという傾向が示唆されました。また，クラスター別のMotigraphの比較から動機づけの高低にかかわらず，小学校から中学1年生にかけての期間と，高校2年生から高校3年生にかけての期間においてそれぞれ動機づけが上昇したという傾向も推察されています。動機づけが減退する時期においては，第2クラスターと第3クラスターにおいて，中学3年生から高校1年生にかけて動機づけの減退が起こった可能性が示唆されました。また，第3クラスターについては，中学1年生から中学2年生にかけての期間において動機づけの減退が起こった可能性が推察されました。

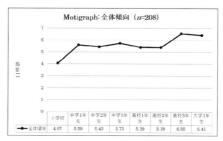

図5．Motigraph：全体傾向

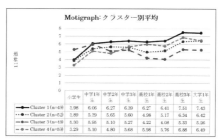

図6．Motigraph: クラスター別の比較

Motigraphに記入してもらった英語学習に対する動機づけが上昇した理由をグラウンデッド・セオリー・アプローチの一部を用いてオープンコード化を行っています。これはデータに基づいて分析を進め，データから概念を抽出し，概念同士の関係づけによって研究領域に密着した理論を生成しようとする手法です（戈木, 2008）。戈木（2008）を参考に，自由記述をExcelのスプレッドシートに文字起こしし，それらの記述にラベル名を付

しています。その後，類似したラベル名をまとめるカテゴリー化を行い，最後に回答数の定量化を行っています。その結果，本研究では35個の要因を確認し，内的要因（14個）と外的要因（21個）に関するカテゴリーの2つに分類されました。結果として，日本人英語学習者における動機づけの要因は小学校，中学校，高等学校，大学によって異なることが示されました。小学校時点においては，第1クラスターおよび第2クラスターに関しては「英語に対する楽しさの認識」が動機づけの要因として最も高い割合を示し，第3クラスターおよび第4クラスターにおいては「楽しい授業」が動機づけの要因として最も高い割合を占めていました。中学校については，「有能感の認識」がいずれのクラスターにおいても動機づけの要因として最も高い割合を占めていました。高等学校については，いずれのクラスターにおいても「受験に対する意識」が動機づけの要因として最も高い割合を占めていました。次に高い割合を示した要因は「有能感の認識」でしたが，第4クラスターのみ「英語に対する楽しさの認識」が2番目に高い割合を占めており，他のクラスターとは違いを示しました。最後に大学時点については，第3クラスター以外のクラスターについて「英語が必要であるという認識」が動機づけの要因として最も高い割合を示しました。第3クラスターについては「他者の影響」と「選択肢のある授業」が高く，このクラスターでは外的要因が動機づけの要因として最も高い割合を示しました。この結果から，質問紙調査において動機づけが高い群は，回顧的手法を用いたMotigraphにおいても高い傾向を示し，同様に質問紙調査において動機づけが低い群については，Motigraphにおいても低い傾向を示すことを明らかにしました。

5．実践事例（有能感を高める教育実践）

　上記の研究結果をもとに，高等学校の英語教育への教育的示唆を提示していきます。動機づけの減退要因間における相関分析の結果からは，動機づけの減退要因は単一的なものではなく，他の減退要因によって動機づけの減退が促進される可能性が示されました。特に，動機づけの減退要因（教師に関する要因）と動機づけの減退要因（授業教材），動機づけの減退要因（授業教材）と動機づけの減退要因（学習者の失敗経験）の間には強い正の

相関関係があることが明らかになりました。これらの結果から，教師は授業内容が動機づけの減退要因として高く認識されていることを意識し，授業で使用する教材やタスクがその学習者にとって難易度の高いものであるならば，難易度を調整することなどが求められると言えるでしょう。また，適宜，授業アンケートをとるなど，生徒が授業についてどう感じているかを指導者が把握し，授業改善を行っていくことも求められると考えられます。

　無動機と動機づけの減退要因，動機づけの減退要因と他の動機づけ減退要因間には正の相関関係があることが明らかとなりました。これはある動機づけの減退要因が他の減退要因にも影響を与えている可能性があることを示唆しています。ただし，因果関係ではないのでその点については留意しておかなければなりません。したがって，上記に挙げたような取り組みは，動機づけの減退が高まり，学習者が英語学習に対して動機づけられていない状態に陥らないためにも積極的に取り組んでいくことが望まれます。４．で述べたように内発的動機づけ，同一化調整と動機づけの減退要因の間には負の相関関係があったことから（詳細は，瀬来，2018参照），内発的動機づけを高めるとされる自律性，有能性，関係性といった３つの心理的欲求を充足させる授業や英語の重要性を理解させるような取り組みが，動機づけの減退に陥らないための工夫として考えられます。廣森（2015）では自律性の欲求を満たす活動の例として，学習者に自分自身のレベルに応じた「解答形式」を選ばせる活動（英語を聞き，その意味を日本語で答えるような形式や，英単語を聞き，その定義を英語で答えるといった形式など）や，有能性の欲求を満たす活動の例として，学習成果を「可視化」させ学習者の達成度を客観的に評価できるようにする取り組みを行うこと，また，関係性の欲求を満たす活動の例として，ペアワークを行うことが提案されています。

　学習者を動機づけるという観点からは，Motigraph の分析から，高等学校においては，「受験に対する意識」が動機づけの高低にかかわらず学習者を動機づける要因として認識され，「有能感の認識」が次に高い動機づけの要因でした。したがって，高等学校では生徒のニーズに応じてある程度受験を意識した授業を行うことや，学習者に有能感を与えるような授業，課題を実施していくことが英語を学ぶ高校生を動機づけるという点で重要

であると考えられます。筆者はそれに基づき，次ページの表1のような指導案で指導を行っています。この授業ではリスニングの課題としてBBCのニュースを視聴させて，そのニュースの内容について質問を行いました。これは高校1年生の授業であり，BBCのニュースを理解するのは生徒たちにとって容易ではありません。しかし，用意した問題はニュース中に出てくるキーワードが聞き取れれば答えることができる問題であり，実際に多くの生徒が正解することができていました。生徒のコメントにも生きた英語を聞き，その内容についての問題に答えられて良かったといった肯定的なものが多くありました。英語力を伸ばすこともちろん大切ですが，できるという有能感を与えることも動機づけの観点からは重要です。

6．動機づけの仕掛け

(1) ペアワーク・グループワークの積極的な導入

・「授業教材」と「学習者の失敗経験」に強い正の相関関係があることが示されていたため，生徒を指名して解答を全体の前で発表してもらう前にペアワーク等を通してお互いに解答を確認させています。そうすることによって，わからない点をお互いで話し合い解決することができるようになる可能性がある上に，協力して導き出した解答ということで，全体で発表する際に情意面においても1人で解答する時よりも余裕が生じると考えられます。

・ペアワークやグループワークを経ることによって，授業を受けている生徒同士の関係性の向上にもつながるきっかけとなります。お互いに話し合うことや音読練習などの活動を取り入れることで，生徒同士の学びになるため自律性をあげるという観点からも有効であると考えられます。

・些細なことではありますが，教師からのポジティブな声かけも生徒の有能感を下げさせないために重要です。授業アンケートを行った際においても「友だちと話し合う時間が持てて，嬉しいです」「小さなことでも褒め言葉を言ってくれる」「答えられなくてもフォローがある」といったコメントがあり，上記の取り組みを学習者は肯定的にとらえている傾向にあります。

表1. 学習指導案の例

段階	時間(分)	学習内容・教師の活動	生徒の活動	指導上の留意点
導入	8	始まりの合図 簡単な質問を生徒に投げかける。 e.g. Good morning, everyone! How are you? ・授業プリントのNo.7を開かせる。 ・全体でLesson 5 Part 4の本文を音読する。教師の後に続いて読ませる。	・教師の質問に英語で答える。 ・授業プリントのNo.7を開く。 ・教師の後に続いて本文を音読する。	・指示は大きな声ではっきりと行う。 ・生徒が読みにくそうな箇所がないか注意して音読を行う。 ・強勢・抑揚・発音などに注意するよう指示する。
展開①	8	Sentence Structures ・授業プリントNo.7にある、Sentence Structures③の文構造の説明を行う。 ・生徒を指名し、③の文を音読させる。 ・関係代名詞whatの説明をする。 ・説明後、生徒を指名し日本語に訳させる。	 ・指名された生徒は③の文を音読する。 ・説明を聞く。 ・指名された生徒は訳を答える。	・板書を利用して視覚的にも分かりやすいよう配慮する。
展開②	12	Speaking & Writing 活動 ・授業プリントのNo.8を配布する。 ・"Do you think Japanese food will become more popular all over the world?"について生徒に考えさせる(5分程)。 ・5分経過後、隣の生徒とペアを組ませ、Speaking活動を行う。 ・ペアでの活動終了後、数人の生徒を指名し、全体で発表させる。 ・全体での発表終了後、この活動を終える。	・授業プリントNo.8を後ろの生徒へ回す。 ・"Do you think Japanese food will become more popular all over the world?"について自分自身の意見を考える。 ・ペアでSpeaking活動を行う。相手に質問し、問いかけられた側は質問に答える。 ・指名された生徒は、全体で発表する。	 ・全員にプリントが行きわたったかの確認をする。 ・机間指導を行い、生徒の活動が円滑に進んでいるかの確認を行う。 ・机間指導を行い、生徒の活動状況を把握する。 ・指名する生徒を誰にするかを机間指導の際に活動状況を踏まえて決めておく。
展開③	12	Listening 活動 ・用意しておいたパソコン、液晶テレビを用いて、日本食が取り上げられているBBCニュースを視聴する。 ・ニュースの内容について簡単なQuestionsを用意し、回答させる。 ・ニュースの視聴後、Questionsの答え合わせを行う。 ・答え合わせを終えた後、もう一度ニュースを視聴する。	・BBCニュースを視聴する。 ・問題を解く。 ・答え合わせの前に、周りの生徒と話し合う時間を設ける。 ・ニュースの視聴をする。	・ニュースは2回視聴する。 ・普段実施するリスニング教材よりも難易度は高いため、間違えても気にしないように伝える。緊張
まとめ	10	Summary ・Summaryの空所補充問題を解かせる(3分程度)。 ・生徒を指名し、解答させる。 ・全体でPart 4の音読を行い、仕上げを行う。 ・次回の授業の予告を行う。 ・Lesson 6の授業プリントを配布する。 ・終了の合図。	・Summaryの空所補充を行う。 ・指名された生徒は解答する。 ・音読活動の準備をする。 ・教師の後に続いて音読を行う。 ・教師の話を聞く。 ・Lesson 6の授業プリントを受け取る。	 ・質問等がないかの確認を行う。 ・授業プリントが全員に渡っているかの確認をする。

⑵「有能感」「関係性」を充足した授業実践

・内発的動機づけを高めるとされる心理的欲求である「有能感」「関係性」
を充足させる活動として BBC のニュース番組を使った Listening 活動
の実施をしました。

・BBC についてはその時のコミュニケーション英語 I の単元の内容に沿っ
たものを選びました。そのニュースでは和食がユネスコの無形文化遺産
に登録されたことについて言及しています。BBC を視聴し，その内容
について教師が用意した Questions に解答する形式をとりました。この
時にも，普段実施するリスニング教材よりも難易度は高いため，間違え
ても気にしないように伝え情意面についても配慮するようにしました。
また，この活動の目的は「有能感」「関係性」の向上に焦点を当てたも
のにしているため，内容理解の設問についてはニュースの細部まで聞き
取れなくても，あるキーワードが聞き取れれば解答が可能なものにしま
した。ニュースを視聴した後に周りの生徒と話し合わせるなどし，「関
係性」の向上も意識しました。

・リスニングの問題は，上記に示したように意図的に聞き取る部分をかな
り絞った形式にしました。それによって，生徒は聞き取るべき部分を絞
られれば，BBC のようなニュースでも断片的に理解することができて
おり，そのことが自信につながったという声もありました。

⑶「受験に対する意識」と動機づけ

・高等学校において「受験に対する意識」が学習者を動機づける要因であ
ることが研究を通して示されました。現勤務校における生徒はそのほと
んどが大学進学を希望しています。したがって，大学受験に対して有効
な情報や知識を授業内で提示することは生徒を動機づける方法の1つと
して有効であると考えられるため，授業では正解のみを示すだけではな
く，それに関連した大学入試や実用面を意識した情報を提示するように
しています。「＋ α の知識がありがたい」「問題1つ1つに対して豆知識
的な話や，ついでに覚えておこう！みたいなところを教えてくれる」と
いったコメントがあり，知識が増えていくことが肯定的に受け取られて
います。しかしながら，この点については学習者のニーズに合わせて考
えていかなければなりません。大学進学を希望するような生徒の多い高

等学校であれば，このことが動機づけ向上の一助になりうると考えられますが，リメディアルの要素の強い英語教育を行う高等学校では逆効果になることは十分可能性としてあります。したがって，すべての学習者に当てはまるわけではないことに留意しておきたいと思います。

7．おわりに

　上記のような取り組みで私（瀬来）が最も重視しているのは，(2)の「関係性」の構築です。「関係性」は内発的動機づけを高めるとされる心理的欲求の1つです。研究の結果から，「教師」に関する要因が他の動機づけの減退要因と相関関係にあることがわかりました。したがって，生徒同士の関係性ももちろんですが，教師と生徒の関係性も良好に保てるように留意しています。上記の(1)のところでも記述しましたが，生徒のパフォーマンスを褒めたり，たとえ間違ってもポジティブなフォローを入れることなどを心がけています。関係性の構築は一朝一夕でできるものではありません。また，授業外での生徒とのやり取りも関係性に影響を与えます。したがって，授業内外の日頃の生徒との関わりについても動機づけの向上や減退を防ぐという観点から重要だと感じています。最後になりますが，本節で紹介した内容が，今後，日本でより良い英語教育を実施するための1つの知見となれば幸いです。

考えてみよう！

(1) 高校生を対象にして，ペア・グループで行い，動機づけを高めることができるようなタスク・課題を考えてみましょう。

(2) 教師と生徒の良好な関係性構築にはどのような要因によりうまく働きかけられるかを「教師」と「生徒」それぞれの視点から考えてみましょう。

第 7 節　自律的学習者を育てる
　　　　大学カリキュラムを目指して
——CLIL から EMI へ

入江　恵

1．はじめに

　英語を母語としている人にとっては，日本語は特に難しい言語だそうで
す。米国政府機関 Foreign Service Institute（外務職員局）によると，英語
を母語とする人にとって，会話が不自由なくできるレベルに到達するため
に，日本語は，最も長い学習時間（88週間／2200授業時間）を要する言語
とされています。同じ難易度グループには，アラビア語，韓国語，中国語
（北京語および広東語）が挙げられています。これは，あくまでも70年に渡っ
て外国語訓練を行ってきた一機関としての経験値によるものですが，デン
マーク語や，スペイン語といった，24〜30週間／600〜750授業時間で修得
できる言語を「英語に近い言語」としていることを考えると，日本語は「英
語から遠い言語」と言えるのかもしれません。ただ，これは日本語を母語
とする人が英語を習得するために必要な平均時間数ではありません。さら
にここでの学習者は外交官を目指している，もしくは外交に携わっている
高学歴な人々で対象となる言語の必要性と目的がキャリア上はっきりとし
ています。そうした人々にとって，日本語が習得の難しい言語であるなら
ば，逆に，日本語を母語とする学習者にとって英語は手強い言語であり，
少なくとも習得にはそれなりの覚悟と努力が必要なのだと考えられます。
そして，そのような学習を長く続けていくためには，学習者自身が自分の
学びと動機づけをコントロールできる自律した学習者になる必要がありま
す。

　しかし，日本のような英語が外国語である環境で，具体的な必要性を
それほど見出せない状況では，習得に相当な覚悟が必要である英語を，生涯
に渡り積極的に使えるレベルに達するのはかなり厳しいと考えられます。

しかし，学生が切実な必要性を見出せない状況であっても，英語教育に携わる私たち教師は，我が国と学生の将来を見据えて，学校教育における英語学習をより効果的なものとする責務があります。その責務の果たし方の1つが，大学における学生が自ら英語学習，そして習得に意義を感じるようなカリキュラムを提供し，生涯に渡って4技能を学び続けられる自律性を育むことではないでしょうか。

　本節では，内容言語統合型学習（Content and Language Integrated Learning, 以下 CLIL, 第2章1．参照）を英語による専門科目授業（English Medium Instruction, 以下 EMI, 第2章3．参照）への準備教育の中心として位置付けた学部英語カリキュラムの例を取り上げ，英語学習と使用に対する意味の持たせ方と，カリキュラムがサポートする動機づけおよび自律性育成の仕掛けをみていきます。他章でも述べられていますが，英語学習の動機づけは，一定な特質（trait）ではなく，単純に高い・低いといったものでもありません。いくつもの種類の動機づけが学習者1人ひとりの中に共存し，それらすべてが変化するプロセスであり，本節で取り上げる仕組みは，そのプロセスを促進させる意図があります。

2．先行研究

　はじめに EMI と CLIL に関する先行研究を確認しておきましょう。英語が実質上の国際語として使われるようになり，英語を教科・専門教育の使用言語として採用されるケースが増えつつあります（Dearden, 2014）。中でも EMI は日本においても増加傾向にあります（Galloway, Kriukow, & Numajiri, 2017）。実際のところ，文科省（2017）の報告書によれば英語のみによる学位取得可能プログラムの設置や英語による専門科目を開講している大学は2011年の222大学（30.1%）から2015年の305大学（40.9%）に伸びています。これはグローバル人材育成の議論の中心に英語能力の習得があり，そのためには EMI を通じて高等教育のグローバル化を図る必要があると考えられるからです。ただし，ここで注意すべきは，科目単位の EMI は増えていますが，学位プログラムはそれほど増えていません（太田，2011）。

　EMI は学生に一定の語学力があることを前提に開講され，たとえ，結果的に語学力が向上しても，それはあくまでも副産物でしかありません。

ただし，日本においては，EMIはコストのかからない高レベルの英語教育として見られ，英語で講義を受ければ，学生の英語力が「自然に」向上すると考えられる傾向があります（Brown, 2019）。また，スペイン（Ament & Pérez Vidal, 2015）やアラブ首長国連邦（Rogier, 2012）の大学でも英語力の向上がEMIの目的の1つとして認識されている場合があります。しかし，EMIはあくまでも英語を通して専門科目を学ぶ教育の形態を指すものだということを覚えておきたいものです。

　日本の大学でEMIを通して学ぶ146名の学生を対象に行った研究（Rose, Curle, Aizawa, & Thompson, 2019）では，学生の英語力と講義内容の理解が比例すると報告されています。言語教育を念頭に置いていない専門教員が行う講義を理解するには，一般的な大学英語教育以上の能力を持ち合わせている必要があり，当然ながら通常の日本の高校で英語教育を受けきた学生には準備が求められます。また，同研究で行われた調査面接では，英語で専門科目を学ぶということ自体や，将来のキャリア構築に有利であると考えることから，EMIにやりがいを感じるという学生の声が挙げられています。言い換えれば，EMIは内発的・外発的動機づけとして機能する可能性があります。また，EMIの授業は具体的な英語の使用機会として，学生がイメージしやすいことからもL2理想自己形成も期待できます。

　一方，英語による専門教育を指すEMIに対して，CLILは外国語を使って教科を教えることによって，教科知識の習得と言語能力の両方を向上させることを目的としたバイリンガル教育手法です。CLILが言語学習動機づけを促進するか否かについての研究は，CLILが発達したヨーロッパを中心に行われています（e.g., Coyle, 2006; Surmont, Van, Struys, & Somers, 2014）。中でも有名な研究はDoiz, Lasagabaster, & Sierra（2014）がスペインのバスク地方において中学生393名（2学年：12〜13歳および14〜15歳）を対象にCLILクラスの生徒と通常のEFLクラスの生徒の動機づけと不安度を比較したものです。結果は，双方の学年において，CLIL学習者の方がEFL学習者よりも動機づけが高いことが報告されています。また，国全体の教育施策としてCLILが取り入れられているスペインにおける大規模な評価プロジェクトの報告書の中で，Lorenzo, Casal, & Moore（2010）は，CLILおよびNon-CLIL学習者1,239名を対象としたアンケート調査において，外国語で内容を理解できた満足感やエンゲージメント（没頭している

感覚）の高さが，CLILと既存の言語教育の違いを表しているとしています。そして，Lorenzo et.alは，言語と学習内容のつながりが土台となっているCLILと，漠然とした将来における言語の使用を想定した一般的なコミュニカティブな言語教育にその違いがあるのではないかと考察しています。CLILという学習環境では，対象言語を使って内容を理解するという作業が繰り返し行われることにより，その言語を自己の一部として取り入れる「見直し作業」（=identification）につながり，結果として高い動機づけと言語能力の向上につながると考察しています。

　CLILやEMIにおいて対象言語を使用することで，その言語を自己の一部とする，内在化させるという点は，本節の前半で触れた言語学習への動機づけの考え方と一致しています。また，外国語を使って内容を学ぶという点に限って言えば，本来言語力の向上が目的ではないEMIの成功にも，満足感とエンゲージメントが重要であると言えるでしょう。そして，日本の高校における英語教育と大学におけるEMIの違いを考えた場合，適切な準備教育が必要になることは容易に想像できます。そこで，語学力強化も明確な目的であるCLILをEMIの準備教育の一部として高校や大学1年次で導入することによって，EMI講義科目の理解を促進する語彙力の向上を含めた未修内容を第二言語で学ぶことは理にかなったアプローチと言えるでしょう。

3．実践事例（CLILからEMIへ）

　それでは，実際にCLILをEMIの準備教育プログラムの要として取り入れたカリキュラムを見てみましょう。ここでは，筆者が設置に関わった学習院大学国際社会科学部を取り上げます（2019年完成年度時）。世界的に活躍できるビジネスパーソンの輩出を目的に開設されたこの学部では，英語で専門科目を学ぶことにより，社会科学領域においての共通枠組みである「課題発見」と「データ分析」を英語で行う力を養うことを目的として設計されました。カリキュラムにおいて英語を「使うもの」と位置付け，大枠の方向性を示すことで，学生が個人的に意味のあるキャリア像を長期目標として見つける時間を持てるような構成になっています。この学部の目的は社会科学を学ぶことにありますが，英語はそのために必要な道具で

あり，学生自身が英語学習の意欲を失ってしまうと，入学した意味が薄れてしまうため，4年間全体を通して動機づけのプロセスとしてとらえる必要があります。大きな学習の流れとしては英語教育と専門科目教育の間の距離が段階的に縮まるようにデザインされています。

　図1に沿ってカリキュラムを時系列に追ってみていきましょう。1年次の社会科学教育の目的は，各分野（経済学，経営学，社会学，地域研究，法学）の導入を講義および少人数の基礎演習を通して日本語で行うことです（図1②）。そして，英語教育の目的は，EMIへの第一歩として，受験科目として学んだ英語をアカデミックな目的で「使う」ことに慣れさせることにあります。英語科目の特徴としては，English for Academic Purposes（アカデミック英語，以下EAP）に代表される4技能に焦点を当てた科目に加えて，Self-directed Learning（自己管理的学習）と呼ばれる授業があります（次ページ図1①）。この授業では，言語を生涯に渡って自ら学び続けていく上で必要となる自律性を育むため，その学びに有用な学習方略や学習リソースについて学びます。またそれらを駆使して自ら立てた目標と学習計画を実行，進捗を自分自身で確認し，目標と計画を再調整する過程を教員とクラスメイトと共有することで自律性の促進に欠かせないメタ認知能力を高めます。この段階では，英語と社会科学科目は分離されており，CLILと呼べる形の授業はありません。日本の高校において受け身で英語を学んできた学生を対象に，まずは，大学の学びを英語で行うために「使う」訓練をする段階です。

　2年次はカリキュラムの要であり，楔（くさび）の役割を果たしています。第1学期からEMIが開講されます。社会科学教員による社会系（The Economic Development of Japan）と経済系（International Economics）の選択講義科目（図1④）に対し，少人数で行うCLIL科目 Issues in the World と Economics in the World が配置され，これらは英語教員が担当します。このCLILクラスでは，EMI科目で専門教員が使う教材を参考に，語彙の拡大や，大学レベルのテキストの読解を助け，その内容を実際にアウトプットする機会を提供します（図1③）。これは，アメリカの大学などで行われている少人数チュートリアル（Tutorial）に似ていますが，教えるのは，アメリカのように専門教育を受けた院生ではなく英語教員で，あくまでも語学力とEMIに対応するためのスキルの習得を念頭に行う授業です。

	英語教員担当（英語のみ）		社会科学教員担当（日本語・英語）		
1 年次	① <EAP> 4技能強化及びプレゼンテーション科目 Self-directed Learning（メタ認知スキル）科目		②入門講義科目（日） 領域：経済学，社会学，ビジネス，法学，地域研究		基礎演習（日）
2 年次 1 学期	⑦選択科目 <CLIL> テーマ別ディスカッション科目 -The Economy -Business -Law & Society -International Relations ⑧選択科目 < スキル > -Advanced Academic Writing -Oral Fluency -Business Communication	③必修科目 <CLIL> Issues in the world ↗ Economics in the world ↗	④講義科目（英）<EMI> The Economic Development of Japan, International Economics	講義科目 （日）	海外研修 4 週間 〜 2 学期
2 年次 2 学期		⑤選択必修科目 <CLIL> -Globalization and Business -Peace and Conflict -Advertising and the Media -Social Diversity -Global Challenges	⑥講義科目（英）<EMI> 例：Law and Economics, Sociology of Population, Modern Chinese Economy, International Finance：Theory など	講義科目 （日）	
3 年次 〜 4 年次	選択科目（⑦／⑧） ＋ ⑨上級選択科目： -Independent Studies -Area Studies		⑩講義科目（英）<EMI> 例：International Business, Politics and Economy in SE Asia, Case Study Methods など	講義科目 （日）	専門演習 （日・英）

バランス：言語 ◀━━━━━━━━━━━━━━━━━━━━▶ 専門内容

方向性：社会科学と語学教育を融合させた教育
長期目標：国際的なビジネスで活躍できる人材を育成する

図 1．カリキュラム全体図

学生は，EMI の授業で，初めて大学レベルの専門内容に英語で向き合いますが，少人数の CLIL クラスで，関連した内容を学ぶことにより，EMI の導入をサポートする形です。また，第 2 学期には，多くの専門科目が英語で開講され（図 1 ⑥），同時に，学生が興味のあるテーマで選ぶ CLIL 選択科目（図 1 ⑤）を英語教員が専門科目とは別に開講します。EMI の学びに必要な広範囲に渡る語彙の獲得と，共同タスクが行いやすい少人数クラスで，英語によるエンゲージメントを深め，EAP から EMI への移行を間接的にサポートし続ける構造です。また，2 年次からは，テーマ別のディスカッション（図 1 ⑦）や，いわゆるスキル選択科目（図 1 ⑧）を配置し，学生が自らの考えによって，英語力の補強ができるようになっています。

　3・4 年次では，多くの専門講義科目が英語（図 1 ⑩）となります。ゼミの言語は主に日本語ですが，教員によっては，英語による課題が課されます。また，語学科目の必修はなくなり，自ら必要だと考える学生だけが選択科目（図 1 ⑦〜⑨）を履修します。

このカリキュラムでは，学生の自律性の向上が大きなテーマの1つです。そのため，上記の段階別科目編成に加えて，4週間以上の海外研修が卒業要件となっています。これは学部が指定した渡航先に，英語能力の向上を目的として，学生を「送り込む」のではなく，学生が自ら，自分にとってふさわしい留学とは何かを考え，情報を集め，家族の了承を得て，渡航をします。これにより，国際経験や多様性理解だけではなく，自律性の向上の機会を提供しています。英語や他言語の能力向上のための語学研修や科目履修による単位取得に加え，インターンシップやボランティアなども対象となります。

4．研究

　このプログラムの特徴である社会科学科目と英語科目の融合に関して，ブリッジ部分（図1③〜⑥）の効果について2年次を終了した学生と行った面接からその声を拾ってみましょう。EAPとCLIL，そしてEMIが重なりながら連携していくカリキュラムの様子に戸惑いながらも，学生のエンゲージメントが保たれている様子がうかがえます（面接実施：2019年2月）。

⑴ **男子学生 S**
・入学時と英語力を比べて
　読む力の向上に当てはまっているのかな。あと聞く力の向上もそうですし，話す場面も。最近はちょっと語学の授業よりも，専門科目の講義の授業の方が英語が多いんで，そんなに話す機会がたくさんあるわけじゃないですけど。だいぶ前よりも話せるようになったのは，1か月だけ短期で留学に行ったのもあると思います。
・1年と2年生の英語の授業の違いについて
　なんか1年生の最初の時は，もう本当にこの学部で生きていくためのレポートの書き方とか，しつこいぐらいに学びました。［…］英語で文章を書く力が身についたものだなっていう実感はあります。それでその力を身につけた上で2年生になって，少し専門的，経済の内容を英語Bridge科目で学んで，講義科目の方でこれ前やったなみたいなところがありました。

[この英語のクラスで] ですから，CLIL 科目で経済の知識を身につけられたかなという思いはあります。英語科目が CLIL になってちょっと専門的になったかなっていう変化は実感しています。

⑵ 女子学生 E
・入学時と英語力を比べて

　そうですね。プレゼンテーションの授業が印象的ですね。やっぱり中高でスピーキングの勉強ってあんまりしなくて，表現の仕方とか，相手をちゃんと聞いてもらえるような言い方も学んでみて，すごく自信が付きました。また，先生との距離が近く，普通にしゃべりかけて下さる時もあり，やっぱり少人数で，クラスがすごい分かれてるからこそだと感じます。

・1 年と 2 年生の英語の授業の違いについて

　社会科学科目ではプレゼンテーションの機会があり，学んだことがリンクしていると感じました。

　1 年生は基礎的なことを学び，英語でいっぱいレポート書いて，最初すごい，なんだこれは？みたいな授業だったんですけど，それのおかげで 2 年生になった時に，例えば先生からレポート提出求められた時に書き方はもう知ってるから，プラスで自分の学んだことを足していけばいいとか思いました。English Communication（図 1 ③英語科目）も結構英語によるコミュニケーション，グループディスカッションとかありました。ただ，そのグループディスカッションは［英語による講義が増えて］2 年生になって減ってしまったのでそれがすごい残念です。

5．動機づけの仕掛け

　実践例と学習者の声とともにカリキュラムの全体像を把握したところで，このデザインを支える英語学習の動機づけを継続させていく仕掛けを見ていきます。

5.1　入学時のカリキュラムと動機づけ——ビジョンを持たせる
　このプログラムでは，英語を「社会科学を学ぶツール」と明確に位置付けることで，学生本人が，英語を使って世界について学ぶというアプロー

チに魅力を感じ，その意図を理解した上で入学することをある程度前提と
しています。また，学生が理想自己もしくは義務自己として国際的に活躍
するビジネスパーソンというビジョンを描き，英語を使うことが自己の将
来像の一部とすることで英語を学ぶ価値がさらに増す可能性があります。

　一方，受験は学生にとっての自己決定理論にある自己決定のプロセスで
もあります。ですから，偏差値や経済的な制限はあるにしても，志望大
学・学部を決めるためには，カリキュラム内容や学部の目的と自分の価値
観を照らし合わせて考えることとなります。ある学生は，「同じ経済学部
でも国際系の方が魅力的」や「英語で学んでいると自慢できる」（取り入
れ的調整）と考え，受験もしくは入学をするかもしれません。また，他の
学生は「これからの社会において，英語で学び，意見を述べる能力は重要」
（同一化的調整）ということを動機づけにするかもしれません。この選択に
おいて，プログラムの目指すところが，自分の価値観に近く，内在化でき
るのであれば，自己決定性の高い，外発的動機づけの状態になると考えら
れます。

5.2　ビジョン達成への道──目標設定と自律性

　学生は様々な動機づけと，学習体験，そして能力を持って大学の学びを
始めます。仮に，そのうちの何人かがグローバルに活躍するという目標を
すでに内在化し，理想自己としていても，「英語習得」という長い道のり
は変わりません。この道を進んでいくためには，学びと動機づけを自分自
身でコントロールしていく自律性が重要です。

　自分の学びを主体的に制御できるようになるためには，目標地点と到達
への道筋を見せ，その達成が可能であると認識させることが重要です。そ
こで，年次ごとに目的を明確にし，選択肢を徐々に増やし，自己決定の機
会を増やしていくことで，学生が自らの動機づけを継続させて，自律性を
高めていくことを狙っています。

【動機づけを仕掛けるカリキュラム構成】

⑴　1年次はEAP，2年次はCLILを中心としたEMIへの移行期
　　──専門性を徐々に深めていく仕掛け
　受験を念頭に英語を学んで入学してきた学生が「英語を使って内容を学

ぶ」ために，入学時の意欲のある時期に明確な中長期の目的とそれを達成する道筋を見せ，足場かけ（scaffolding）を組みます。

⑵ 3 年〜 4 年次の本格的な EMI
　　——専門領域学習で英語をツールとして使う仕掛け
　高いレベルで英語を使うことで，仕事などで英語を使う可能自分を想像しやすくなり，理想自己の強化へとつながります。その実現に向けての道筋をカリキュラムに見出すことで，学習の継続が期待されます。

⑶ 必修科目 Self-directed Learning
　　——自己制御とメタ認知スキルを学ぶ仕掛け
　自律性の意義を唱える学習者オートノミー（Little, Dam, & Legenhausen, 2017）の考え方や自己調整学習（Zimmerman & Schunk, 2011）の理論に基づき，目標設定，学習計画，学習リソース活用を実際に体験し，自分自身で動機づけと学びをコントロールすることを学びます。

⑷「卒業要件としての最長 2 学期間の留学（4 週間以上）」
　海外研修は英語学習と専門学習のバランスを自ら調整する仕組みの 1 つとして重要な役割を果たしています。卒業要件は，期間のみを条件とし，行き先と時期の指定はありません。留学は，個人の考え方によって，EMI を本格的に始める前の語学学習，もしくは，EMI を体験し，自信を深めた上で，海外において専門科目を英語で履修するなど，学生個人の考えに合わせて目標にもなり，その手段ともなります。学生自身が自ら決断を下すことで，自己決定性と主体性を高め，専門科目履修と英語学習のバランスを自分で調整できる機会となります。

6. おわりに

　日本の大学では，英語学習に対する動機づけが長い間，問題視されてきました。しかし，その割にはカリキュラム全体でのサポートは考えてこられてなかったように思います。どんなに有能な教員であっても，1 クラスでできることは限られています。本節では，日本の大学において最近増えつつある EMI と CLIL を有機的に組み合わせたカリキュラムで英語学習

の動機づけをサポートする仕組みを紹介しました。

　EMI そのものは，言語学習を目的にはしておらず，多くの場合，言語教育は念頭にない専門教員によって教えられています。しかし，英語学習に必要性をそれほど見出せない学生が多い日本においては，この EMI をカリキュラムの最終目標に置くことで，EAP と CLIL という準備教育においての目標となり，その先のキャリアを含めた L2 理想自己への通過点，道筋とすることができます。実践例で紹介した学習院大学のカリキュラムは，2019 年完成年度時点では，学生の英語力を定期的に測定するテストで，平均点が毎年上昇傾向にあり，このカリキュラムが英語学習の観点からはある程度機能していると考えています。完成年度以降に，動機づけを縦断的に多方面から検証するべきであり，その検討が始まっています。

考えてみよう！

(1) CLIL や EMI を教える教員自身の動機づけについて話し合ってみましょう。どのようなことが肯定的または否定的な要因となりうると思いますか。

(2) 一般教養科目とされている必修英語において CLIL を導入した場合に考えられる効果と問題を考えてみましょう。

第8節　EMIを通した「やる気」の変化

マキュワン麻哉, ライアン　ステファン

1. はじめに

　先の章でも触れているように, 英語の教授法・学習法は多岐に渡ります。特に高等教育の中で近年よく取り上げられるようになった, 英語を使用して学術的 (専門的) な内容を教える教授法 "EMI" (English Medium Instruction) もその1つです。Briggs, Dearden, & Macaro (2018, p. 674) によると, 「専門的な学術内容を, 学習者の第一言語ではない言語を通して教えること」としており, また, その使用言語は「教室外でのほとんどの人にとって第一言語ではない」とされています。したがって, 日本で英語を使用して専門教科・学術内容を教えることは, この EMI に該当することになります。ここでは, 日本での EMI の授業における「やる気」や「動機づけ」に関する変化に関して議論を進めます。

　学習者の「やる気」の有無は, 英語 (もしくは英語学習) に対する積極的・消極的な態度, 努力の有無, 自己評価の高低などに影響することが多くの研究により明らかにされています (McEown, Noels, & Chaffee, 2014 参照)。「動機づけ」は, 数多くある英語学習に影響を与える個人差要因の中でも, 言語適性と同様に, 最も大きな要因と考えられています (Dörnyei & Ryan, 2015)。その「やる気」に影響を与えるのは, 学習者自身の「内的なもの」である時もあれば, 学習者の置かれている「環境」である場合もあります。その環境要因は多岐に渡りますが, 例えば, 教員, 教室, 授業形態などが考えられるでしょう。EMI という特殊な授業形態は, 学習者の「やる気」にどのような影響があるのでしょうか？　それを解明することは, EMI の授業を成功に導く第一歩であると考えられます。

2．先行研究

　先に述べたように EMI の授業形態の中で，学習者の「やる気」「動機づけ」「情意要因」を探ることは，急務であると考えられます。現在に至るまで，多くの EMI の授業形態に関する研究は行われてきましたが，その中で「やる気」に焦点を当てた研究は，決して多くはありません。ここでは，数少ない研究の中から，日本の高等教育の EMI に特化した「やる気」に関連する研究を取り上げてみましょう。

　小島（2016）では，EMI 準備講座[1]において，学習者の動機づけを質問紙と面接により調査しています。この研究では学習者の学習動機を，L2動機づけ自己システム論（The L2 Motivational Self System）という Dörnyei によって構築された理論をもとに分析しており，主にその理論の「L2理想自己（Ideal L2 self）」に焦点を当てています。L2理想自己とは，「L2の使用者としてなりたい自己」ということであり，その自己像を鮮明に持つこと，その自己像に近づこうとすることで，英語学習に対して動機づけが高まると考えられています。この研究（小島，2016）によると，「L2理想自己」が英語学習に対する「やる気」や，「学習時間」等に正の相関があり，将来の英語の必要性を認識している学習者ほど，EMI 準備講座に対する自主的学習をする傾向が見られることがわかりました。Kojima & Yashima（2017）の研究では，学術的内容学習に対する動機と英語学習に対する動機を分けて考え，先に述べた L2動機づけ自己システム論と自己決定理論（Deci & Ryan, 1985）を用いて分析しています。自己決定理論とは，心理学から Noels によって言語教育の分野に応用された理論で，学習理由を6種類の志向に細分化することができます。自己決定理論の中でも特に重要視される志向は，「内発的動機づけ」であるとされており，「楽しい・嬉しい，ワクワクするから学習する」というポジティブで内的な感情からくる動機づけです（Deci & Ryan, 1985参照）。また，この理論では，内発的動機づけをいかにして高めるのかという枠組みも設けられており，そこでは，学習

1．小島（2016）の研究で対象になった EMI 準備講座とは，EMI を受講するまでの，英語が苦手な学生や英語力に不安を抱えている学生を対象に開講している講座のことを指す。

者が3つの心理的欲求（自律性，有能性，関係性）を高めることが必要であると説明されています（Deci & Ryan, 1985参照）。「自律性」とは学習者自身が自由に選択できると感じること，「有能性」とは学習者がタスク・活動を達成・遂行できる能力が自らにあると感じること，「関係性」とは学習者とそれを取り巻く環境にいる人々が良い関係であると感じることを指します（Deci & Ryan, 1985）。Kojima & Yashima（2017）の研究では，これら自己決定理論の枠組みにしたがって，学習者のEMIに対する志向性やそれを支える3つの心理的欲求に関して検証をしています。結果として，英語学習により好意的な態度を持つ学習者や，L2理想自己をよりクリアに持つ学習者がEMIに対する内発的動機づけも高いことが明らかにされました。また，自己決定理論では，多くの研究者が，学習者の内発的動機づけを高めるためには3つの心理的欲求のうち「自律性」が最も重要であることを提唱していますが，Kojima & Yashima（2017）の研究では，さらに「有能性」を高めることがカギになることも述べられました。これら研究結果は，EMIの教授法を対象としていない日本の英語授業の環境下で行われたAgawa & Takeuchi（2017b）による研究結果と一致しています。この点に関しては，EMIという特殊な環境によるものであるのか，もしくは日本という社会文化的背景が影響しているのか，など今後も議論の必要があると考えられます。また，小島（2019）では，前述の研究をもとに，学習者のパターン別にインタビューを行い，EMIでの教育的介入に関してさらに詳しく検証され，EMI担当教員および大学に求められていることを以下のように提唱しました。

1．EMI教員に求められる高い英語・プレゼンテーション力
2．実社会とつながりのある学びを提供する重要性
3．学生の興味を惹く授業の重要性
4．知識学習の場としてのEMI
5．EMIの負荷の高さ
6．事前・事後の授業資料開示の重要性
7．評価基準を見直す必要性

（小島，2019，p. 61）

上記に取り上げた小島らの一連の研究では，EMI の環境下での学習者の動機づけ，志向性やそれを支える教育的介入に関して新たな知見が明らかとなり，さらに既存の動機づけ理論（L2動機づけ自己システム論や自己決定理論）をもとに議論されていることから，教育的にも理論的にも示唆に富んだものであると言えます。

3．実践事例（EMI の教育実践）

　それでは，EMI の授業ではどのように教員が学習者の動機づけを行っているのでしょうか。ここでは，実際に筆者らが行っている授業例と教育的介入をご紹介します。

【「第二言語習得論入門」「異文化コミュニケーション」「多元文化論系演習」での授業実践】

　授業実践は EMI の授業形態をとっています。一般に多くの英語の授業が少人数制の形態をとっているのに対して，EMI の多くは大教室を使用し，大規模講義になるパターンが見受けられると言われています（小島，2019）。筆者が実施している授業の中でも "Introduction to Second Language Acquisition" という第二言語習得論入門の授業は約100名前後の学生が履修している場合があります。次ページの表１は，実際の授業の概要です。

　表１でも述べているように，EMI での授業の学生は，専門内容を学習することを第１とする学生と，英語の学力を維持するために受講している学生が混在しているという印象です。このあたりは，Kojima & Yashima（2017）の研究でも裏打ちされているように，学習者側は２種類の異なる動機づけ（英語学習に対する動機づけと学術内容に対する動機づけ）を持っていると考えられます。つまり，教員は，学術内容を単に英語で教えているつもりでも，学習者側は２種類の異なる目的を持って受講しており，また，それぞれの動機づけのレベルも人によっては乖離している場合があるのかもしれません。

表1．EMIの授業概要

授業名	第二言語習得論入門	異文化コミュニケーション	多元文化論系演習（外国語学習者の心理）
目標	第二言語習得について様々な理論を網羅し，実践にどのように応用できるかを議論する	異文化間コミュニケーションについて，様々な理論を網羅し，実践にどのように応用できるかを議論する	言語習得者における心理要因について，様々な理論を網羅し，実践にどのように応用できるかを議論する
取り扱う学術的内容（例）	・第二言語習得理論 ・臨界期仮説 ・バイリンガリズム ・バイリンガルと脳 ・年齢と習得 ・個人差要因	・文化とは ・ホフステッドによる文化比較 ・アイデンティティー ・文化変容態度など	・グループダイナミクス ・言語学習者の感情 ・言語学習スタイル ・言語学習におけるゴールなど
（教員から見た）学生の様子	学生は，上記の内容に関して知見を深めたいと考えていると同時に，より高い英語能力を習得・もしくは維持しようとして受講している場合がある		

4．研究

　ここでは，実際にEMIのクラスでとった動機づけの変化を示します。今回は，EMIのクラスを受講している学生のうち，希望者のみ（13名）に協力してもらいました。2018年度にEMIの授業を受け始めた初期段階と，最終の段階で2回の質問紙に回答してもらい，それぞれの段階での(1)英語学習に対する内発的動機づけ，(2)英語使用者としての理想自己，(3)学術内容学習に対する内発的動機づけ，(4)専門分野の知識人としての理想自己に分けて6段階の質問項目でレベルの違いや変化を次ページの図1，2に示します。それぞれ英語学習に対する内発的動機づけとL2理想自己をEMIの授業の初期・後期で対比しています。

　ここでわかることは，EMIの授業を受講している学生側の英語に対する動機づけは，非常に高いということです。特に，英語学習に対する内発的動機づけは初期段階から後期段階まで高い位置で推移していることがわかります。

図1．英語学習に対する内発的動機づけの変化

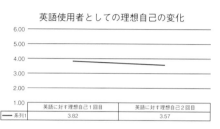

図2．英語使用者としての理想自己の変化

　つまり，学習者は，学術内容の教授のみが授業の目的であると理解はしていても，英語学習に関する志向性も持って授業を受講しているということがわかります。社会文化的背景や経済的背景により常に英語を求められる環境にいる日本人学習者として，「英語能力の向上」や「高い英語力の維持」という意図は，どの授業に出ていてもあるのかもしれません。

　一方で，学術内容の学習に対する動機づけはどうでしょうか？　次ページの図3，4からは学術内容の学習に対する内発的動機づけは英語学習同様，若干低下しているように見受けられるものの，初期段階と最終の段階の両方で4以上の高い平均値を示しています（図3）。一方，専門分野の知識人としての理想自己の変化（図4）は，低い位置での推移となりました。これらは非常に重要な知見であると考えられます。つまり多くの研究で，理想自己を持つことは非常に重要であると考えられているにもかかわらず，EMIの本来の目的である「学術内容を学ぶ」ことに関して，「その学問分野の知識人としての理想自己像」を想像できていない学習者が一定数いるのではないかと予測されます。このことから，授業ニーズと学習者の目的・目標の乖離が見られるものと思われます。よってこの点に関して，教員は何らかのサポートをする必要があるということが示唆されます。

図3．専門内容学習に対する内発的動機づけの変化

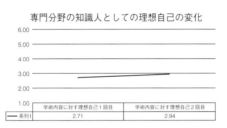

図4．専門分野の知識人としての理想自己の変化

　EMIの授業で学習者の動機づけを維持するためには，教員が学習者の目標とその授業ニーズを常に認識し続けることが大切であると考えられます。EMIの授業では，これらの授業目的と学習者が持つ学習目標が常に調和しているわけではありません。学習者の中には，英語で学術分野に関する知識を高めたいと思っていても，そのためには，さらなる英語力が必要になる学習者もいます。EMIの授業でより高い動機づけを維持するためには，この微妙なバランスを勘案し，実際の授業目標と学生の期待との間のインターフェースとして機能する以下に述べる「隠されたシラバス」の開発が必要になることがあります。

5．動機づけの仕掛け

　Briggs, Dearden, & Macaro（2018）の定義でもあるように，EMIの授業自体は英語のクラスではありませんが，日本では，多くの学生があたかも英語のクラスにいるかのように受講しています。多くの場合，現在の

EMIの授業で，学習に対する学習者の態度を形成するのは，言語関連の学習と言語使用に関連するアカデミックな自己概念の領域であり，学術内容関連の要因が二次的な役割を果たしていると考えられます。「隠されたシラバス」は，EMIの授業において，学習者がどのような言語的サポートを期待しているかを管理するのに役立ちます。この「隠されたシラバス」の中核は，英語学習者の動機づけを理解し，英語学習者の動機づけの重要な概念をどのようにEMIの授業目的に適合させることができるかを理解することです。もちろん，すべてのEMIの形態を伴った授業の中身は異なり，学習者の動機づけにも個人差があるため，一般化を行う際には細心の注意が必要です。

　以上の実証データや過去の先行研究，さらには実際によく応用される動機づけ理論等を踏まえて，最後に，やる気を起こさせるEMIの授業を提供しようとする教師にとって，有用な方法をご紹介したいと思います。

⑴ クラスの学生の受講理由に着目しましょう

　EMIの授業は，取り扱う学術トピックから言語能力の向上まで幅広い関心を惹きつける傾向があるため，授業目的の中に，学習者の受講理由や授業に対する期待の多様性を考慮する必要があります。学習者に目標と期待を表明する機会を提供する方法を考えてみましょう。

⑵ 英語での専門用語と語彙の導入・強化方法を体系的に示しましょう

　EMIの授業では，専門用語と語彙が必要になることがよくあります。これは，日本の環境で一般的な英語のみを学んだ学習者にとって障壁となることがあります。この語彙を習得するための定期的なクイズやアクティビティは，英語能力の高くない学生の達成感を高め，授業に対する「動機づけ」を高めます。

⑶ 言語活動の導入に関しては学習者の習熟度に応じて対応しましょう

　EMIの授業では，「英語学習のために受講したのではない」と考える学習者も多くいます。EMIの授業でありながら，明示的な言語活動を行うことは，すでに十分な能力を持つ学習者にとってはその自己概念を脅かします。この点で，教室内で違った意図を持った学習者同志がどのようにグループを形成するかを慎重に検討して下さい。

⑷ **多彩な能力を伸ばす活動に挑戦させましょう**

　特に大学生は能力を伸ばすために何かにチャレンジすることで，やる気と意欲を伸ばすことができるため，そのような機会を提供しましょう。

⑸ **授業に対して常に革新的でありましょう**

　EMI は比較的新しい授業スタイルであり，教師は決められた教授法や規則を一度捨てて，学習者に合わせた従来の方法と新しい方法を組み合せたハイブリッド形式の授業を実施をしましょう。新奇性は，どのクラスでも最も効果のある動機づけ方法の１つです。

6．おわりに

　この節では，日本のコンテキストの EMI 授業における動機づけに関する先行研究や実証データを紹介し，それらとともに確立された動機づけ理論に基づいて，実践で使用できる動機づけ方法をいくつか提案しました。今後は，こういった実践的な方法を実際に使用し，実験研究や観察法などを用いて効果検証をすることが求められます。

考えてみよう！

⑴ EMI の授業においてどのような実証研究ができるでしょうか。実証研究の計画を立て，研究課題を考えてみましょう。

⑵ EMI の授業において量的研究法・質的研究法・混合計画法を用いて，どのような研究ができるでしょうか。研究をデザインし，研究課題を考えてみましょう。

参考文献

Agawa, T., & Takeuchi, O. (2016). Validating self-determination theory in the Japanese EFL context: The relationship between innate needs and motivation. *The Asian EFL Journal Quarterly, 18*, 7–33.

Agawa, T., & Takeuchi, O. (2017a). Pedagogical intervention to enhance self-determined forms of L2 motivation: Applying self-determination theory in the Japanese university EFL context. *Language Education & Technology, 54*, 135–166.

Agawa, T., & Takeuchi, O. (2017b). Examining the validation of a newly developed motivation questionnaire: Applying self-determination theory in the Japanese university EFL context. *The Japan Association of College English Teachers Journal, 61*, 1–21.

Al-Hoorie, A.H., & MacIntyre, P.D. (2019). *Contemporary language motivation theory: 60 years since Gardener and Lambert*. Multilingual Matters.

Alrabai, F. (2016). The effects of teachers' in-class motivational intervention on learners' EFL achievement. *Applied Linguistics, 37*, 307–333.

Ament, J. R., & Pérez Vidal, C. (2015). Linguistic outcomes of English medium instruction programmes in higher education: A study on economics undergraduates at a Catalan university. *Higher Learning Research Communications, 5(1)*, 47–67.

Ames, C. (1992). Classrooms, goals, structures and student motivation. *Journal of Educational Psychology, 84*, 261–271.

Anderson, L.W., & Krathwahl D.R. (2001). *A taxonomy for learning, teaching and assessing: A revision of Bloom's taxonomy of educational objectives*. Longman.

Aoyama, T. (2017). Language learning motivation research in Japan: a systematic reviewed. EuroSLA 27 Conference. University of Reading, UK.

Apple, M.T., Falout, J., & Hill, G. (2013). Exploring classroom-based constructs of EFL motivation for science and engineering students in Japan. In M.T. Apple, D.D. Silva, & T. Fellner. (Eds.), *Language learning motivation in Japan* (pp. 54–74). Multilingual Matters.

Apple, M.T., Silva, D.D., & Fellner, T. (2013). *Language learning motivation in Japan*. Multilingual Matters.

Apple, M.T., Silva, D.D., & Fellner, T. (2017). *L2 selves and motivation in Asian context*. Multilingual Matters.

Aronin, L. (2016). Multi-competence and dominant language constellation. In V. Cook & L.Wei (Eds.), *The Cambridge handbook of linguistic multicompetence* (pp. 142–163). Cambridge University Press.

Atkinson, J.W. (1964). *An introduction to motivation.* Van Nostrand.

Atkinson, J.W., & Rayner, J.O. (1974). *Motivation and achievement.* Winston and Sons.

Aubery, S., & Nowlan, A.G.P. (2013). Effect of intercultural contact on L2 motivation: a comparative study. In M.T. Apple, D.D. Silva, & T. Fellner. (Eds.), *Language learning motivation in Japan* (pp. 129-151). Multilingual Matters.

Bandura, A. (1993). Perceived self-efficacy in cognitive development and functioning. *Educational Psychologist, 28,* 117-148.

Bandura, A. (2001). Social cognitive theory: An agentic perspective. *Annual Review of Psychology, 52*, 1-26.

Beckett, G. H. (2006). Project-based second and foreign language education. In G. H. Beckett & P. C. Miller (Eds.), *Project-Based second and foreign language education* (pp. 3 -16). Information Age Publishing.

Bentley, K. (2010). *The TKT Course CLIL Module.* Cambridge University Press.

Bloom, B.S. (1956). *Taxonomy of educational objectives. Handbook 1: Cognitive domain.* Longman.

Boo, Z., Dörnyei, Z., & Ryan, S. (2015). L2 motivation research 2005-2014: understanding a publication surge and a changing landscape. *System 55,* 145-157.

Bradford, A., & Brown, H. (2018). *English-Medium Instruction in Japanese higher education: policy, challenges and outcomes.* Multilingual Matters.

Briggs, J.G., Dearden, J., & Macaro, E. (2018). English medium instruction: comparing teacher beliefs in secondary and tertiary education. *Studies in Second Language Learning and Teaching 8 (3),* 673-696.

British Council (2013). The effect of English: The impact of English, what it's worth to the UK and why it matters to the world. Accessed 14 September 2019 at https://www.britishcouncil.org/sites/default/files/english-effect-report-v2.pdf

Brown, H. (2007). *Teaching by principles: an interactive approach to language pedagogy.* Pearson Longman.

Brown, H. (2019). Supporting the transition from English as a foreign language to English-Medium Instruction: recommendations for language teaching. *Forum of Language Instructor, 13*, 5-16.

Carreira, M.J., Okuno, N., Akiama, M., & Tanabe, S. (2007). Content-based approach in elementary school English education: international understanding in the period for integrated study. *Language Education and Technology, 44,* 1-22.

CAST. (2018). Universal Design for learning guidelines version 2.2 [graphic organizer]. Retrieved from https://udlguidelines.cast.org/

Chan, L., Dörnyei, Z., & Henry, A. (2015). Leaner archetypes and signature dynamics in the language classroom: a retroductive qualitative modelling approach to studying L2 motivation. In Z. Dörnyei, P.D. MacIntyre, & A.Henry. (Eds.), *Motivational dynamics in language learning* (pp. 238-259). Multilingual Matters.

Cheng, H.-F., & Dörnyei, Z. (2007). The use of motivational strategies in language instruction: The case of EFL teaching in Taiwan. *Innovation in Language learning and Teaching*, 153-174.

Clément, R. (1980). Ethnicity contact and communicative competence in a second language. In H. Giles, W.P. Robinson, & P.M. Smith (Eds.), *Language Social Psychological Perspectives.* Pergamon.

Clément, R., Gardner, R.C., & Smythe, P.C. (1977). Motivational variables in second language acquisition: A study of francophones learning English. *Canadian Journal of Behavioural Science, 9,* 123-133.

Clément, R., & Kruidenier, B. (1985). Aptitude, attitude, and motivation in second language proficiency: A test of Clément's model. *Journal of Language and Social Psychology, 4,* 21-37.

Convington, M. (1992). *Making the Grade: A Self-Worth Perspective on Motivation and School Reform.* Cambridge University Press.

Cook, V.J. (1991). The poverty-of-the-stimulus argument and multi-competence. *Second Language Research, 7(2)*, 103-117.

Cook, V. (2016). Premises of multi-competence. In V. Cook & L.Wei (Eds.), *The Cambridge handbook of linguistic multicompetence* (pp. 1-25). Cambridge University Press.

Council of Europe. (2021). Education for sustainable development and global citizenship. Retrieved from https://www.coe.int/en/web/education/4.7-education-for-sustainable-development-and-global-citizenship.

Coyle, D. (2006). Content and language integrated learning: Motivating learners and teachers. *Scottish Languages Review* 13, 1-18.

Coyle, D. (2012). Content and language integrated learning: Language using, learning gains. In M. J. Davies & A. Taronna (Eds.), *New trends in early foreign language learning* (pp. 26-33). Cambridge Scholar Publishing.

Coyle, D., Hood, P., & Marsh, D. (2010). *CLIL: Content and Language Integrated Learning.* Cambridge University Press.

Crookes, G., & Schmidt, R. (1991). Motivation: Reopening the research agenda *Language Learning, 41,* 469-512.

Csikszentmihalyi, M. (1990). *Flow: The psychology of optimal experience.* Harper & Row.

Csizér, K., & Kormos, J. (2009). Learning experiences, selves and motivated learning behavior: A comparative analysis of structural models for Hungarian secondary and university learners of English. In Z.Dörnyei, & E.Ushioda (Eds.), *Motivation, language identity and the L2 self.* Multilingual Matters.

Dalton-Puffer, C. (2016). Cognitive discourse function: Specifying an integrative interdisciplinary construct. In T. Nikula, E. Dafouz, P. Moore & U. Smit (Eds.), *Conceptualising integration in CLIL and multilingual education* (pp. 29–54). Multilingual Matters.

Dam, L.(1995). *Learner autonomy 3: From theory to classroom practice.* Authentik.

Day, C., & Gu, Q. (2009). Teacher emotions: well-being and effectiveness. In P.A. Schutz & M. Zembylas (Eds.), *Advances in teacher emotion research: The impact on teacher's lives* (pp. 15–32). Springer.

Dearden, J. (2014). English as a medium of instruction—a growing global phenomenon: Phase Interim Report 2014. British Council. Retrieved from https://www.britishcouncil.jp/sites/default/files/pro-he-emi-en.pdf

Deci, E. L. (1971). Effects of externally mediated rewards on intrinsic motivation. *Journal of Personality and Social Psychology, 18*, 105–115.

Deci, E. L., Koestner, R., & Ryan, R. M. (1999). A meta-analytic review of experiments examining the effects of extrinsic rewards on intrinsic motivation. *Psychological Bulletin, 125*, 627–668.

Deci, E.L., & Ryan, R.M. (1985). *Intrinsic motivation and self-Determination in human behavior.* Plenum.

Deci, E.L., & Ryan, R.M. (2002). *Handbook of self-determination research.* The University of Rochester Press.

Dewaele, J.M., & Mercer, S. (2018). Variation in ESL/EFL teachers' attitudes towards their students. S. Mercer, & A. Kostoulas. (Eds.), *Language teacher psychology* (pp. 178–195). Multilingual Matters.

Doiz, A., Lasagabaster, D., & Sierra, J.M. (2014). CLIL and motivation: the effect of individual and contextual variables. *The Language Learning Journal, 42(2)*, 209–224.

Dörnyei, Z. (1994). Motivation and motivating in the foreign language classroom. *Modern Language Journal, 78*, 515–523.

Dörnyei, Z. (2001a). *Teaching and researching motivation.* Pearson Education.

Dörnyei, Z. (2001b). *Motivational strategies in the language classroom.* Cambridge University Press.

Dörnyei, Z. (2005). *The psychology of the language learner: individual differences in second language acquisition.* Lawrence Erlbaum Associates.

Dörnyei, Z. (2009). The L2 motivational self system. In Z.Dörnyei & E. Ushioda, E. (Eds.), *Motivation, language identity and the L2 self* (pp. 9–42). Multilingual Matters.

Dörnyei, Z. (2014). Researching complex dynamic systems: 'Retrodictive qualitative modelling' in the language classroom. *Language Teaching 47 (1)*, 80-91.

Dörnyei, Z. (2015). Long-term motivation and motivational currents in L2 learning.

Opening plenary talk at the "Process and Practice in EAP" BALEAP PIM conference, Sheffield, UK.

Dörneyi, Z. (2018). Engaging language learners in the 21st century. Special talk at Osaka University. June 10, 2018. Osaka, Japan.

Dörnyei, Z., & Al-Hoorie, A.H. (2017). The motivational foundation of language learning other than global English: theoretical issues and research directions. *Modern Language Journal, 101*, 455–468.

Dörnyei, Z., & Csizér, K. (1998). Ten commandments for motivating language learners: Results of an empirical study. *Language Teaching Research, 2*, 203–229.

Dörnyei, Z., & Csizér, K. (2002). Motivational dynamics in second language acquisition: results of a longitudinal nationwide survey. *Applied Linguistics, 23,* 421–462.

Dörnyei, Z., Csizér, K., & Németh, N. (2006). *Motivation, language attitudes and globalisation: A Hungarian perspective.* Multilingual Matters.

Dörnyei, Z., Henry, A., & Muir, C. (2016). *Motivational currents in language learning: Frameworks for focused interventions.* Routledge.

Dörnyei, Z., & Kubaniova, M. (2014). *Motivating learners, motivating teachers: Building vision in the language classroom.* Cambridge University Press.

Dörnyei, Z., MacIntyre, P., & Henry, A. (2015). *Motivational dynamics in language learning.* Multilingual Matters.

Dörnyei, Z., & Muir, C. (2017). Directed Motivational Currents: How common are they and can they be purposefully induced? Paper presented at The Annual Conference of American Association of Applied Linguistics (AAAL 2017). Portland, Oregon. Marriott Portland Downtown Waterfront.

Dörnyei, Z., Muir, C., & Ibrahim, Z. (2014). Directed motivational currents: Energising language learning through creating intense motivational pathways. In D. Lasagabaster, A. Doiz, & J.M. Sierra (Eds.), *Motivation and foreign language learning: From theory to practice* (pp. 9–29). John Benjamins.

Dörnyei, Z., & Ottó, I. (1998). Motivation in action: A process model of L2 motivation. *Working papers in Applied Linguistics, 4*, 43–69.

Dörnyei, Z., & Ryan, S. (2015). *The psychology of the language learner revisited.* Routledge.

Dörneyi, Z., & Ushioda, E. (2009). *Motivation, language identity, and the self.* Multilingual Matters.

Dörnyei, Z., & Ushioda, E. (2011). *Teaching and researching motivation.* Routledge.

Eccles, J.S. (2007). Subjective task value and the Eccles at al. model of achievement related choices. In J.J. Elliot, & C.S.Dweck (Eds.), *Handbook of Competence and Motivation* (pp.105–121). The Guilford Press.

Eccles, J.S., & Wigfield, A. (1995). In the mind of the actor. The structure of adolescents' task values and expectancy-related beliefs. *Personality and Social Psychology Bulletin, 21*, 215–225.

Emirbayer, M., & Mische, A. (1998). What is Agency?. *American Journal of Sociology, 103*, 962–1023.

Epstein, J. L. (1988). Effective schools or effective students: Dealing with diversity. In R. Haskins & D. McRae (Eds.), *Policies for America's schools: Teachers, equity, and indicators* (pp. 89–126). Ablex.

Falout, J., Fukada, Y., Murphey, T., & Fukuda, T. (2013). What's working in Japan? Present communities in imagining. In M.T. Apple, D.D. Silva, & T. Fellner. (Eds.), *Language learning motivation in Japan* (pp. 245–267). Multilingual Matters.

Fredricks, J.S., Blumenfeld, P., & Paris, A.H. (2004). School engagement: potential of the concept, state of the evidence. *Review of Educational Research, 74*, 59–109.

Friedman, R., Deci, E. L., Elliot, A. J., Moller, A. C., & Aarts, H. (2010). Motivational synchronicity: Priming motivational orientations with observations of others' behaviors. *Motivation and Emotion*, 34, 34–38.

Fukui, H., & Yashima, T. (2018). Emerging ideal multilingual selves: Narratives of Japanese students learning two languages in Taiwan. Psychology of Language Learning 3 (PLL3). Paper Presentation. Waseda University, Tokyo.

Gagne, R. M. (1965). *The conditions of learning*. Holt, Rinehart & Winston.

Gagne, R. M., Briggs, L. J., & Wager, W. W. (1988). *Principles of instructional design* (3rd edition). Holt, Rinehart & Winston.

Galloway, N., Kriukow, J., & Numajiri, T. (2017). *Internationalisation, higher education and the growing demand for English: An investigation into the English Medium of Instruction (EMI) movement in China and Japan*. The British Council. Retrieved from https://www. teachingenglish.org.uk/sites/teacheng/files/H035%20ELTRA%20Internationalisation_ HE_and%20the%20growing%20demand%20for%20English%20A4_FINAL_WEB.pdf

Gao, X., & Xu, H. (2014). The dilemma of being English language teachers: interpreting teachers' motivation to teach, and professional commitment in China's hinterland regions. *Language Teaching Research, 18*, 152–168.

Gardner, R.C. (1985). *Social psychology and second language learning: The role of attitudes and motivation*. Edward Arnold.

Gardner, R.C. (2001). Integrative motivation and second language learning: practical issues. *Kansai University Journal of Foreign Language Education and Research, 2*, 71–91.

Gardner, R.C., & Lambert, W.E. (1959). Motivational variables in second language acquisition. *Canadian Journal of Psychology 13*, 266–272.

Gardner, R.C., & Lambert, W.E. (1972). *Attitudes and motivation in second language learning*. Newbury House Publishers.

Gardner, R.C., & MacIntyre, P.D. (1993). A student's contributions to second language learning. Part II: Affective variables. *Language Teaching, 26*, 1-11.

Gardner, R.C., & Tremblay, P.F. (1994). On motivation, research agendas, and theoretical frameworks. *Modern Language Journal, 78*, 524-527.

Graddol, D. (2006). *English next: Why Global English may mean the end of 'English as a foreign language'*. British Council.

Graham, S. (1994). Classroom motivation from an attributional perspective. In H.F. O' Neil, & M.Drillings (Eds.), *Motivation: Theory and Research* (pp. 31-48). Lawrence Erlbaum.

Gregarsen, T., & MacIntyre, P.D.(2015). I can see a little bit of you and mylself: a dynamic systems approach to the inner dialogue between teacher and leaner selves. In Z. Dörnyei, P.D. MacIntyre, & A.Henry. (Eds.), *Motivational dynamics in language learning* (pp. 260-284). Multilingual Matters.

Gregersen, T., MacIntyre, P.D., & Meza, M. (2016). Positive psychology exercises build social capital for language learners: preliminary evidence. In P.D. MacIntyre, T. Gregersen, & S. Mercer. (Eds.), *Positive Psychology in SLA* (pp. 147-167). Multilingual Matters.

Guilloteaux, M. J., & Dörnyei, Z. (2008). Motivating language learners: A classroom-oriented investigation of the effects of motivational strategies on student motivation. *TESOL Quarterly, 42*, 55-77.

Hayashi, H. (2013). Dual goal orientation in the Japanese context: a case study of two EFL learners. In M.T. Apple, D.D. Silva, & T. Fellner. (Eds.), *Language learning motivation in Japan* (pp. 75-92). Multilingual Matters.

Henry, A. (2017). L2 motivation and multilingual identities. *Modern Language Journal 101*, 548-565.

Henry, A. (2015). The dynamics of L3 motivation: a longitudinal interview: observation-based study. In Z. Dörnyei, P.D. MacIntyre, & A.Henry. (Eds.), *Motivational dynamics in language learning* (pp.315-342). Multilingual Matters.

Henry, A. & Cliffordson, C. (2013). Motivation, gender, and possible selves. *Language Learning 63(2)*, 271-295.

Higgins, E.T. (1987). Self-discrepancy: A theory relating self and affect. *Psychological Review, 94*, 319-340.

Higgins, E.T. (1996). The 'self-digest": Self-knowledge serving self-regulatory functions. *Journal Personality and Social Psychology 71*, 1062-1083.

Higgins, E.T. (1998). Promotion and prevention: Regulatory focus as a motivational principle. *Advances in Experimental Social Psychology 30*, 1-46.

Hiromori, T. (2006). The effects of educational intervention on L2 learners' motivational development, *JACET Bulletin, 43*, 1-14.

Hiromori, T. (2012). Instructional practice that enhances English learners' motivation: Diagnostic use of motivation evaluation. *Annual Review of English Language Education in Japan, 23,* 361–372.

Hiromori, T. (2013). Motivational design for effective second language instruction. In M.T. Apple, D.D. Silva, & T. Fellner. (Eds.), *Language learning motivation in Japan* (pp. 291–308). Multilingual Matters.

Hiromori, T. (2019). Motivating each other in pair and group work activities. (Manuscript in review), 1–20.

Hiver, P. (2013). The interplay of possible language teacher selves in professional development choices. *Language Teaching Research 17,* 210–227.

Hiver, P. (2015). Once burned, twice shy: the dynamic development of system immunity in teachers. In Z. Dörnyei, P.D. MacIntyre, & A.Henry. (Eds.), *Motivational dynamics in language learning* (pp. 214–237). Multilingual Matters.

Hiver, P. (2016).The triumph over experience: hope and hardiness in novice L2 teacher. In P.D. MacIntyre, T. Gregersen & S. Mercer. (Eds.), *Positive Psychology in SLA* (pp. 168–192). Multilingual Matters.

Hiver, P., & Al-Hoorie, A.H. (2019). *Research methods for complexity theory in applied linguistics.* Multilingual Matters.

Hiver, P., & Dörnyei, Z. (2017). Language teacher immunity: A double-edged sword. *Applied Linguistics, 38,* 405–423.

Hout, van den, J.J.J. (2016). *Team flow: From concept to application.* Technische Universiteit Eindhoven. Unpublished Doctoral Dissertation.

Hout, van den, J.J.J., Davis, O. C., & Walrave, B. (2016). The application of team flow theory. In G. Sadlo, F. Ullen, F. Andersen, J. Wright & L. Harmat (Eds.), *Flow experience: Empirical research and applications* (pp. 233–247). Springer.

Howard, S., & Johnson, B. (2004). Resilient teachers: Resisting stress and burnout. *Social Psychology of Education, 7,* 399–423.

Ibrahim, Z. (2016). Affect in directed motivational currents: positive emotionality in long-term L2 engagement. In P.D. MacIntyre, T. Gregersen, & S. Mercer. (Eds). *Positive Psychology in SLA* (pp. 258–281). Multilingual Matters.

Ibrahim, Z., & Al-Hoorie, A. H. (2019). Shared, sustained flow: Triggering motivation with collaborative projects. *ELT Journal, 73,* 51–60.

Imamura, T. (2014). How adult English learners in Japan notice and control their motivational shifts over a long time period. International Conference on Motivational Dynamics and Second Language Acquisition. University of Nottingham.

Irie, K., & Brewster, D.R. (2013). One curriculum, three stories: Ideal L2 self and L2-self-discrepancy profiles. In M.T. Apple, D.D. Silva, & T. Fellner. (Eds.), *Language learning motivation in Japan* (pp. 110–128). Multilingual Matters.

Irie, K., & Ryan, S. (2015). Study abroad and the dynamics of change in learner L2 self-concept. In Z. Dörnyei, P. MacIntyre, & A. Henry (Eds.). *Motivational Dynamics in Language Learning* (pp. 343–367). Multilingual Matters.

Iyengar, S.S., & Lepper, M.R. (1999). Rethinking the value of choice: A cultural perspective on intrinsic motivation. *Journal of Personality and Social Psychology, 76*, 349–366.

Jang, H., Kim, E.J., & Reeve, J. (2012). Longitudinal test of self-determination theory's motivation model in a naturally occurring classroom context. *Journal of Educational Psychology, 104,* 1175–1188.

Jessner, U. (2008). A DST model of multilingualism and the role of metalinguistic awareness. *Modern Language Journal, 92*, 270–283.

Johnson, M.P. (2013). A longitudinal perspective on EFL learning motivation in Japanese engineering students. In M.T. Apple, D.D. Silva, & T. Fellner. (Eds.), *Language learning motivation in Japan* (pp. 189–205). Multilingual Matters.

Kalaja, P., Barcelos, A.M.F., Aro, M., & Ruohotie-Lyhty, M. (2016). *Beliefs, agency and identity in foreign language learning and teaching.* Palgrave-Macmillan.

Kalaja, P., & Mäntylä, K. (2018). The English class of my dreams: Envisioning teaching a foreign language. S. Mercer, & A. Kostoulas. (Eds). *Language teacher psychology.* Multilingual Matters.

Kashiwagi, K., Lee, S., & Ito, Y. (2018). The effectiveness of formulaic sequences on acquisition of the English passive voice: Using dictogloss tasks in form-focused instruction. *Proceedings of 18th Hawaii International Conference on Education,* 167–197.

Kashiwagi, K., & Tomecsek, J. (2015). How CLIL classes exert a positive influence on teaching style in student centered language learning through overseas teacher training in Sweden and Finland. *Procedia, 173,* 79–84.

Keller, J.M. (1983). Motivational design of instruction. In C.M.Reigeluth (Ed.), *Instructional design theories and models: An overview of their current status* (pp. 383–434). Lawrence Erlbaum Associates.

Keller, J.M. (1987). Development and use of the ARCS model of motivational design. *Journal of Instructional Development, 10,* 2–10.

Keller, J. M. (1992). Enhancing the motivation to learn: Origins and applications of the ARCS model. *Reports from the Institute of Education, Tohoku Gakuin University, 11,* 45–67.

Keller, J. M. (2010). *Motivational design for learning and performance: The ARCS model approach.* Springer.

Keller, J.M. & Suzuki, K. (1988). Use of the ARCS model of motivational design. In

D.H.Jonnasen (Ed.), *Instructional designs for microcomputer courseware* (pp. 401–434). Lawrence Erlbaum Associates.

Kikuchi, K. (2011). Learners perceptions of demotivators in Japanese high school English classrooms. Unpublished doctoral dissertation, Temple University, Tokyo, Japan.

Kikuchi, K. (2013). Demotivation in the Japanese EFL context. In M.T. Apple, D.D. Silva, & T. Fellner. (Eds.), *Language learning motivation in Japan* (pp. 206–224). Multilingual Matters.

Kim, K. J. (2009). Demotivating factors in secondary English education. *English Teaching 64 (4)*, 249–267.

King, J. (2016). 'Its' time, put on the smile, it's time!': The emotional labour of second language teaching within a Japanese university. In C. Gkonou, D. Tatzl, & S. Mercer (Eds.), *New directions in language learning psychology* (pp. 97–112). Springer.

Koizumi, R., & Kai, T. (1992). Changes in attitudes, motives, and perceived attainments in learning English: A cross-sectional study in seventh through ninth grade. *Fukuoka Kyoiku Daigaku Kiyo, 41,* 297–307.

Koizumi, R., & Matsuo, K. (1993). A longitudinal study of attitudes and motivation in learning English among Japanese seventh-grade students. *Japanese Psychological Research, 35,* 1–11.

Kojima, N., & Yashima, T. (2017). Motivation in English Medium Instruction classrooms from the perspective of Self-determination theory and the ideal self. *JACET Journal 61,* 23–39.

Konishi, M. (1990). Changes in motivation for English language learning: A series of four measurements. *The IRLT Bulletin, 4,* 1–23.

Kozaki, Y., & Ross, S. J. (2011), Contextual dynamics in foreign language learning motivation. *Language Learning, 61,* 1328–1354.

Kubanyiova, M. (2009). Possible selves in language teacher development. In Z. Dornyei, & E. Ushioda (Eds.), *Motivation, language identity and the L2 self* (pp. 314–332). Multilingual Matters.

Kurt, P. Y., & Kecik, Y. (2017). The effects of ARCS motivational model on student motivation to learn English. *European Journal of Foreign Language Teaching, 2,* 22–43.

Lake, J. (2013). Positive L2 self: linking positive psychology with L2 motivation. In M.T. Apple, D.D. Silva, & T. Fellner. (Eds.), *Language learning motivation in Japan* (pp. 225–244). Multilingual Matters.

Lamb, M. (2009). Situating the L2 self: two Indonesian school learners of English. In Z. Dörneyi & E. Ushioda. (Eds.), *Motivation, language identity, and the self* (pp. 215–228). Multilingual Matters.

Lamb, T.E., & Rainders, H. (2007). *Learner and teacher autonomy: Concepts, realities and responses*. John Benjamins.

Larsen-Freeman, D., & Cameron, L. (2008). *Complex systems and applied linguistics*. Oxford University Press.

Larsen-Freeman, D., & Long, M. H. (1991). *An introduction to second language acquisition research*. Longman.

Lasagabaster, D. (2017). Language learning motivation and language attitudes in multilingual Spain from an international perspective. *Modern Language Journal 101*, 583–596.

Little, D. G., Dam, L., & Legenhausen, L. (2017). *Language learner autonomy: Theory, practice and research*. Multilingual Matters.

Locke, E.A., & Latham, G.P. (1990). *A theory of goal setting and task performance*. Prentice Hall.

Lorenzo, F., Casal, S. & Moore, P. (2010). The effects of content and language integrated learning in European education: Key findings from the Andalusian Bilingual Sections Evaluation Project. *Applied Linguistics, 31(3),* 418–442.

MacIntyre, P.D., Gregersen, T., & Mercer, S. (2016). *Positive psychology in SLA*. Multilingual Matters.

MacIntyre, P.D., Mackinnon, S.P., & Clément, R. (2009). The baby the bathwater and the future of language learning motivation research. In Z. Dörnyei, & E. Ushioda (Eds.), *Motivation, language identity and the L2 self* (pp. 43–65). Multilingual Matters.

MacIntyre P.D., & Serroul, A. (2015). Motivation on a per-second timescale: examining approach—avoidance motivation during L2 task performance. In Z. Dörnyei, P.D. MacIntyre, & A.Henry. (Eds.), *Motivational dynamics in language learning* (pp. 238–259). Multilingual Matters.

Maekawa, Y., & Yashima, T. (2012). Examining the motivational effect of presentation-based instruction on Japanese engineering students: From the viewpoints of the ideal self and self-determination theory. *Language, Education, & Technology, 49,* 65–92.

Markus, H.R., & Nurius, P. (1986). Possible selves. *American Psychologist, 41,* 954–969.

Matsumoto, D. (2019). Exploring third-age foreign language learning from the well-being perspective: Work in progress. *Studies in Self-Access Learning Journal, 10*, 111–116.

McEown, M.S., Noels, K.A., & Chaffee, K.E. (2014). At the interface of the socio-educational model, self-determination theory and the L2 motivational self system models. In Csizér, K & M. Magid (2014). *The Impact of Self-concept on Language Learning* (pp. 9–50). De Gruyter.

Mendoza, A., & Phung, H. (2019). Motivation to learn languages other than English: A critical research synthesis. *Foreign Language Annals, 52,* 121–140.

Mercer, S. (2015). Dynamics of the self: a multilevel nested systems approach. In Z.

Dörnyei, P.D. MacIntyre, & A.Henry. (Eds.), *Motivational dynamics in language learning* (pp. 238–259). Multilingual Matters.

Mercer, S. (2016). Seeing the world through your eyes: empathy in language learning and teaching. In P.D. MacIntyre, T. Gregersen, & S. Mercer. (Eds.), *Positive psychology in SLA* (pp. 91–111). Multilingual Matters.

Mercer, S., & Dörnyei, Z. (2020). *Engaging language learners in contemporary classrooms.* Cambridge University Press.

Mercer, S., & Kostoulas, A. (2018). *Language teacher psychology.* Multilingual Matters.

Mills, N.A., & Allen, H.W. (2007). Teacher self-efficacy of graduate teaching assistances of French. In J.J. Siskin (Ed.), *From thought to action: exploring beliefs and outcomes in the foreign language* (pp. 213–234). Thomson-Heinle.

Miura, T. (2010). A retrospective survey of L2 learning motivational changes. *JALT Journal, 32*, 29–53.

Moskovsky, C., Alrabai, F., Paolini, S., & Ratcheva, S. (2012). The effects of teachers' motivational strategies on learners' motivation: A controlled investigation of second language acquisition. *Language Learning, 63*, 34–62.

Munezane, Y. (2013). Motivation, ideal L2 self and valuing of global English. In M.T. Apple, D.D. Silva, & T. Fellner. (Eds.). *Language learning motivation in Japan* (pp. 152–168). Multilingual Matters.

Nakata, Y. (2013). Perspectives on L2 motivation: bridging the gaps between teachers, SLA researchers and teacher educators. In M.T. Apple, D.D. Silva, & T. Fellner. (Eds.), *Language learning motivation in Japan* (pp. 309–325). Multilingual Matters.

Newby, T. J. (1991). Classroom motivation: Strategies of first-year teachers. *Journal of Educational Psychology 83*, 195–200.

Nikula, T. (2012). On the role of peer discussions in the learning of subject-specific language use in CLIL. *Discourse and language learning across L2 instructional settings*, 133–153.

Nishida, R. (2008). An investigation of Japanese public elementary school students' perception and anxiety in English learning: A pilot study comparing 1st and 6th graders. *Language Education and Technology, 45*, 113–131.

Nishida, R. (2009). Exploring content based approach with young EFL learners to enhance language learning motivation. *JES Journal, 9,* 39–46.

Nishida, R. (2012). A longitudinal study of motivation, interest, CANDO and willingness to communicate in foreign language activities among Japanese fifth-grade students. *Language Education and Technology, 49,* 23–45.

Nishida, R. (2013a). *Empirical studies of affective variable and motivational changes among Japanese elementary school EFL learners.* Kinseido.

Nishida, R. (2013b). The L2 Ideal self, intrinsic/extrinsic motivation, international posture, willingness to communicate and Can-Do among Japanese university learners of English. *Language Education and Technology, 50*. 47-63.

Nishida, R. (2013c). A comparative summary of empirical studies of motivation among Japanese elementary school EFL learners. In M.T. Apple, D.D. Silva, & T. Fellner. (Eds.), *Language learning motivation in Japan* (pp. 93-109). Multilingual Matters.

Nishida, R. (2018). The integration of content in the language classroom to enhance students' motivation in language learning. 大阪大学大学院言語文化研究科プロジェクト.

Nishida, R. (2021). A longitudinal study of Japanese tertiary students' motivation, perceived competency and classroom dynamics in Soft-CLIL. In K. Talbot, M. Gruber, & R. Nishida (Eds.), *The psychological experience of integrating language and content* (pp. 250-265). Multilingual Matters.

Nishida, R., & Ikemoto, M. (in preparation). Integration of content and language to motive students in language learning in the Japanese EFL context. Manuscript in preparation.

Nishida, R., & Yashima, T. (2009). An investigation of factors concerning willingness to communicate and interests in foreign countries among young learners. *Language Education and Technology, 46*, 151-170.

Nishida, R., & Yashima, T. (2010). Classroom interactions of teachers and elementary school pupils through a musical project in a Japanese context, *System 38 (3)*, 460-470.

Nishida, R., & Yashima, T. (2017). Language proficiency, motivation and affect among Japanese university EFL learners focusing on early language learning experience. *Annual Review of English Language Education in Japan, 28*, 1-16.

Nitta, R. (2013). Understanding motivational evolution in the EFL classroom: a longitudinal study from a dynamic systems perspective. In M.T. Apple, D.D. Silva, & T. Fellner. (Eds.), *Language learning motivation in Japan* (pp. 268-290). Multilingual Matters.

Nitta, R., & Baba, K. (2015). Self-regulation in the evolution of the ideal L2 self: A complex dynamic systems approach to the L2 motivational self system. In Z. Dörnyei, P. MacIntyre, & A. Henry (Eds.), *Motivational dynamics in language learning* (pp. 367-396). Multilingual Matters.

Noels, K.A. (2001). Learning Spanish as a second language: Learners' orientations and perceptions of their teachers' communicative style. *Language Learning, 51*, 107-144.

Noels, K.A. (2003). Learning Spanish as a second language: Leaners' orientations and perceptions of their teachers' communication style. In Z. Dörnyei (Ed.), *Attitudes, orientations, and motivations in language learning* (pp. 97-136). Blackwell.

Noels, K.A. (2009). The internalization of language learning into the self and social identity. In Z. Dörnyei, & E. Ushioda (Eds.), *Motivation, language identity and the L2 self* (pp. 43-

65). Multilingual Matters.

Noels, K.A. (2013). Learning Japanese; learning English: promoting motivation through autonomy, competence and relatedness. In M.T. Apple, D.D. Silva, & T. Fellner. (Eds.), *Language learning motivation in Japan* (pp. 15–34). Multilingual Matters.

Noels, K.A., Clément, R., & Pelletier, L.G. (1999). Perceptions of teacher communicative style and students' intrinsic and extrinsic motivation. *Modern Language Journal, 83,* 23–34.

Noels, K.A., Clément, R., & Pelletier, L.G. (2001). Intrinsic, extrinsic, and integrative orientations of French Canadian learners of English. *Canadian Modern Language Review, 57,* 424–44.

Noels, K.A., Pelletier, L.G., Clément, R., & Vallerand, R.J. (2000). Why are you learning a second language? Motivational orientations and self-determination theory. *Language Learning 50,* 57–85.

Oga-Baldwin, W.L., & Nakata, Y. (2017). Engagement, gender, and motivation: A predictive model for Japanese young language learners. *System 65,* 151–163.

Otoshi, J. & Heffernan, N. (2011). An analysis of a hypothesized model of EFL students' motivation based on self-determination theory. *The Asian EFL Journal Quarterly, 13,* 66–86.

Papi, M., & Abdollahzadeh, E. (2012). Teacher motivational practice, student motivation, and possible L2 selves: An examination in the Iranian EFL context. *Language Learning, 62,* 571–594.

Petrides, K.V. (2009). Psychometric properties of the Trait Emotional Intelligence Questionnaire. In C. Stough, D.H. Saklofske, & J.D. Parker (Eds.), *Advances in the assessment of emotional intelligence* (pp. 85–101). Springer.

Pfenninger, S.E., & Singleton, D. (2016). Affect trumps age: A person-in-context relational view of age and motivation in SLA. *Second Language Research, 32,* 311–345.

Piniel, K., & Csizér, K. (2015). Changes in motivation, anxiety and self-efficacy during the course of an academic writing seminar. In Z. Dörnyei, P.D. MacIntyre, & A.Henry. (Eds.), *Motivational dynamics in language learning* (pp. 164–194). Multilingual Matters.

Pintrich, P.R. (2003). A motivational science perspective on the role of student motivation in learning and teaching contexts. *Journal of Educational Psychology, 5,* 667–686.

Reeve, J. (2013). How students create motivationally supportive learning environment for themselves: The concept of agentic engagement. *Journal of Educational Psychology, 105,* 579–595.

Rose, H., Curle, S., Aizawa, I., & Thompson, G. (2019). *What drives success in English medium taught courses? The interplay between language proficiency, academic skills, and motivation. Studies in Higher Education.* Retrieved from DOI: 10.1080/03075079.2019.

Ryan, R.M., & Deci, E.L. (2017). *Self-determination theory: Basic psychological needs in motivation, development, and wellness.* Guilford Press.

Ryan, S. (2009). Self and identity in L2 motivation in Japan: The ideal L2 self and Japanese learners of English. In Z.Dörnyei, & E.Ushioda (Eds.), *Motivation, language identity and the L2 self* (pp. 120–143). Multilingual Matters.

Ryan, S., & Irie, K. (2015). Study abroad and the dynamics of change in learner L2 self-concept. In Z. Dörnyei, P.D. MacIntyre, & A.Henry. (Eds.), *Motivational dynamics in language learning* (pp. 343–366). Multilingual Matters.

Sakai, H., & Kikuchi, K. (2009). An analysis of demotivation in the EFL classroom. *System, 37,* 57–69.

Sawyer, R.K. (2003). *Group creativity: Music, theatre, collaboration.* Lawrence Erlbaum.

Sawyer, R.K. (2006). Group creativity: Musical performance and collaboration. *Psychology of Music, 34,* 148–165.

Schumann, J.H. (1997). *The neurobiology of affect in language learning.* Blackwell.

Schumann, J.H. (1999). A neurobiological perspective on affect and methodology in second language learning. In J. Arnold (Ed.), *Affect in language learning* (pp. 28–42). Cambridge University Press.

Skehan, P. (1989). *Individual difference in second language learning.* Edward Arnold.

Skinner, E.A., Furrer, C.J., Marchand, G., & Kindermann, T. (2008). Engagement and disaffection in the classroom: Part of a larger motivational dynamic? *Journal of Educational Psychology, 100,* 765–781.

Smith, R.C. (2003). Pedagogy for autonomy as (becoming-) appropriate methodology. In D.Palfreyman, & R. Smith (Eds.), *Learner autonomy across cultures* (pp. 129–146). Palgrave Macmillan.

Stoller, F. (2006) Establishing a theoretical foundation for project-based learning in second and foreign language contexts. In G. H. Beckett & P. C. Miller (Eds.), *Project-based second and foreign language education* (pp. 19–40). Information Age Publishing.

Sugita, M., & Takeuchi, O. (2014). Motivational strategies in EFL classrooms: How do teachers impact students' motivation? *Innovation in Language Learning and Teaching, 8,* 20–38.

Sugita McEown, M., Noels, K.A., & Chaffee, K.E. (2014). At the interface of the socio-educational model, self-determination theory and the L2 motivational self system model. In K. Csizér, & M. Magid (Eds.), *The impact of self-concept on language learning* (pp. 19–50). Multilingual Matters.

Sugita McEown, M., Sawaki, S., & Harada, T. (2017). Foreign language learning motivation in the Japanese context: social and political influences on self. *Modern Language Journal*

101, 533‒547.

Surmont, J., Van, D. C., Struys, E., & Somers, T. (2014). Evaluating a CLIL student: Where to find the CLIL advantage. *Utrecht Studies in Language and Communication 28,* 55‒72. Retrieved from http://libproxy.temple.edu/login?url=https://search-proquestcom. libproxy.temple.edu/docview/1520445465?accountid=14270

Svalberg, A.M.L. (2009). Engagement with language: interrogating a construct. *Language Awareness, 18,* 242‒258.

Taguchi, T. (2013). Motivation, attitudes and selves in the Japanese context: a mixed methods approach. In M.T. Apple, D.D. Silva, & T. Fellner. (Eds.), *Language learning motivation in Japan* (pp. 169‒188). Multilingual Matters.

Taguchi, T., Magid, M., & Papi, M. (2009). The L2 motivational self system among Japanese, Chinese and Iranian leaners of English: A comparative study. In Z.Dörnyei, & E.Ushioda (Eds.), *Motivation, language identity and the L2 self* (pp. 43‒65). Multilingual Matters.

Tait, M. (2008). Resilience as a contributor to novice teacher success, commitment, and retention. *Teacher Education Quarterly, 35,* 57‒75.

Tanaka, M. (2017). Measuring group work dynamics. Paper presented at the 43rd annual international conference of the Japan Association for Language Teaching (JALT), Tsukuba International Congress Center, Tsukuba, Ibaraki.

Tanaka, M. (2018). Individual perceptions of group work environment and L2 learning motivation. Paper presented at the 3rd international Psychology of Language Learning conference (PLL3), Waseda University, Tokyo, Japan.

Tanaka, M. (2019). Effects of group work environment on motivation and learning outcomes. Poster session presented at the TESOL 2019 International Convention & English Language Expo, The Georgia World Congress Center, Atlanta, GA, USA.

Thomas, M. (2017). *Project-based language learning with technology: learner collaboration in an EFL classroom in Japan.* Routledge.

Thompson, A. (2017). Language learning motivation in the United States: an examination of language choice and multilingualism. *Modern Language Journal, 101,* 483‒500.

Thompson, A., & Vásquez, C. (2015). Exploring motivational profiles through language learning narratives. *Modern Language Journal, 99,* 158‒174.

Trope, Y., & Liberman, N. (2010). Construal-level theory of psychological distance. *Psychological Review, 117,* 440‒463.

Tse, L. (2000). Student perceptions of foreign language study: A qualitative analysis of foreign language autobiographies. *The Modern Language Journal, 84,* 69‒84.

UDL (2018). Universal Design for Learning. ver.2.2, accessed on 5th November, 2019 Downloaded from. http://www.udlcenter.org/aboutudl/udlguidelines/downloads

Ushioda, E. (1996). Developing a dynamic concept of motivation. In T.J. Hickey (Ed.), *Language, education, and society in a changing world* (pp. 239–245). Multilingual Matters.

Ushioda, E. (1997). The role of motivational thinking in autonomous language learning. In D. Little & B. Voss (Eds.), *Language centers; planning for the new millennium* (pp. 39–50). University of Plymouth.

Ushioda, E. (1998). Effective motivational thinking: A cognitive theoretical approach to the study of language learning motivation. In E.A. Soler, & V.C. Espurzs (Eds.), *Current issues in English language methodology* (pp. 77–89). Universitat Jaume.

Ushioda, E. (2001). Language learning at university: Exploring the role of motivational thinking. In Z. Dornyei, & R. Schmidt (Eds.), *Motivation and second language acquisition* (pp. 93–125). University of Hawaii Press.

Ushioda, E. (2009). A person-in-context relational view of emergent motivation, self, and identity. In Z. Dörneyi & E. Ushioda. (Eds.), *Motivation, language identity, and the self* (pp. 215–228). Multilingual Matters.

Ushioda, E. (2013). Foreign language motivation research in Japan: An 'insider' perspective from outside Japan. In M.T. Apple, D.D. Silva, & T. Fellner. (Eds.), *Language learning motivation in Japan* (pp. 1–14). Multilingual Matters.

Ushioda, E. (2017). The impact of global English on motivation to learn other languages: towards an ideal multilingual self. *Modern Language Journal*, 101, 469–482.

Ushioda, E., & Dörnyei, Z. (2017). Beyond global English: Motivation to learn languages in a multicultural world: introduction to the special issue. *Modern Language Journal 101*, 451–454.

Yamamoto, H., & Izumisawa, M. (2016). Using language consultants in communicative language teaching. *JACET-Kanto Journal*, 3, 61–76.

Yamano, Y. (2013). Utilizing the CLIL approach in Japanese primary school: A comparative of CLIL and EFL lessons. *The Asian EFL Journal, 15*, 160–183.

Yashima, T. (2002). Willingness to communicate in a second language: The Japanese EFL context. *Modern Language Journal, 86*, 55–66.

Yashima, T. (2009). International posture and the ideal L2 self in the Japanese EFL context. In Z.Dörnyei, & E.Ushioda (Eds.), *Motivation, language identity and the L2 self* (pp. 144–163). Multilingual Matters.

Yashima, T. (2013). Imagined L2 selves and motivation for intercultural communication. In M.T. Apple, D.D. Silva, & T. Fellner, (Eds.), *Language learning motivation in Japan* (pp. 35–53). Multilingual Matters.

Yashima, T., & Arano, K. (2015). Understanding EFL learners' motivational dynamics: a three-level model from a dynamic systems and sociocultural perspective. In Z. Dörnyei,

P.D. MacIntyre, & A. Henry. (Eds.), *Motivational dynamics in language learning* (pp. 285-314). Multilingual Matters.

Yashima, T., Nishida, R., & Mizumoto, A. (2017). Influence of learner beliefs and gender on the motivating power of L2 selves. *Modern Language Journal, 101*, 691-711.

Yashima, T., Zenuk-Nishide, L., & Shimizu, K. (2004). The influence of attitudes and affect on willingness to communicate and second language communication. *Language Learning 54*, 119-152.

You, C., & Chan, L. (2015). The dynamics of L2 imagery in future motivational self-guides. In Z. Dörnyei, P.D. MacIntyre, & A.Henry. (Eds.), *Motivational dynamics in language learning* (pp. 397-418). Multilingual Matters.

You, C., Dörnyei, Z., & Csizér, K. (2016). Motivation, vision, and gender. A survey of learners of English in China. *Language Learning 66*, 94-123.

Vallerand, R.J. (1997). Towards a hierarchical model of intrinsic and extrinsic motivation. *Advances in Experimental Social Psychology, 29, 271-360.*

Vallerand, R.J. (2000). Deci and Ryan's self-determination theory: A view of from the hierarchical model of intrinsic and extrinsic motivation. *Psychological Inquiry 11*, 312-318.

Vallerand, R. J., & Bissonnette, R. (1992). Intrinsic, extrinsic, and amotivatinal styles as predictors of behaviors: A perceptive study. *Journal of Personality, 60*, 599-620.

Vallerand, R.J., Pelletier L.G., Blais, M.R., Briere, N.M., Senecal, C., & Vallieres, E.F. (1992). The academic motivation scale: A measure of intrinsic, extrinsic, and amotivation in scale: A measure of intrinsic, extrinsic, and amotivation in education. *Education and Psychological Measurement, 52, 1003-1017.*

Vallerand, R.J., Pelletier L.G., Blais, M.R., Briere, N.M., Senecal, C., & Vallieres, E.F. (1993). On the measurement of intrinsic, extrinsic, and amotivation in education: evidence on the concurrent and construct validity of the academic motivation scale. *Educational and Psychological Measurement 52, 159-172.*

Vallerand, R.J., & Ratelle, C.F. (2002). Intrinsic and extrinsic motivation: A hierarchical model. In E.L.Deci & Ryan, R.M. (Eds.), *Handbook of Self-Determination Research* (pp. 37-63). The University of Rochester Press.

Valsiner, J. (2007). *Culture in minds and societies.* Sage.

Wajnrub, R. (1990). *Grammar Dictation.* Oxford University Press.

Waninge, F. (2015). Motivation, emotion, and cognition: attractor states in the classroom. In Z. Dörnyei, P.D. MacIntyre, & A.Henry. (Eds.), *Motivational dynamics in language learning* (pp. 195-213). Multilingual Matters.

Weiner, B. (1992). *Human Motivation: Metaphors, theories and research.* Sage.

Weiner, B. (2010). The development of an attribution-based theory motivation: A history of ideas. *Educational Psychologist, 45,* 28–36.

White, C.J. (2016). Agency and emotion in narrative accounts of emergent conflict in an L2 classroom. *Applied Linguistics*, 1–16.

Wigfield A., & Eccles, J. (2000). Expectancy-value theory of achievement motivation. *Contemporary Educational Psychology, 25*, 68–81.

Williams, M., & Burdern, R. (1999). Students' developing conceptions of themselves as language learners. *The Modern Language Journal, 83*, 193–201.

Williams, M., Burden, R., & Al-Baharna, S. (2001). Making sense of success and failure: The role of the individual in motivational theory. In Z.Dörnyei, & R. Schmidt (Eds.), *Motivation and second language acquisition* (pp. 173–186). University of Hawaii Press.

Williams, M., Burden, R.L., Paulet, G., & Maun, I. (2004). Learners' perceptions of their successes and failures in foreign language learning, *Language Learning Journal, 30*, 19–29.

Wong-Fillmore, L. (1982). Instructional language as linguistic input: Second language learning in classrooms. *Communicating in the Classroom*, 283–296.

Wong, R. M. H. (2014). An investigation of strategies for student motivation in the Chinese EFL context. *Innovation in Language Learning and Teaching, 8*, 132–154.

Wyatt, M. (2016). 'Are they becoming more reflective and/or efficacious?' A conceptual model mapping how teaches' self-efficacy beliefs might grow. *Educational Review, 68*, 114–137.

Zimmerman, B. J., & Schunk, D. H. (2011). *Handbook of self-regulation of learning and performance*. Routledge.

安達理恵 (2017).「グローバル化時代のコミュニケーション能力—小学校の外国語教育から考える」公開シンポジウム．日本の外国語教育を豊かにするには（科学研究費補助金基盤研究 A 一貫教育における複言語能力養成のための人材育成・教材開発の研究」境一三）.慶應義塾大学日吉.

安達理恵・阿部志乃・北野ゆき (2018).「児童の動機づけと異文化間交流プロジェクト.愛知大学語学教育研究室」『言語と文化』39，83-97.

安達理恵・阿部志乃・北野ゆき・諸木宏子 (2019).「自立学習から世界の問題に繋げるチョコレート・プロジェクト」『JACET 教育問題研究会, 言語教師教育』6 (1), 129-143.

安達理恵・二五義博・栗原文子・中山夏恵・藤原三枝子 (2018).「イタリアの CLIL 授業観察から考察する日本の外国語教育への応用」『JACET 教育問題研究会, 言語教師教育』5 (1), 145-155.

阿部志乃・安達理恵・中山夏恵・栗原文子 (2018).「言語と異文化への関心を高める小学校外国語教育」『言語教育エキスポ予稿集』37.

飯島睦美 (2016).「心理アセスメントの結果からみる英語学習のつまずきとその改善策」
　科学研究費助成事業（基盤研究（c））課題番号：25370684　研究成果報告書.

池田　真 (2011).「CLILの基本原理. 渡辺良典・池田真・和泉伸一（編）(2011)」『CLIL
　内容言語統合型学習：原理と方法』上智大学出版.

泉　惠美子. (2012).「スローラーナーのつまずきの原因を探る」『英語教育』61, 10-13.

今井祥詠・吉田晴世 (2009).「学習意欲と評価法の有機的効果―ARCS動機付けモデルを
　ふまえた授業実践を通して―」『関西英語教育学会紀要』32, 137-146.

今井裕之 (2011).「英語の授業にもっと協同学習を」*Teaching English Now* 20, 2-5. 三省
　堂.

入江　恵 (2008).「英語学習動機づけ研究：L2セルフシステム理論と応用」『桜美林英語
　英米文学研究』48, 33-48.

太田　浩 (2011).「大学国際化の動向及び日本の現状と課題：東アジアとの比較から」
　『メディア教育研究』8 (1), 1-12.

小野尚美・高梨庸雄・田縁眞弓 (2020).「リテラシー教育の視点に基づく Storytelling
　活動―小学生の英語読み書き能力を養う『Learning by Storytelling (LBS)』の開発」
　『小学校英語教育学会紀要』20，400-415.

小野雄一 (2015).「動機づけモデルに基づいた第二言語学習支援システムの構築と評価」
　足利工業大学大学院工学研究科. 博士論文.

大濱香織 (2019).「高校生英語学習者のつまずきと動機づけに関する実証研究」大阪大
　学大学院言語文化研究科. 修士論文.

柏木賀津子・伊藤由紀子 (2020).『小・中学校で取り組む　はじめてのCLIL授業づくり』
　大修館書店.

カレイラ松崎順子 (2015).「大学生の自律性を高める英語の授業―NHK番組「リトル・
　チャロ」の問題作成と授業実践―」『日本英語教育学会第44回年次研究集会論文集』
　17-24.

菊地恵太 (2015).『英語学習動機の減退要因の探求：日本人学習者の調査を中心に』ひ
　つじ書房.

北野ゆき　(2019).「小学生の学びは行ったり来たり―他教科、他領域連携の外国語学習
　―」児童英語教育学会第39回秋季研究大会　大阪成蹊大学.

北野ゆき・阿部志乃・安達理恵 (2017).「絵本 Handa's Surprise による異文化理解と思
　考力を高める CLIL 指導法」『言語教育エキスポ 2017』32-35.

久保田竜子 (2015).『グローバル化社会と言語教育：クリティカルな視点から』くろし
　お出版.

桑村　昭 (2018).「日本の大学における EMI (English-Medium Instruction) の役割課題
　と展望」『留学交流』91, 9-27.

興津紀子 (2015).「アクティブ・ラーニングを可能にする プロジェクト型学習」
　Teaching English Now 31, 8-9. 三省堂.

小島直子 (2016).「英語による学修 (EMI) の現状—EMI準備講座の動機づけ調査から—」『同志社大学　学修支援・教育開発センター年報』7, 25-41.

小島直子 (2019).「English-Medium Instruction (EMI) に求められている教育実践及び学習環境—日本人学生の動機づけの視点から—」『APU 言語研究論叢』4, 49-64.

戈木クレイグヒル滋子 (2008).『実践グラウンデッド・セオリー・アプローチ 現象をとらえる』新曜社.

佐々木顕彦 (2015).「アクティブ・ラーニングとしての タンデム言語学習」*Teaching English Now* 31, 10-11. 三省堂.

佐藤久美子・佐藤綾乃 (2010).「L2小学生の英語絵本の理解過程と読解ストラテジー」『小学校英語教育学会紀要』10, 43-48.

白土厚子 (2019).「*We Can!* を使ったプロジェクト重視の英語学習の実践」『小学校英語教育学会紀要』19, 4-19.

瀬来賢人 (2018).「英語学習における動機づけの減退要因と動機づけの要因についての実証研究—日本人大学生を研究対象として—」大阪大学大学院言語文化研究科. 修士論文.

髙島英幸 (2014).『児童が創る　課題解決型の外国語活動と英語教育の実践』高陵社書店.

田中博晃・廣森友人 (2007).「英語学習者の内発的動機づけを高める教育実践的介入とその効果の検証」*JALT Journal* 29, 59-80.

中井弘一 (2016).「英語授業におけるアクティブ・ラーニングの一考察」 Retrieved from http://www.wilmina.ac.jp/oj/wp/wp-content/uploads/2016/08/6-3.pdf

西田理恵子 (2010).「小学校外国語活動における内容重視のアプローチ「地球博」の試み」*JES Journal* 10, 1-6.

西田理恵子 (2015a).「中学校段階における学習者動機と言語能力に関する実証研究2015年度英語検定協会英語教育センター委託研究実施報告書」英語検定協会.

西田理恵子 (2015b).「大阪大学学部生を対象とした英語学習時における学習者動機と情意要因に関する実証研究：縦断調査に基づいて. 森祐司編. 平成25年度 -TOEFL-ITP 実施に関する報告書—結果と分析・考察—」大阪大学全学教育推進機構言語教育部門. 大阪大学言語文化研究科英語部会.

西山教行・マリザ・カヴァリ (2015).「第 1 章　ヨーロッパにおける言語教育政策と早期言語教育」西山教行・大木充（編）『世界と日本の小学校の英語教育—早期外国語教育は必要か』明石書店.

新多 了 (2016).「どうすればやる気を持ち続けることができるのか—第二言語動機づけ」(pp. 134-144).『はじめての第二言語習得論講義: 英語学習への複眼的アプローチ』馬場今日子・新多 了（著）. 大修館書店.

ケイティ・ノバック. (2019).「日本のインクルージョンを促進するフレームワークとしての学びのユニバーサルデザイン（UDL）（バーンズ亀山・訳）」『LD 研究』28 (2),

185-191.

馬場今日子・新多　了 (2016).『はじめての第二言語習得論講義：英語学習への複眼的アプローチ』大修館書店.

林　日出男 (2012).『動機づけ視点で見る日本人の英語学習―内発的・外発的動機づけを軸に』金星堂.

速水敏彦 (2009).『内発的動機づけと自律的動機づけ―教育心理学の神話を問い直す』金子書房.

東野裕子・髙島英幸 (2007).『小学校におけるプロジェクト型英語活動の実践と評価』高陵社書店.

東野裕子・髙島英幸 (2011).『プロジェクト型外国語活動の展開：児童が主体となる課題解決型授業と評価』高陵社書店.

廣森友人 (2003).「学習者の動機づけは何によって高まるのか：自己決定理論による高校生英語学習者の動機づけの検討」*JALT Journal* 25, 173-186.

廣森友人 (2005).「外国語学習者の動機づけを高める3つの要因：全体傾向と個人差の観点から」*Japan Association of College English Teachers Bulletin 41*, 37-50.

廣森友人 (2006).『外国語学習者の動機づけを高める理論と実践』多賀出版.

廣森友人 (2015).『英語学習のメカニズム：第二言語習得研究にもとづく効果的な勉強法』大修館書店.

廣森友人 (2018a).「言語適性：英語学習の多様性に影響を与える認知要因」酒井英樹・廣森友人・吉田達弘 (編著)『「学ぶ・教える・考える」ための実践的英語科教育法』116-132. 大修館書店.

廣森友人 (2018b).「やる気は伝染する⁉ ペア／グループワークにおける動機づけ」『英語教育』6月号. 14-15. 大修館書店.

廣森友人・田中博晃 (2006).「英語学習における動機づけを高める授業実践：自己決定理論の視点から」*Language Education and Technology 43*, 111-126.

福島青史 (2015).「第2章　共に生きる. 社会形成とその教育」西山教行・細川英雄・大木充 (編)『異文化間教育とは何か』くろしお出版

松本由美 (2015).「初等英語教育における絵本の有効活用―児童の自発的な反応を引き出す「読み聞かせ」の試み―」『玉川大学リベラルアーツ学部研究紀要』8, 35-41.

満尾貞行 (2008).「恐竜と小学生と英語」『英語教育』3月号. 大修館書店.

溝上慎一. (2007).「アクティブ・ラーニング導入の実践的課題」『名古屋高等教育研究』7, 269-287.

村田久美子・飯野公一・小中原麻友. (2017).「EMI（英語を媒介とする授業）における「共通語としての英語」の使用の現状把握と意識調査, および英語教育への提言」『早稲田教育評論』31(1), 21-38.

文部科学省 (2008).「グローバル30とは」Retrieved from https://www.mext.go.jp/component/a_menu/education/detail/__icsFiles/afieldfile/2017/03/30/1383779_01.

pdf

文部科学省（2012）.「平成. 24年 8 月 28 日中央教育審議会答申」Retrieved from http://www. mext. go. jp/b_menu/shingi/chukyo/chukyo0/toushin/1325047. htm.

文部科学省（2012）.「平成. 24年 8 月 28 日中央教育審議会答申 用語集」Retrieved from https://www.mext.go.jp/component/b_menu/shingi/toushin/__icsFiles/afieldfile/2012/10/04/1325048_3.pdf

文部科学省（2013）.「グローバル化に対応した英語教育改革実施計画」Retrieved from https://www.mext.go.jp/a_menu/kokusai/gaikokugo/__icsFiles/afieldfile/2014/01/31/1343704_01.pdf

文部科学省（2014）.「今後の英語教育の改善・充実方策について 報告：グローバル化に対応した英語教育改革の五つの提言」Retrieved from http://www.mext.go.jp/b_menu/shingi/chousa/shotou/102/houkoku/attach/1352464.htm.

文部科学省 （2017a）.「大学における教育内容等の改革状況について（平成28年度）」Retrieved from http://www.mext.go.jp/a_menu/koutou/daigaku/04052801/1417336.htm

文部科学省 （2017b）.「平成29・30年改訂学習指導要領のくわしい内容」Retrieved from http://www.mext.go.jp/a_menu/shotou/new-cs/1383986.htm#section4

八島智子（2004）.『外国語コミュニケーションの情意と動機：研究と教育の視点』関西大学出版.

八島智子（2019）.『外国語学習とコミュニケーションの心理：研究と教育の視点』関西大学出版.

八島智子・久保田真弓（2012）.『異文化コミュニケーション論. グローバルマインドとローカルアフェクト』松柏社.

山本崇雄（2015）.「生徒と共に創る「教えない」授業 ―自立した学習者の育成のためのアクティブ・ラーニング―」*Teaching English Now* 31. 三省堂.

米山朝二・関　昭典訳（2005）. ゾルタン・ドルニェイ （2001）『動機づけを高める英語指導ストラテジー35』大修館書店.

萬谷隆一（2009）.「小学校英語活動での絵本読み聞かせにおける教師の相互交渉スキルに関する事例研究」『北海道教育大学紀要教育科学編』60（1）, 69-80.

渡部良典・池田　真・和泉伸一（2011）.『CLIL（クリル）内容言語統合型学習：上智大学外国語教育の新たなる挑戦　第 1 巻　原理と方法』上智大学出版.

索引

執筆者一覧　※［ ］内は執筆箇所，＊は編者

＊西田理恵子
[はじめに，第1章，第2章（CLIL, プロジェクト型学習），第3章第2節]
大阪大学大学院言語文化研究科准教授。関西大学大学院外国語教育学研究科博士課程後期課程修了。博士（外国語教育学）。
著書に *The psychological experience of integrating content and language*（共編著，Multilingual Matters, 2021年），論文に"Influence of learner beliefs and gender on the motivating power of L2 selves"（共著，*The Modern Language Journal*, 2017年）等。

安達理恵 ［第4章第1節］
椙山女学園大学教育学部教育学研究科教授。名古屋大学大学院国際開発研究科国際コミュニケーション専攻博士後期課程修了。博士（学術）。論文に「小学校での CLIL 活動実践とその効果」（共著，*JES Journal*, 2020年）等。

今井祥詠 ［第4章第4節］
姫路女学院中学校高等学校教諭。関西大学大学院外国語教育学研究科博士前期課程修了。修士（外国語教育学）。University of Nottingham, M.A. (English Language Teaching).
論文に「学習意欲と評価法の有機的効果―ARCS 動機付けモデルをふまえた授業実践を通して―」（共著，『関西英語教育学会紀要』，2009年）等。

入江　恵 ［第4章第7節］
学習院大学国際社会科学部教授。テンプル大学ジャパン大学院教育学研究科博士後期課程修了。博士（教育学）。
論文に"Rethinking the role of classroom communication: learning from older learners."（*Innovation in Language Learning and Teaching*, 2021年）等。

大濵香織 ［第4章第5節］
大阪府立大正白稜高等学校教諭。大阪大学大学院言語文化研究科博士前期課程修了。修士（言語文化学）。
論文に「高校生英語学習者のつまずきと動機づけに関する実証研究」（修士論文，大阪大学大学院言語文化研究科，2019年）。

柏木賀津子 ［第4章第3節］

四天王寺大学教育学部教授。京都大学人間環境学研究科後期博士課程修了。博士（応用言語学）。

著書に『小・中学校で取り組む はじめての CLIL 授業づくり』（共編著，大修館書店，2020年）等。

瀬来賢人 ［第4章第6節］

兵庫県立西宮高等学校教諭。大阪大学大学院言語文化研究科博士前期課程修了。修士（言語文化学）。

論文に「英語学習における動機づけの減退要因と動機づけの要因についての実証研究—日本人大学生を対象として—」（修士論文，大阪大学大学院言語文化研究科，2018年）。

田縁眞弓 ［第4章第2節］

京都光華女子大学こども教育学部教授。京都ノートルダム女子大学大学院人間文化研究科応用英語博士前期課程修了。修士（応用英語）。

著書に『小学校英語 だれでもできる英語の音と文字の指導』（共編著，三省堂，2020年）等。

廣森友人 ［第3章第1節］

明治大学国際日本学部教授。北海道大学大学院国際広報メディア研究科博士後期課程修了。博士（国際広報メディア）。

著書に『英語学習のメカニズム：第二言語習得研究にもとづく効果的な勉強法』（大修館書店，2015年）等。

マキュワン麻哉 ［第2章（EMI，アクティブラーニング），第4章第8節］

早稲田大学教育総合科学学術院准教授。関西大学大学院外国語教育学研究科博士課程後期課程修了。博士（外国語教育学）。

論文に "Foreign language learning motivation in the Japanese context: social and political influences on self"（共著，*The Modern Language Journal*，2017年）等。

ライアン ステファン ［第4章第8節］

早稲田大学文学学術院教授。University of Nottingham, Ph.D.

著書に *The psychology of the language learner revisited*（共編著，Routledge，2015年）等。

動機づけ研究に基づく英語指導
© Nishida Rieko, 2022   NDC 375/ix, 253p/21cm

初版第 1 刷───2022年5月1日

編著者───西田理恵子
発行者───鈴木一行
発行所───株式会社 大修館書店
　　　　　〒113-8541 東京都文京区湯島 2-1-1
　　　　　電話 03-3868-2651（販売部）　03-3868-2294（編集部）
　　　　　振替 00190-7-40504
　　　　　[出版情報] https://www.taishukan.co.jp

装丁者───CCK
印刷所───広研印刷
製本所───難波製本

ISBN 978-4-469-24659-9 Printed in Japan